全媒体新闻采访与写作

主 编 陈秋雷
副主编 张 聪 祝英杰

清华大学出版社
北京

内 容 简 介

本书是在传媒技术迅速发展、新闻业不断变化的背景下编写的一本应用型本科院校新闻传播学类专业教材。本书立足于中国新闻传播话语空间，结合新闻采写理念的变化、传媒技术的革新、传媒经营管理的重组等诸多因素，着重为广大新闻传播学学子及业界相关人士提供新闻采写理念，以便在全媒体语境下，讲好中国故事，传播好中国声音。

本书注重全媒体的技术背景，归纳了全媒体记者应该具备的职业素养及相关技术理念，这也是本书的创新点。本书以全媒体背景作为逻辑线索，从采访与写作的角度，讲解了全媒体语境下新闻采写的技巧。

本书可作为高等院校新闻传播学类专业的学生教材，也可作为新闻从业者的参考书。

本书封面贴有清华大学出版社防伪标签，无标签者不得销售。
版权所有，侵权必究。举报：010-62782989，beiqinquan@tup.tsinghua.edu.cn。

图书在版编目(CIP)数据

全媒体新闻采访与写作/陈秋雷主编. —北京：清华大学出版社，2024.2(2025.2重印)
ISBN 978-7-302-65364-6

Ⅰ.①全… Ⅱ.①陈… Ⅲ.①新闻采访 ②新闻写作 Ⅳ.①G212

中国国家版本馆 CIP 数据核字(2024)第 020932 号

责任编辑：左卫霞
封面设计：傅瑞学
责任校对：刘　静
责任印制：宋　林

出版发行：清华大学出版社
网　　址：https://www.tup.com.cn，https://www.wqxuetang.com
地　　址：北京清华大学学研大厦 A 座　　邮　编：100084
社 总 机：010-83470000　　邮　购：010-62786544
投稿与读者服务：010-62776969，c-service@tup.tsinghua.edu.cn
质量反馈：010-62772015，zhiliang@tup.tsinghua.edu.cn
课件下载：https://www.tup.com.cn，010-83470410

印 装 者：三河市少明印务有限公司
经　　销：全国新华书店
开　　本：185mm×260mm　　印　张：14.25　　字　数：328 千字
版　　次：2024 年 3 月第 1 版　　印　次：2025 年 2 月第 3 次印刷
定　　价：49.00 元

产品编号：102514-01

前　言

网络与新媒体已经成为人类社会发展中不可或缺的媒介表达方式。首先，新闻一直伴随着人类社会而存在，与人类社会的生存与发展有关；其次，无论媒介技术如何变革，新闻作为媒体媒介表达的分支之一，随着人类社会的发展而变化。在全媒体时代，新闻采访与写作在本质上尚未发生变化，但在媒介表达上，以及用户对新闻的接受程度上发生了变化。公民作为社会的参与者，已经积极地参与到新闻信息的传播中，成为信息的发现者，他们也应该是新闻存在的社会主体。手机媒体作为现代社会用户接受信息的重要载体，发挥着不可估量的作用，它的存在已经改变了人们接受信息的方式。

新闻采访与写作是新闻传播学类专业的核心课程，传统的新闻采访与写作课程一直是训练采访与写作基本功的专业训练课，系统地阐述新闻采访与写作的方法论，使学生毕业后能够迅速投入采访与写作工作中，成为一名优秀的记者。随着媒介技术的变革，在新媒体时代，全媒体的出现改变了新闻采访与写作的基本技能，无人机采访、机器人写作、AR(augmented reality，增强现实)与VR(virtual reality，虚拟现实)技术的出现，对新闻采访与写作活动是一种挑战。面对全媒体语境下的技术变革，新闻采访与写作课程应适应时代发展，采访与写作技巧及相应的方法论都应发生变化。

首先，全媒体时代影响着新闻采访与写作理念。在全媒体不断变化的时代，新闻传播的信息功能越来越强，用户获取信息的途径越来越多，原本的媒介传播介质对新媒体话语体系的构建发生了变化，全媒体从起初的新闻事实报道变为融合新闻学的报道过程。对于该过程的报道，新闻采访需要迅速获取内容、核实事实内容、传播内容、整合内容。同时，新闻写作的报道介质也发生了变化，新闻写作从原来的平面媒体、广播电视媒体到现在的读屏时代，写作手法发生了变化。新闻采访与写作既要满足传统媒体的报道思路，又要满足全媒体时代的融合媒体报道。

其次，全媒体时代影响着新闻采访与写作手法。全媒体时代，媒体融合越来越紧密，在此背景下，新闻信息传播的形式发生了变化，新闻采访与写作手法也直接发生了变化，新闻现场与新闻报道直播越来越多，新闻报道的体系构成不断融合。这些媒介现象的出现直接促进了全媒体时代新闻采访的变化，对现场感的要求越来越高，对时效性的要求越来越强，需要视听效果，所以对于新闻采访的全能型记者要求越来越高，传统的新闻采访的过程及相关的采访方法都发生了变化；全媒体时代新闻写作固有的写作方式对受众的需求也发生了变化，"受众"这个群体直接变为"用户"，用户获取信息的途径更为丰富，对于新闻短消息的需求更为旺盛，传统的新闻写作文本格式发生了变化，新闻采访与写作的手法也相应地发生了变化。

最后，全媒体时代影响着记者的职业素养。在全媒体时代，记者作为专业机构媒体的信息传播者，仍然在发挥着其"职业所赋予的权利"。从20世纪初"记者"一词在中国出现之后，新闻实践活动的变化不断赋予记者新的职业理念与职业素养要求。在全媒体时代，职业记者要迅速适应全媒体时代的变化，在采访与写作技巧上，要适应新媒体的存在方式，适应新媒体传播方式及传播手段。新闻采访与写作对记者的职业素养要求发生了变化，职业记者在新闻采访与写作中，要恪守职业理念，做到采编合一，采用符合全能型记者的制作方式，在业务能力上秉承新闻采访与写作的基本原则，融入新的职业理念及采访与写作技巧，适应时代发展。

本书力图从全媒体视角出发，融合新闻采访与写作相关的理论及技术，对全媒体时代新闻采访与写作技能重新给予定义及方法论，从融合媒体技术变革的视角，探讨新闻采访与写作的理论及方法论框架。本书主编曾多年从事新闻实践活动，辗转学界，具有丰富的新闻实践经验和扎实的理论功底。其他编者具有海外国际传播背景及专业能力，实践经验丰富，相信本书内容定会让读者有所收获。

本书编写分工如下：陈秋雷拟订编写大纲，开展调研，并负责编写内容简介、前言、第一章和第三章；张聪负责编写第六章至第十章；祝英杰负责编写第四章和第五章；赵金欣负责第二章的资料收集工作。

本书在编写过程中得到黑龙江外国语学院校领导的支持与鼓励，在此表示感谢。本书在成稿过程中借鉴了国内外诸多先进的理论研究成果，在此向作者们表示感谢。

由于编者能力及水平有限，书中难免存在不足之处，欢迎广大读者批评、指正。

陈秋雷

2023年10月于哈尔滨

目 录

第一篇 理论架构

第一章 全媒体新闻采访与写作概述 …… 2
第一节 新媒体语境下的全媒体概念 …… 2
第二节 全媒体时代的新闻采访与写作界定及记者职业理念 …… 5
第三节 学习全媒体新闻采访与写作的意义 …… 14

第二章 全媒体新闻采访与写作技术基础 …… 17
第一节 全媒体新闻采访与写作的影像呈现 …… 17
第二节 全媒体新闻采访与写作的视听语言 …… 27
第三节 全媒体新闻采访与写作的新兴技术 …… 33

第二篇 采访实践

第三章 全媒体新闻采访的前期准备活动 …… 38
第一节 新闻发现与新闻判别 …… 38
第二节 新闻价值的选择 …… 43
第三节 新闻采访政策遵循的原则及报道思想的确立 …… 50
第四节 新闻采访的心理因素及采访条件的创造 …… 59

第四章 全媒体新闻采访的中期活动 …… 63
第一节 新闻采访线索 …… 63
第二节 新闻记者的职业素养与职业要求 …… 71
第三节 新闻采访的一般方法 …… 75

第五章 全媒体新闻采访的后期活动 …… 91
第一节 新闻采访资料的整理与归纳 …… 91
第二节 新闻采访细节的核实 …… 95
第三节 新闻采访稿件的形成过程 …… 104

第三篇 写作实践

第六章 消息写作 ·· 110
　第一节　消息写作概说 ·· 110
　第二节　消息的标题 ·· 114
　第三节　消息头与消息导语 ·· 118
　第四节　消息的主体 ·· 122
　第五节　消息的结尾 ·· 129
　第六节　消息的背景 ·· 132

第七章 通讯写作 ·· 138
　第一节　通讯写作概说 ·· 138
　第二节　通讯写作的类型 ··· 145
　第三节　通讯的主题 ·· 148
　第四节　通讯的选材 ·· 152
　第五节　通讯的结构 ·· 156

第八章 特写写作 ·· 165
　第一节　特写写作概说 ·· 165
　第二节　特写写作的类型 ··· 170
　第三节　特写写作的技巧 ··· 175

第九章 深度报道 ·· 181
　第一节　深度报道概说 ·· 181
　第二节　深度报道的写作 ··· 188
　第三节　深度报道的叙事 ··· 197

第十章 融合新闻报道 ·· 204
　第一节　融合新闻报道概说 ·· 204
　第二节　融合新闻报道的类型 ·· 210
　第三节　融合新闻报道的创作 ·· 216

参考文献 ··· 222

第一篇　理论架构

　　随着新媒介技术的变化，新闻采访与写作的内容及相关的采访与写作手法都发生了变化。传统媒介的新闻采访与写作传播的介质是报纸、期刊等相关的平面媒体和广播电视媒体，这些传播介质是受众接受信息的直接方式。互联网技术不仅改变了媒介的认知方式，也改变了用户接受信息的方式，海量的信息传播、秒级发布的新闻报道、爆炸式的信息表达等使传播理论及相关的概念也随之发生了变化。无论技术及科技如何创新，传播介质如何改变，新闻采访与写作的本质都尚未改变，那就是它所传播的内容、传播的主题、传播的效果没有改变。本篇主要以新媒介技术为主要研究对象，对全媒体的概念进行梳理，对新闻采访与写作的新理念给予新的界定，从而使学生掌握全媒体语境下的新闻采访与写作。

第一章 全媒体新闻采访与写作概述

■ **本章导言**

全媒体新闻采访与写作是新闻传播学类专业的一门基础课,也是新闻传播学实务类课程的一种。通过本章的学习,首先要理解全媒体的基本概念,也要理解新媒体与全媒体之间的关系,在此基础上,要清晰地懂得新闻采访与写作之间的关系及二者之间的逻辑顺序,从而认识新闻采访与写作的意义及重要性。

■ **学习目标**

1. 理解全媒体的概念。
2. 理解全媒体新闻采访与写作的定义。
3. 掌握全媒体新闻记者的职业理念。
4. 明确学习全媒体新闻采访与写作的意义。

第一节 新媒体语境下的全媒体概念

对于今天的媒介而言,新媒体已经不是一个新的概念,而是一个使用广泛的词汇,但是对于其定义尚无明确的界定。

一、新媒体:没用定论的概念

1959 年 3 月 3 日,加拿大传播学家麦克卢汉先生在参加全美高等教育学会举办的会议时,发表了题为"电子革命:新媒体的革命影响"的演讲,麦克卢汉在演讲中指出:"从长远来看,媒介即讯息,每一种新媒介都具有印刷术一样的实力,传递着一样的讯息。"①

20 世纪 60 年代,美国哥伦比亚电视网技术研究所所长 P. 戈尔德马克在 1967 年发

---

① 马歇尔·麦克卢汉.麦克卢汉如是说:理解我[M].何道宽,译.北京:中国人民大学出版社,2006:3.

表的一份关于电子录像制品的计划中提出了"新媒体"这一概念,但无论是此时的业界也好,还是学术界也好,都尚未对新媒体的概念给予新的界定,"1969年美国传播政策总统特委会主席 E. 罗斯托在提交给总统尼克松的报告中也多处使用了'New Media'这个概念"。①

"20世纪80年代,新媒体这个词汇开始广泛普及,而这显然与计算机技术的发展分不开。"②计算机技术的发展直接促进了媒介技术的变革,媒介媒体技术的变革直接促进了新媒体的发展。直至今日,媒介技术仍然在发展,所以新媒体仍然是一个没有定论的概念。彭兰在其著作《新媒体概论》一书中已经阐述了此观点,而且对此作了延展性的概说:"新媒体不是静止的,新媒体的形态本身可能在不断发展。因此,它是一个没有固态的对象,未来必将出现更多超出今天人们想象的新媒体。"

新媒体的概念引进中国也经历了几个阶段。

数字化媒体阶段。清华大学熊澄宇教授认为:"新媒体是一个不断变化的概念。在今天网络基础上又有延伸,无线移动的问题,还有出现其他新的媒体形态,跟计算机相关的。这都可以说是新媒体。"这一阶段的新媒体主要是以数字技术为基础,网络传播作为传播载体的信息传播媒介,主要是建立在信息技术的基础上,充分发挥媒介的信息传播功能,从而形成媒介信息的传播者,在此背景下影响信息传播的生产、采集、制作、包装、分发等环节,间接促进了新闻采写技术手段的变化。

互动性媒体阶段。新媒体与传统媒体而言,互动性是其存在的重要条件之一,也是其固有的一种媒介特征。匡文波在其著作《新媒体概论》一书中讲道:"新媒体是一个相对概念,其内涵会随着传播技术的进步而有所发展,但从人类传播史角度而言是一个时代范畴。与传统媒体相比,新媒体具有即时性、个性化、分众性、信息海量性、低成本全球传播、检索便捷、融合性等特征,其本质上是数字化的,传播上具有互动性,国内人称为交叉性。"③新媒体实现了前所未有的互动性。所以传统意义上而言的"受众"一词建议用"用户"一词取代。总之,新媒体的概念在中国语境下,有其固有的含义,同时也应该具有中国话语及媒介技术下的特定属性。

二、全媒体:媒介变革下的新传播形态

全媒体属于新媒体中的一个即时概念,同时也是媒介技术变革下,一种崭新的传播形态,从其发展历史演变及媒介形态存在的视角而言,它是一种媒介融合背景下的信息技术及媒介深度融合的统一体,新闻采访与写作在其大背景下有其新的传播理念。

"全媒体"在英文中为"Omnimedia",为前缀 omni 和单词 media 的合成词。经过搜索国外的 Elsevier(SDOL)数据库、EBSCO 全文数据库及 Springer 外文期刊,笔者发现 Omnimedia 只以专有名词形式出现,即一个名为 Martha Stewart Living Omnimedia(MSO)的公司。作为一个新闻传播学术语的"全媒体"并未被国外新闻传播学界所提及。

---

① 明安香.信息高速公路与大众传播[M].北京:华夏出版社,1999:72.
② 彭兰.新媒体概论[M].北京:高等教育出版社,2016:2.
③ 匡文波. 新媒体概论[M].北京:中国人民大学出版社,2015:4.

任国杰在其著作《童子问易》中这样表述:"全媒体,就是数和象在天、地、人之间变动和周流而建立的备包有无的媒体形式。"①这是从原始的视角解释全媒体的存在概念,虽然没有从媒介视角揭示出全媒体的定义,但是可以看出,天地之间的存在就是媒体信息传播的一种媒介形态。随着全媒体业态进程的不断发展,在融合的同时,各种媒介形态、终端及其生产也更加专业、细分,对全媒体的概念有了新的定性。

一方面表现为媒介形态的分化。单一的印刷报纸已经分化成印刷报纸、手机报纸、数字报纸等多种产品形态,广播电视分化成网络电视、手机电视等更丰富的产品形态。此外,媒体终端的多样化也带来了传播网络的分化,如手机媒体、电子阅读器、网络电视、数字电视等分别依赖不同的传输网络。

另一方面表现为媒介生产流程的专业化细分。在媒介融合时代,由于生产复杂度的提高,更有可能导致产业流程的专业分工和再造,出现信息的包装及平台提供者走向专业化的趋向。现在,在数字报纸、电子杂志、手机媒体领域,专业化的趋向已经显现,新媒体信息已经改变了人类社会的存在及传播方式的产生,媒介产品生产的精细化已经成为媒介传播的重要标志,新媒介传播介质的产生已经改变了信息传播的接收过程。全媒体作为一种新兴的媒介传播方式,信息传播载体的多样性和便于检索等特征使其成为一种精细化的媒介生产过程,从某种意义上讲,多种媒体形式的存在也导致了媒介生产流程的变化,所以对于专业化的媒介组织及相关的采编人员而言,必须适应媒介生产流程和媒介技术的变化,才能在全媒体时代更好地生存和发展。

当前,全媒体已经形成了其特有的传播、采编和运营构架。

(1) 全媒体传播构架:这种传播构架主要是以全媒体渠道,对内容进行的多渠道、多媒体、多平台发布,实际上是对传媒形态的重新架构,以便传播范围更为广泛。

(2) 全媒体采编构架:这种传播架构是针对不同的媒体渠道特征,进行媒体采编流程的重构,并使信息形式和结构发生本质的变化,使有不同阅读或收视习惯的用户都得以满足。这种构架对新闻采编人员的要求比较高,所以在此背景下,新闻采编人员需要重新构建其职业理念,传播信息。

(3) 全媒体运营构架:这种传播构架是在完成媒体架构和用户积累后,运营将是全媒体产品的终极目标,而随着媒体形式的多样化,新的商业机会将会出现,广告运营的绩效会得到大幅提升,而淘宝类的在线交易、携程类的中介服务、搜房类的专业渠道,都将得以应用。媒体的平台将向应用型转移,资讯内容将整合成商业元素,产生收益。②

全媒体时代是一个互动性强、传播速度快、内容丰富的时代,全媒体的传播方式直接促进了传播内容及传播方式的改变,使传播接受的过程发生了变化。从传统的新闻传播理论而言,信息的接受者定义为受众,受众就是信息的接受者,传统意义的受众范围是极其广泛的,包括读者、听众、观众,这种受众只能被动地接受信息,受众无法摆脱这种传播模式。在全媒体语境下,传播模式已经发生了变化,尤其是全媒体的互动性,全媒体传播的信息接受者由受众变为了用户,"由于新媒体具有互动性,传播者与受众之间的界限十

---

① 任国杰.童子问易[M].北京:人民出版社,2013:273.
② https://www.workercn.cn/241/201312/23/131223173616848.shtml.

分模糊,两者之间的角色可瞬间转换,因此应该用'用户'取代'受众'。"①从上述论述中可以看出,全媒体新闻采访与写作在此背景下,采写理念也随之发生了变化,由传统的记者采写主导的报道方式与信息传播模式,变成了基于用户获取信息的模式,全媒体互动性使得信息传播者与信息需求者之间发生了变化,传播效果的反馈性改变了传统的主导性信息发布模式,全媒体用户的互动性改变了职业记者的采写模式及舆论的传播特点,媒介在进行内容传播时,只有满足全媒体时代的传播特点,才能有效地满足受众的需要,同时也为信息的跨文化传播、跨国界传播、跨语言传播提供新的传播空间。

第二节　全媒体时代的新闻采访与写作界定及记者职业理念

新闻传播环境改变了世界,同时也改变了新闻传播的报道理念及相应的传播方式。在新闻传播新技术的驱使下,全媒体新闻采访与写作具有其传播的现实意义,新闻报道功能及记者的职业理念发生了变化,新闻传播报道理念及报道手法也相应地发生了变化,当代新闻采写需要的是具有家国情怀、民族精神、时代担当、高度的社会责任感的全能型记者。

一、全媒体语境下的新闻采访与写作的界定

全媒体时代新闻采访与写作理念在技术进步的推动下已经发生了变化,在此背景下,新闻的定义及相应的特征也随之发生了变化。

(一)新闻的界定

生活在全媒体时代,人们每天都需要接触大量的新闻,新闻已经成为人们日常生活重要的信息来源。新闻活动与人类社会客观存在的新闻现象有关系,自从人类社会存在以来,新闻就一直存在,它的存在不仅是人类社会客观存在的产物,同时也是人类社会发展到一定阶段的需要。随着媒介技术的不断变革,人们对新闻的解读也在发生着变化,媒介融合趋势在不断改变着新闻的定义。

第五届"你好,新时代——有我更出彩"青年融媒体作品大赛启动

新华社北京6月15日电 中央广播电视总台新闻新媒体中心主办的第五届"你好,新时代——有我更出彩"青年融媒体作品大赛15日在京启动。大赛自即日起至10月下旬面向社会广泛征集优秀融媒体作品。

据主办方介绍,本届大赛分为短视频和交互融合作品两大类,内容要求紧扣主题,立意和表现方式新颖,语言生动活泼,鼓励创作者运用AR、VR、手绘、动画、航拍等丰富多样的手段,向世界展示可信、可爱、可敬的新时代中国形象。

资料来源:http://www.news.cn/2022-06/15/c_1128742865.htm.

---

① 匡文波.新媒体概论[M].北京:中国人民大学出版社,2016:45.

多地重启公务员省考笔试 扩大政策性岗位规模

近日,多省份重启此前因疫情而暂缓的2022年度公务员招考笔试。当前正值大学生毕业季,今年不少地区出台政策,明确大力开发政策性岗位,扩大公务员、事业单位等岗位面向高校毕业生的招录规模。

因疫情推迟的省考重启,多省份明确笔试时间

今年2月,全国20余省份发布2022年度公务员招录公告,大多数地区将考试时间定在3月下旬,但进入3月,全国疫情多点散发,各地纷纷将笔试延后。

近期,多地疫情防控形势趋于好转,连日来,安徽、河南、甘肃、浙江、福建、河北、贵州等地纷纷重启公务员招录的笔试工作,多省份将笔试时间定于7月9日至10日。

由于笔试时间的调整,多地也公布了因故无法应考考生的弃考退费手续。例如,安徽要求因故不能参加本次笔试的,可在6月15日9时至17日17时进入报名系统办理退费确认手续。

浙江还明确,因考生弃考造成报名人数不足开考比例的,将酌情核减或取消招考计划。招考计划被取消的相应报考人员,自接到通知起24小时内进行改报名,逾期未改报名的,视为放弃改报。

促进大学生就业,多地扩大政策性岗位供给

今年高校毕业生超千万,为了促进高校毕业生就业,近期,不少省份明确将扩大公务员、事业单位等政策性岗位的开发供给。

6月9日,甘肃省教育厅副厅长、新闻发言人王光亚在该省新闻发布会上介绍,"2022年,在各单位各部门的共同努力下,我省共开发各类政策岗位3.7万余个,并均计划在8月底前完成招录招聘工作"。

同日,江西省人社厅召开的"赣就有位来"稳就业新闻发布会透露,将开发各类政策性岗位不少于4万个,落实面向应届高校毕业生招录岗位不得低于40%的要求,相关招录工作8月底前完成。

今年5月,吉林省发布《关于积极应对疫情影响 全力做好高校毕业生等重点群体就业工作的若干措施》。据介绍,今年吉林省的公务员和事业单位招录招聘人数约2.2万人,比去年增长10%。

河南省则透露,今年将稳定公务员、事业单位和国有企业招聘规模,公务员招录计划不少于7500名,事业单位招聘不少于4万人,国有企业招聘1万名左右。

"政策性岗位或者说公共机构岗位包括党政机关、事业单位、地方国企、特岗教师等,今年高校毕业生首次突破千万,各地加强政策性岗位的供给,对就业市场,特别是大学生就业来说是一种稳定性的政策保障。"中央党校(国家行政学院)教授竹立家分析。

鼓励政策支持大学生基层就业

如专家所言,在近期各地发布的促进高校毕业生就业的举措中,不少地区都推出了支持大学生到基层就业的鼓励政策。

公务员招录工作中,河南今年的招录中,有2163个计划补充到基层乡镇,对脱贫县的乡镇采取适当降低学历要求、不限制专业条件、调整报考年龄、面向当地户籍等措施降低

进入门槛。

河南的招录中,98%的职位不要求基层工作经历,取消各种不合理限制条件,为高校应届毕业生提供更多报考机会,助力推动就业。

浙江今年的公务员招录首次推出31名招录计划,探索定向山区26县事业编制人员招录当地乡镇公务员,着力解决偏远地区基层机关招人难、留人难问题。

6月10日,河北出台的高校毕业生就业十九条政策措施中明确,对到艰苦边远地区县以下机关事业单位工作的高校毕业生,新录用为公务员的,试用期工资直接按试用期满工资确定,试用期满考核合格后的级别工资高定两档。

"公务员招录重视基层和应届生是近年来的显著趋势,对于考生来说,公务员招录选拔透明、公平,同时也较为科学,拓展了大学生就业渠道,国家也能通过这种方式吸纳更多年轻大学生充实基层队伍,提升整体素质。"华图教育研究院专家郑文照表示。

多地重启公务员省考笔试 扩大政策性岗位规模

竹立家也表示,当前无论是乡村振兴,还是城市社区公共服务升级,都急需大量有新知识、新理念、高素质的大学生补充到基层岗位,这不仅是从促进就业的维度考量,更是提速基层治理能力现代化的需要。(扫码查看全文)

资料来源:https://www.chinanews.com.cn/gn/2022/06-15/9779996.shtml.

通过上述例子可以看出,无论时代怎么变,媒体对新闻的报道无论是短消息,还是通讯特写文字,都是新闻语言的最好表达。对于新闻机构而言,新闻仍然可以作为一种产品而流通,新闻仍然还是社会信息的传播者、舆论的制造者、话语权的公共利器,新闻始终是内容的生产者。

新闻的界定自从有新闻作为一种职业机构出现,就有着不同的定义。

新闻学前辈徐宝璜认为:"新闻者,乃多数阅者所关注之最近事实也。"

陆定一在1943年给出的新闻定义为:"新闻是新近发生的事实的报道。"这个定义现在仍然被广泛使用。新闻是实事论,也诠释了新闻的报道特点,即迅速、及时;新闻的内容特点是新鲜、真实,这种实事论的说法一直存续到今天。

复旦大学王中教授在20世纪80年代给新闻下了一个定义:新闻是经过公开传播的新近变动与正在变动的事实信息。这个定义从"变动"的角度界定了新闻是一种客观存在的现象,它是变的,只有"变动"才会产生新闻的时效性,强调了新闻的时效性及客观存在的事实性。

中国人民大学新闻学院的高钢教授在其《新闻采访与写作》一书中认为:新闻是媒体对公众生存环境新近发生的重要变动状态的描述。这个定义强调了新闻的公共性。

时至今日,无论新闻怎么变化,新闻的定义都始终在不断整合及创新,媒介技术的变化及新闻产品的产生,使得新闻采访与写作理念、内容都发生了变化,新闻采访与写作在整个新闻传播行业也是一个不断变化的过程。

以新华社的新闻产品和经济信息产品为例(图1-1和图1-2),可以看出,现在的新闻生产过程对新闻的定义有着新的解释。

图1-1 新华社新闻产品

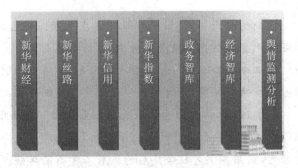
图1-2 新华社经济信息产品

时效性:新闻仍然是对新近发生新闻事件的报道,时效性是新闻采写的基本原则,一旦新闻失去了时效性,成为过去的事实,那就变成了历史。在新媒介技术的推动下,用户获取信息的能力不断增强,对新闻的时效性要求越来越高,新闻的时效性已经成为新闻报道的首要因素。

新鲜性:新闻在全媒体互动性的特征下,新鲜性的报道内容仍然是全媒体报道的重要内容,变动的新闻事实是新闻存在的客观条件,也是新闻存在的基础。一个已经家喻户晓的新闻,无论多么重要,都构不成新闻,所以在全媒体语境下的新闻报道要符合新闻的内在要求及相应的规律。

真实性:新闻的本源是事实,真实性是新闻报道的基本要求。所以记者在全媒体时代对于新闻的采访与写作,必须做到对新闻事实及新闻本源的核实,经过调查核实后,才能把采访与写作的新闻传播给用户。

公众性:新闻采访与写作后的信息要传播给用户,新闻采访与写作过程也是新闻生产的过程,新闻工作者在这个过程中需要遵循新闻采访与写作的基本原则及报道原则,对新闻事实给予充分的论证,然后根据媒介的传播定位,进行新闻的采访与写作。全媒体的传播速度快、方式便捷、互动性强、超文本性、数字化等特点必然决定了新闻采访与写作要站在公众的立场上进行报道,公众有权利知道新闻事件的真相。在媒介融合的背景下,公众应该把用户的知情权作为媒体公信力及客观存在的条件之一。

(二)全媒体时代新闻采访

新闻采访是新闻实务中的初始环节,也是新闻活动中非常重要的环节,新闻采访是新闻工作者发现新闻、判别新闻、整合新闻的过程,也体现了记者的职业性及相关的特点。新闻采访是记者获取信息的过程,正所谓"七分采、三分写",由此可见新闻采访的重要性。

18岁生日当天接受本报记者专访,苏翊鸣:精彩人生才刚刚开始

北京2022年冬奥会上,中国队选手苏翊鸣先后夺得单板滑雪男子坡面障碍技巧银牌以及单板滑雪男子大跳台金牌,成为中国代表团单板滑雪项目冬奥会历史上首枚金牌、男子首枚奖牌获得者。2月18日,苏翊鸣18周岁生日当天接受了媒体的专访。

记者:在大跳台决赛中,你第一跳选择了高难度的外转1800并且成功落地,赛前是如何制定策略的?你觉得北京冬奥会的比赛场地怎么样?

苏翊鸣：赛前其实没有安排什么特别的战术，因为预想到决赛中所有选手都会把自己最难的两个动作拿出来，不会出现过于简单或者保守的动作，所以我要做的就是把自己的两个动作做到最好，这也是夺冠的必经之路。

就场地而言，无论是大跳台还是坡面障碍，都是我遇到过的最好的场地。让我印象深刻的是"雪长城"的道具区，融入了很多中国元素，比如烽火台、角楼，具有独特的风格，角度也非常舒服。在这样的场地，每一位选手都可以激发出更多的想法和灵感，并且努力在赛场上实现它们。

记者：成功夺冠后，你在与教练拥抱时放声大哭，给人一种释放了所有情绪的感觉。那一刻你对教练说了什么，你的心里在想些什么？

苏翊鸣：我说的是"I did it（我做到了）"。在北京冬奥会上赢得冠军，这真的是我和佐藤教练一直以来的梦想，一个特别大的梦想。过去4年里我们无时无刻不在惦记着这件事，只有彼此知道为了这块金牌究竟付出了多少、牺牲了多少，包括在很多动作的打磨上，遇到了非常非常多需要去克服的困难。所以美梦成真的那一刻，他是我第一个想要去分享这份喜悦的人，当时的心情很激动，我做到了，我们都做到了。

记者：此前的坡面障碍比赛中，你同样有着非常精彩的表现，最终却与金牌擦肩而过。你在赛后说，进入决赛的大家都是第一名，让全世界看到了中国队选手的风度与格局，但与此同时，你的内心深处是否也会有一些遗憾？

苏翊鸣：就像我说的那样，大家都是最棒的，我是发自内心这样认为的。因为我的目标从来都不是要拿到第几名，而是要在比赛中学习和进步，展示出最好的自己。如果完成不了计划的动作，即使拿到了第一我也不会很开心。而在坡面障碍比赛那天，我已经完成了自己最难的一套动作，也是一个很大的突破，所以并没有任何遗憾。

在冬奥会的赛场上，最后一名选手结束比赛之前，你永远不知道自己会得到一个什么样的名次，但只要完成了想要完成的动作，那就已经是胜利了。而且我始终笃信，只要做好自己，我就一定能够闯入前三，站上领奖台。

记者：你在滑雪的道路上遇到了很多志同道合的朋友，在北京冬奥会的赛场上，有没有结识新的朋友？

苏翊鸣：其实我们都已经是老朋友了，因为全世界这30名参赛选手的面孔会出现在此前的每一次世界杯、每一场比赛、每一个训练场地中，可能过去这一年半载里我见得最多的就是他们。大家身处全世界不同的地方，但都在做着同样的事情，都对单板滑雪有同样的热爱，早就已经成为一个很大的大家庭。我们在赛场上是暂时的对手，但在赛场下是永远的朋友和兄弟。（扫码查看全文）

18岁生日当天接受本报记者专访，苏翊鸣：精彩人生才刚刚开始

资料来源：https://jjjcb.ccdi.gov.cn/epaper/index.html?guid=1494744629206056960.

通过上述案例可以看出，新闻采访是新闻工作者在新闻实践过程中，为了新闻报道，通过观察、访问等方法，对新闻采访获取的材料进行整理、核实、报道的过程。学界对于新闻采访的历史和定义梳理如下。

蓝鸿文在其《新闻采访学》一书中，给予以下解释：新闻采访是一种特殊的研究调查性

工作,新闻采访的对象是客观事实,新闻采访的基本性质是对客观事实进行调查的一种活动。

丁柏铨在其著作《新闻采访与写作》一书中这样论述:新闻采访是特定主体出于大众传播的目的,通过观察和访谈等手段,对可能受到关注且鲜为人知的信息的收集活动。

艾丰在《新闻采访方法论》一书中认为:新闻采访是新闻记者为进行新闻报道活动所做的了解客观情况的社会活动。

高钢在《新闻采访与写作》一书中认为:新闻采访是了解新闻真相的过程,是记者进行专业调查的研究过程,这一工作被称为"采访"。

这些是中国具有代表性学者对新闻采访所做的解释。总而言之,新闻采访应该具备以下三种要素:①采访是新闻工作者的职业活动;②采访的目的是向大众传播;③采访活动包括三项内容,收集资料、认识事物、发掘报道素材。①

可以看出,首先,新闻采访是一种职业记者的职业活动。虽然现代传媒技术不断革新,但是记者的职业活动不可或缺,记者要在专门的新闻场域进行新闻采访活动,职业记者代表公众利益向社会传播信息。其次,新闻采访主要是向大众传播信息,把收集到的信息传播出去,关心大众所关心的问题,为大众的基本利益而发声,解决大众所关心的问题,使大众能够根据记者的报道获取其关心的信息。最后,记者在采访前应该认真收集资料,对相关的采访问题做出梳理,有备而问;在采访中期应该对收集的资料进行挖掘,获取相应的新闻线索及新闻信息,从而为挖掘新闻素材而进行报道。

总之,新闻采访是新闻写作的前提条件,新闻采访活动是新闻工作者进行新闻报道写作的基本原则,同时新闻采访也是实现新闻活动的重要途径。

(三)全媒体时代的新闻写作

新闻采访与新闻写作两者之间是有先后顺序的,采访在前,写作在后,顺序不能颠倒。

新闻写作建立在新闻采访的基础上,新闻采访的客观性事实决定了新闻写作的内容。新闻写作是新闻采访活动的延伸,新闻写作同时也是新闻采访最终成果的呈现。

许颖在其2011年版的《新闻采访与写作》一书中认为,新闻要遵循客观规律,这种客观规律必须建立在新闻采访的基础上,记者在新闻采访的基础上,对所掌握的信息进行加工整理的过程,也就是对信息进行再组合的过程。

丁柏铨在其《新闻采访与写作》一书中认为,新闻写作就是依据新闻采访获得的素材进一步发掘其新闻价值,寻找独特的切入角度,在客观地叙述新闻事实的过程中,向受众提供有价值的新闻信息,满足他们的新闻需求,从而最终实现新闻作品的价值。

新华社专访18岁苏翊鸣:创造历史的金牌,是最好成人礼

在家门口的冬奥会上,在全世界的瞩目下,用一块创造历史的金牌,完成了自己的成人礼,对于18日满18岁的苏翊鸣来说,仿佛一切都是最好的安排。

北京冬奥会开幕前,他是由童星转型而来、小有名气的单板滑雪新人,北京冬奥会接

---

① 张征. 新闻采访[M]. 北京:中国人民大学出版社,2018:1-2.

近闭幕时,他的身份发生了新的转变,作为中国代表团单板滑雪项目冬奥会历史上首枚金牌、男子首枚奖牌获得者,苏翊鸣接受了新华社记者专访。

谈冬奥——"感受最大的是爱"

苏翊鸣出现在视频采访画面里的时候,离他在大跳台夺冠,差不多过去了两天时间。

"过去48个小时,我尽量地在回忆比赛那天或者是这次冬奥会带给我的所有经历所有的感受……虽然看起来那天只比了三四个小时。"苏翊鸣说,"我很多时间都是在放空自己,满脑子想的都是过去这4年里,包括我得金牌的这一天或者从小到大我父亲带我滑雪的第一课的时候,这些美好的回忆。"

前两滑表现惊艳,对手们无力翻盘,最后一滑前,苏翊鸣已经提前锁定金牌。正当许多人以为他将在无压力的一滑中挑战自己被吉尼斯世界纪录认证过的1980动作时,他轻快地滑下,以一个简单写意的空中定格,结束了整个单板滑雪项目北京冬奥会的最后一滑。

后来在电视画面中才看到,在大跳台的出发区,得知自己夺冠后,苏翊鸣早已止不住热泪,一边呜咽着"我做到了",一边扑到教练怀里。

"这一刻我幻想了很久,付出了自己全部的努力,过去4年里面临的挑战和困难真的太多。"苏翊鸣回忆道,"这个时候我也想去尝试一些更难的动作,但是真正站在出发台的时候,我只想用自己最喜欢的方式、最喜欢的动作去完成我的第三趟滑行。当时我真的只有一个想法,我就要享受这一趟,我就要享受我人生中最珍贵最美好的时刻。"

同样是在转播画面里,苏翊鸣的父母出现在看台上,但闭环内外无法近距离接触,苏翊鸣用电话和父母分享了这一时刻。

"我知道他们在现场,但是没办法见到,没办法近距离接触,所以我也是赶紧给他们打了电话。"苏翊鸣说,"我的父母从我很小的时候就带我接触单板滑雪,不管我做出什么样的决定,他们都选择毫无保留地支持我、相信我,没有他们的支持,就不可能有今天的我。"

今天的苏翊鸣,拥有北京冬奥会单板滑雪坡面障碍技巧银牌与大跳台金牌,当然,也拥有两个限定款的"冰墩墩",在连线里,他特意把镜头挪到床上,两个"冰墩墩"与两枚奖牌安静地躺在那里。

"我现在每天都把它们摆在我的床上,我真的是已经抱着我的金牌睡了。我的金牌……我的'冰墩墩'……"他的语气里是掩饰不住的喜爱,"这个对我的人生来讲意义真的是太大了,特别特别喜欢它,我也一定会把它送给我最重要的人。"

这块金牌对于中国代表团的意义同样重要,这是中国单板滑雪的第一块冬奥会金牌,在他夺金后,中国代表团刷新了在单届冬奥会夺得的金牌数和奖牌数两项纪录,创造了参加冬奥会以来的历史最佳战绩。

这个还略显稚嫩的男生,赛前或许并没有预料到这一切。尽管从4岁起站上雪板就不愿下来,但直到冬奥会花落北京,他才渐渐试着去触碰一个曾经遥不可及的梦想。之后的事情,一步一个脚印,在比赛中崭露头角、国家体育总局组建跨界跨项集训队、入选、随队外训外赛、在世界杯上拿到北京冬奥会参赛资格……个人的拼搏与时代的进程,在一届带动了三亿人参与冰雪运动的盛会同步。

"我觉得对我来说,没有什么能够比这次冬奥会再好的了,我真的是完成了我所有想完成的目标。"他说,"在北京冬奥会我也收获特别多,感受到了祖国的强大,如果没有祖国,就没有今天的我。我很骄傲很自豪,自己是一名中国人,在我披上国旗,站在领奖台上,国歌奏起的这一瞬间,我真的觉得特别特别开心。作为一名中国人,能够把自己的力量发挥到最大,为祖国争光。"

新华社专访18岁苏翊鸣:创造历史的金牌,是最好成人礼

"其实我这次感受到最大的就是爱,我自己对单板滑雪的热爱,大家对我的爱,我都深深地感受到了。如果离开这种爱,也不会造就今天的我。所以这块金牌不仅是我自己,也是所有人共同努力的结果。"他说。(扫码查看全文)

资料来源:https://baijiahao.baidu.com/s? id=1725076675854646958&wfr=spider&for=pc.

通过以上例子及相关的界定可以看出,新闻写作是新闻采访活动最终结果的呈现,新闻写作具体包括以下两个方面。

(1)新闻事实至上:新闻事实是新闻写作中应用频率较高的词汇,无论媒体技术如何变革,新闻写作都始终应该坚持新闻事实至上的原则,新闻写作的最终目的就是描述记者在新闻采访活动中的新闻事实。

(2)主题的确定:在新闻写作中,记者根据采访内容获取信息之后,首要的任务就是确定报道主题,在新闻主题报道确定的过程中,记者围绕着新闻主题展开报道,新闻结构的确定决定于新闻主题的确定,只要新闻主题确定下来了,新闻结构才能确定。

二、全媒体时代记者的职业理念

新闻工作者是新闻采访与写作业务流程中的创造者,通过记者的职业采访与写作后形成新闻作品,新闻作品的质量是记者职业能力、职业水平、职业精神的直接体现,同时也是记者对新闻判断力、新闻价值的选择、新闻能力的直接体现。全媒体时代,媒介技术的变革直接决定了记者的职业理念的重新塑造,但是无论时代如何变化,技术水平如何变化,新闻环境如何变化,记者的职业理念都依旧像美国新闻界的巨人约瑟夫·普利策说的:"倘若一个国家是航行在大海上的船只,那么新闻记者就是站在船头的瞭望者。他要在一望无际的海面上观察一切,审视海上的不测风云和浅滩暗礁,及时发出警告。"

新闻工作者确实应该肩负一定的社会责任感,新闻记者是一种职业活动,这种职业活动应该具备自己的职业素养。全媒体时代,记者获取信息的渠道较多,面对纷繁复杂的社会环境,海量的社会信息,记者在此背景下,应对其职业理念重新理解。

(1)职业能力:新闻记者在全媒体时代,面对海量的新闻信息,应该具有对信息的筛选能力,记者应该做到对新闻信息及新闻事实不断求证,并保持质疑的精神。新闻线索的获取、新闻信息的选择、新闻事实的取证等工作都会涉及记者的职业能力,对新闻事实的质

疑性是新闻工作者在新闻工作中必须具备的精神。作为职业记者,在面对新闻事实的时候,不要轻信任何人,不要轻信任何人对新闻事实的看法,不要轻信没有经过论证的消息源,对待任何新闻事实都要亲自去取证,在取证的过程中获取新闻真相与新闻事实。其次,记者应该做好知识积累,知识是新闻敏感产生的基础。[①] 记者应该是知识的聚集体,在从事该职业的过程中应该不断地积累职业素养及相关的知识。记者既是杂家,又是专家,在对新闻信息的发现过程中,记者最后会成为"行家"。面对复杂多变的世界格局及相应的社会环境,记者应该积极主动地学习知识,提高自己在新闻发现上的判别力及处事能力。新闻专业的学生只有具备丰富的知识背景,才能掌握各方面的题材;知识越丰富,越能发现变动中的世界,从而发现有价值的新闻。

(2)职业素养:记者应该讲政治,培养自己的政治素养。作为大众传媒的传播者,应该具有政治意识,在新闻报道的过程中应该时时刻刻讲政治。首先,应该具备大局意识,就是要认识大局、把握大局、服从和服务于大局。在新闻报道中凡是涉及经济社会发展全局的事情,涉及人民群众根本利益和国家前途命运的事情,就是大局。其次,新闻工作者在新闻报道中,应该遵循政治意识,就是要求新闻工作者在瞬息万变、错综复杂的形势下,保持清醒的政治头脑,具有正确的政治思想,坚定的政治立场,敏锐的政治观察力、鉴别力。最后,记者在采访过程中要有责任意识。中国的媒体是党委、政府和广大人民群众的喉舌,肩负着围绕中心、服务大局、引导舆论、服务群众的政治使命。在此背景下,中国的新闻工作者要恪守职业素养,遵守自己的职业操守。

(3)职业道德:新闻工作者职业道德是新闻工作者在长期的新闻实践活动中形成的调整人们相互关系的新闻规范和准则,是社会道德对新闻记者这一职业所提出的特殊要求。新闻工作者被称作"社会的良心",在社会上和人民群众的心目中有着较高的威信,有着良好的形象,新闻工作者只有加强自身道德素质的修养,才能真正对得起这份荣誉。作为中国的记者,应该做到热爱党、热爱社会主义祖国,坚持四项基本原则,坚持新闻的党性与人民性的统一;坚持新闻的真实性,忠于事实,不搞虚假报道,以人民利益为准绳,宣传党的政策,反映群众的心声,克服新闻报道中的主观主义倾向;热情讴歌正义与光明,无情揭露邪恶和黑暗,主持公道,坚持正义,不畏惧任何压力,时刻同群众保持密切的联系;严格要求自己,廉洁奉公,不利用工作之便谋私利,不拿版面做交易,吃苦耐劳,深入基层,有良好的新闻意识,遵守新闻纪律;热情为广大读者服务,提供有益身心健康的稿件,甘当无名英雄;同行之间,相互尊重,相互学习;认真学习马克思主义基本理论和党的路线方针政策,树立共产主义理想、信念,掌握丰富的科学文化知识,加强职业修养,勇于献身新闻事业。

综上所述,记者职业理念的形成与诸多因素有关,在全媒体时代,记者作为大众传播者,对职业理念的构建要不断融入新的元素,坚持真理、具有正义感、钻研业务、提高理论水平、积累实践经验都是职业记者应该具备的修养。

---

① 高钢.新闻采访与写作[M].北京:高等教育出版社,2008:21.

第三节　学习全媒体新闻采访与写作的意义

全媒体是一个崭新的概念，同时全媒体也是一个全新的媒介时代，媒体的变革成为一个时代的变迁。随着媒介技术的不断变化，全媒体仍然会赋予更多的解释与变化，但是此时的全媒体已经具备了融合媒体的相关特征，也会用相关的媒介理论去解释全媒体时代的媒介变化。新闻采访与写作是记者通过自身的职业活动进行的职业化写作过程，传播过程仍然是以用户需求为导向的新闻活动，全媒体新闻采访与写作在此背景下，具有一定的现实意义。

一、指导新闻工作者在全球背景下更好地参加新闻实践工作

进入21世纪以后，全球经济在快速发展，媒介作为信息的传播者，与经济发展同步，媒介是承载信息的载体。新闻学中新闻业务是新闻活动的主要体现，新闻实践活动就是新闻理论的实践活动，也是新闻应用的主要分支，新闻采访是新闻实践活动的重要环节，同时新闻采访作为新闻写作环节的前置部分，意义重大。在全球背景下，记者的职业理念及相应的新闻采访与实践活动都在发生着变化，中国记者作为全球重要的经济体报道者，在新闻实践活动中，只有融入全球经济共同话语体系中才能传播中国声音，讲好中国故事，塑造好中国形象。新闻采访与写作在此背景下有着重要的意义，新闻采访与写作是中国新闻工作者在新闻实践中不断进行创造性的工作的过程，新闻实践活动就是遵循新闻客观存在的事实而进行的报道活动。新闻工作者只有深入新闻一线，对新闻采访进行创造性的活动，对新闻事实进行捕捉，遵循新闻报道规律，才能更好地确定新闻主题，对新闻事实进行报道写作。这是对记者创造性进行检验的过程，新闻工作者只有在新闻实践活动中不断地进行探索与改进，才能适应时代的发展，在新闻采访与写作中才能有所创新与突破。

二、推动新闻工作者在新闻实践活动中运用新的理念采写新闻

新闻实践活动反映现实世界，现实世界的客观存在反映着新闻工作者新闻实践活动，中国新闻学的发展也是在新闻实践活动中不断成熟与变化的。全媒体新闻采访与写作既要考虑到新闻实践活动中的变化对新闻业务的影响，又要考虑到技术变革带来的变化。随着全球技术的不断进步，新闻采访与写作面临着巨大的挑战与机遇，挑战是新闻采访方式的变化与媒介技术的变革，对传统新闻采访与写作方法的改变；机遇是面对全球媒介技术的发展，新闻工作者应该积极应对新闻实践的方式与方法。命运共同体是中国政府提出的全球化理念，面对国外的新闻工作经验，我国新闻工作者应该积极学习国外先进的新闻工作经验。还要积极应对我国的国情，在中国语境下，改变职业思维，融入新的职业理念，不仅要在新闻采写过程中积极地掌握新闻采写的规律及特点，还要立志当一名全能型

记者,拓宽职业理念,在新闻采访中讲求新闻事实要新鲜,新闻采访方式与过程要新鲜,对待新闻报道的选题及核实方法要新鲜;同时在新闻写作方面,新闻写作过程要显性,新闻内容组合要新鲜,新闻结构要能吸引读者,新闻内容要能满足读者的需求。总之,在新闻采访与写作过程中,中国新闻工作者既要满足中国读者的需求,也要满足世界读者的需求。在新闻实践活动中,新闻工作者要不断地提高自己的职业理念,创新新闻采访方法,创新新闻写作手法,提高新闻采访与写作技巧。

三、促进新闻工作者在全媒体发展背景下进行新闻改革工作①

中国共产党的新闻事业历经百年,在不断变革、创新中开拓前进,期间有过四次重大新闻改革。

1. 第一次改革:党报与党组织的关系

1942年4月1日延安《解放日报》社论《致读者》为标志进行的新闻改革,核心是要解决党报与党组织的关系问题,改革者们以"党性原则"的理论和实践回答了这个问题,而改革的成果则是使报纸从形式、内容到体制,成为党组织的喉舌。

一方面,党性原则成为认识和理解党报的性质、作用、任务以及具体操作的核心思想原则,以党性原则确保党的新闻事业成为宣传党的方针政策、反映党领导下的群众斗争的宣传工具。在党性原则的指导下,党报必须成为党和政府的喉舌,在政治上和党中央保持一致。另一方面,党性原则还具体化为一系列围绕党报运作的组织原则和工作规范。经过80年的打磨和完善,党性原则已经形成了一套完整的制度。

1942年《解放日报》的改版经历了一次从不自觉的新闻本位向自觉的宣传本位的转变,创立了中国新闻史和党报史上一种独特的报刊类型和操作模式——以组织喉舌为性质,以党的一元化领导为体制,以四性一统(党性、群众性、战斗性、指导性,统一在党性下)为理论框架的延安范式,或者称为"党报模式"。

2. 第二次改革:党报与公众的关系

这一次新闻改革以1956年7月1日《人民日报》发表社论《致读者》为标志。在《致读者》中,以"读者需求"为核心的办报理念被提出来。

在报纸的性质定位上,《致读者》强调了报纸是人民的公共武器、公共财产,人民群众是它的主人。在具体的实践中,这一理念表现为扩展新闻、丰富言论和活泼文风。第一,扩大报道范围,多发新闻,发多方面的新闻。第二,开展自由讨论、阐发社会言论。第三,改进文风,提倡文字应"言之有物、言之成理,而且言之成章",以"短"作为改版的首要操作策略。《人民日报》的改版举措最初获得了中共中央的肯定,并随后引发了全国省市机关报的改版潮,实践的探索也推动了新闻学理论研究。

3. 第三次改革:媒体与市场的关系

1992年邓小平南方谈话和党的十四大的召开确立了我国建立社会主义市场经济体制的改革目标,中国改革开放进入新阶段。一个全新的课题摆在全国媒体面前:新闻媒体能不能进行市场化运作?这是一个时代之问:媒体与市场有何关系?这也是新一轮新闻改

---

① 袁鸣徽,李良荣.百年党史上的四次新闻改革[J].现代传播(中国传媒大学学报),2022,44(03):19-23.

革即党的新闻事业第三次改革的核心议题。

新闻事业由于生产具有强烈意识形态的精神产品,属于上层建筑范畴,即具有形而上的意识形态属性;同时,就其具有向全社会提供经济活动和人们生活必不可少的信息、知识和娱乐的功能来说,新闻事业属于第三产业,即具有形而下的信息产业属性。"双重属性"为我国新闻事业"事业性质,企业化管理"提供了理论支撑,确保了党性原则、党管媒体的原则不动摇;同时,放手支持媒体走市场,灵活经营。这既调和了争论双方的矛盾,又认可了当时媒体已开始市场化运作的现状,从而获得了学界、业界的一致认同,并获得媒体管理者的基本认同,成为制定传媒政策的依据。

4. 第四次改革:媒体与技术的关系

百年党史上的第四次新闻改革主要解决互联网技术变革引发的治理挑战问题。互联网技术的推广与使用,深刻改变了中国的政治生态和传媒生态。一方面,互联网技术在大众生活中的普及改变了过去稳定的传播权力结构,为执政党形塑了一个全新的执政环境:网络群体性事件此起彼伏,大众政治勃兴;民粹主义显现,舆论极化难控制;多元思潮涌现,主流意识形态受冲击。争夺传播主导权成为治国理政的新课题。另一方面,依靠市场化力量崛起的商业互联网媒体冲击了传统媒体的主导地位。

党的十八大以来,以习近平为核心的党中央亲自指挥、精心部署,在国家战略层面开启了"媒体融合"进程,其核心目标是使官方倡导的意识形态在新的媒体格局中占据主流地位,发挥引领作用。近年来,宣传思想系统和有关部门出台了一系列政策和法律、法规,重点打造以中央级媒体为代表的头部媒体,积极推动县级党媒的技术升级和组织建设,同时规范商业互联网媒体的新闻传播行为,逐渐建立了党领导下多主体参与的舆论治理新格局。

本章小结

本章主要从理论视角入手对新闻采访与写作的相关理论做出了一定的解释,从全媒体及相关的理论框架入手对新闻及新闻采访与写作做出了相关的界定,同时阐述了新闻采访与写作的意义,从而使学生能够从全媒体视角了解新闻采访及写作的理论基础。

思考与练习

1. 全媒体语境下新闻采访与写作的理念有怎样的变化?
2. 新闻采访与写作的传播活动有怎样的变化?
3. 新闻对于事实的选择在全媒体框架下有怎样的改变?
4. 学习全媒体新闻采访与写作有什么意义?

全媒体新闻采访与写作技术基础

第二章

■ **本章导言**

近些年,媒体的设备和技术一直在日新月异地发展和升级。传统的采访器材基本上都是固定不变的,主要包括录像机、摄影机、相机、笔记本及录音笔等。一方面,全媒体采访器材比传统媒体简化,只要保证全媒体新闻采访的基本条件就可以达到良好的采访效果。另一方面,由于技术升级和进步,近几年新兴的无人机设备、VR等技术大量地被应用于采访中。无论设备的变与不变,只要熟练掌握新兴的技术和设备,并结合实际情况提前做准备,就能确保全媒体采写工作的顺利开展。本章将重点围绕全媒体新闻采写的技术基础展开,对全媒体新闻采访中应用的各项设备进行讲解。

■ **学习目标**

1. 掌握全媒体新闻采访与写作的影像呈现技术。
2. 掌握全媒体新闻采访与写作的视听语言呈现技术。
3. 掌握全媒体新闻采访与写作的新兴技术的呈现方式。

第一节 全媒体新闻采访与写作的影像呈现

全媒体新闻采访与写作中的影像包含图像与视频两个部分,是平面媒体、电视媒体及网络媒体中主要的信息呈现方式。以下首先学习新闻采访的影像应如何呈现。

一、ENG 技术的应用

如今,新闻机构的影像采集仍然在使用 ENG(electronic news gathering)技术,译为电子新闻采集。ENG 是使用便携式的摄像、录像设备来采集电视新闻。ENG 方式非常适合于现场拍摄,但它所获取的素材还需要在电子编辑设备上进行剪辑,分为前期拍摄和后期编辑两个阶段。其与电缆通信、微波通信、卫星通信技术结合,可以用便携式摄像机与发射装置、传送系统连接,实现新闻直播(图 2-1)。总而言之,电视新闻发展的根本性突破是电子新闻采摄手段(ENG)的运用。

图 2-1　电子新闻采集技术在电视新闻中的应用

ENG 在 20 世纪 70 年代初期在美国电视界率先运用,并很快普及到欧洲、日本等电视发达的国家。今天它已代替了 16mm 摄影机,成为采摄电视新闻的主要工具。

ENG 的最大特点是摄录同步,它可以把电视记者在新闻事件现场的采访、报道,直接声情并茂地展现在观众面前;又可以把电视记者采访报道活动直接推向屏幕,让观众看到的是采访的过程而不是结论。与此同时,它把电视新闻工作从采摄合一推向采摄分家,声话同步的荧屏消除了电影化的无声画面不能表现过去、不能表现心理活动、不能传达抽象概念等种种缺点,为电视新闻传播信息注入了新的活力。

由于采访活动方式有很多种,除调查会、专人访问及记者招待会之外,还包括各种大型会议及文字材料阅读等。采访的方式也有很多,如分段、巡回、交叉、隐性及个别性的采访等,新闻记者只有结合具体采访性质与内容的不同选择合适的采访器材,才能在采访的时候从容镇定,不至于遇到突发问题而影响采访工作的正常开展。

二、常见的摄影摄像器材

在当前时代下,越来越多的人习惯采用手机客户端进行新闻的浏览。因此,对全媒体新闻采访视频的素材清晰度没有了特别的要求,而且全媒体所需的素材也可以采用各种类型编码的通用格式,只要是能够满足 2K 以上清晰度的主流手机和无反相机即可满足上述需求,相比传统媒体使用笨重的专业级新闻采访机极大地简化了摄像师对设备使用的操作流程,轻量化的设备也极大地提高了便携性,同时也大幅降低了设备的成本。

虽然手机操作更加简单,但由于各项参数的问题,手机只能用作在应急情况下采访使用,在正式的全媒体采访时还是会选择更加专业的摄像机和无反相机进行拍摄采访。

(一)专业级摄像机

大多专业级摄像机拥有成像质量极高、尺寸较大、全高清图像的 2/3 英寸感光元件,可搭载专业级摄像镜头,有较高的电池容量,但机身较便携式摄像机笨重,不方便移动。专业级摄像机不仅可以满足室内大型会议、比赛等固定机位采访的需要,还能满足室外全天候的大型活动、体育赛事、恶劣气候环境下的现场纪实直播采访等。

图 2-2～图 2-4 为几款专业级摄像机。

该产品支持 4K 拍摄,搭载 3 芯片 CMOS 成像器系统的 2/3 英寸型的旗舰级 XDCAM,优化了新闻和现场节目制作应用,包括比赛直播、杂志节目、无脚本电视和纪录片拍摄。

图 2-2　索尼肩扛式摄录一体机 PXW-Z750

该产品支持广播局广泛使用的高达 35Mb/s 的 MPEG-2 的本地录制,还有 H.264 提供生产质量 10bit,1080/60P 4∶2∶2 的画面。摄像机以体育交换标准格式记录,可以制作具有丰富元数据的高清视频,满足体育制作的工作流程需求。

图 2-3　杰伟世 GY-HC900CH 广播级专业摄像机

该产品具备 ISO 800 与 ISO 5000 双原生感光度,能在微光环境下进行拍摄;支持动态范围扩展 14 挡以上,具备 4K 60P 变帧及 HD 240P 变帧,支持 RAW 格式输出;拥有 EF 卡口/PL 卡口,可方便切换镜头,还具备 HD-SDI 接口,支持自由扩展寻像器等。

图 2-4　松下(AU-V35LT1MC)广播电视电影级摄像机

(二) 无反相机

无反相机是近几年开始流行,被广大用户大量用来拍照及拍摄视频的设备,它取消了反光板元件,利用电子快门大大增加了拍照与拍摄视频时的快门速度,尤其是在拍摄高速运动的物体时变得极为实用。随着电子元件不断地升级优化,无反相机在感光元件、图像处理器、像素、感光度、快门速度等重要参数上都在不断地升级。

在画面方面,无反相机比手机拥有更大的传感器,能够换来更好的画质,且可以通过搭配不同的镜头实现不一样的画面效果。由于无反相机较传统单镜头反光相机取消反光镜,拍摄快门速度更快,使拍摄视频慢放处理时会有更好的效果,多达数百个对焦点使拍摄时拥有多样的景深虚化效果。在黑暗环境或光线条件交叉的情况下,主流无反相机自身强大的感光元件拥有极大的高感光范围、宽容度,同时还拥有机身 EV 自动补光功能,配合拓展加载的热靴补光灯能够在光线较弱的环境下进行采访,从而满足全媒体平台对画面的各项要求。

在声音方面,无反相机能够加载专业的机顶麦克风、有线麦克风、无线麦克风等收音设备,能够大大降低环境噪声及风噪,保证了采访时对人声或同期声在收音参数方面的需求。通过拓展连接的声音监听器或音箱,可以随时对采访时的声音进行监控,通过连接计算机配合的声卡能够对收集的声音进行实时修正,还可以实时加载画外音、配乐、特效音,等等。

在数据传输方面，主流无反相机自带 Wi-Fi 及数据线，可以轻松地连接至计算机，实现声音画面的实时传输。只要无线数据传输速度达到 5G 以上，配合连接的计算机拥有的直播软件，便可以让计算机变成一个小型导播台，实现多机位的拍摄，像传统媒体一样实现声音画面实时切换，将新闻采访直播到各大全媒体平台。

目前全媒体采访大量使用的无反相机有索尼 A7S Ⅲ（图 2-5、图 2-6）、佳能 EOS R5（图 2-7）和松下 Lumix DC-S1H（图 2-8）。

索尼 A7S Ⅲ 是 SONY 公司在 2020 年 7 月发布的产品，相对于索尼 A7 系列的其他机型，这款主机不仅仅能够满足拍照片的需求，其各项参数更多偏重于对视频的拍摄。换句话说，它是一台做成相机外形的高规格摄像机。

图 2-5　索尼 A7S Ⅲ

图 2-6　索尼 A7S Ⅲ 直播互动采访

EOS R5 是佳能于 2020 年 7 月 9 日发布的一款无反微单数码相机。搭载 4500 万像素全画幅传感器，采用全像素双核 CMOS AF Ⅱ，脸部识别范围扩展到垂直与水平都是 100%，支持机身 5 轴防抖和镜头防抖，双重防抖后最大可达 8 级快门补偿。

图 2-7　佳能 EOS R5

松下 Lumix DC-S1H 推出于 2019 年，是一款 24.0MP 专业无反光镜相机。具有 225 个对焦点、9fps 最高连拍速度、机身 5 轴防抖，原生 ISO 范围为 100～51200，可以提升到 50～204800，它可以将文件保存为 RAW 格式，内置图像稳定功能、防风雨机身、全铰接式触摸屏和徕卡 L 镜头卡口。

图 2-8　松下 Lumix DC-S1H

索尼A7S Ⅲ不仅能满足对各类新闻题材照片素材的需求,还能满足新闻采访摄像素材的需求,最高支持4K清晰度,满足了全媒体新闻采访时清晰度的指标,尤其在拍摄特写镜头或对一拍摄画面进行裁切时仍能够保证有效的清晰度,在4K模式下最高120fps,保证了拍摄高速运动物体时能够拍摄出清晰的镜头画面,并能在后期进行升格慢放处理时不会掉帧;在1080P模式下可以拍摄240fps的视频,意味着将该设备放到飞行器进行飞行采访时,画面不会因帧速的不足而影响画面效果。机身的759个对焦点能够保证在采访时随时转换焦点,能够极大程度地减少被摄主体虚焦的情况。ISO 80~409660的高感光度保证了在采访环境光线时,利用感光器的高感光度保证采访时主体与环境亮度。而机身极高的宽容度能够在采访的被射环境亮暗反差较大时均衡画面。索尼10-bit 4:2:2色深,拥有多种模式的滤镜并支持RAW格式方便后期色彩进行调整。

佳能EOS R5的视频拍摄能力非常专业,最高可支持8K的视频清晰度,可以完全满足日常环境下的新闻采访工作,也适用于专业的视频团队。在照相方面,它具有高像素和优秀的对焦表现,适合人像和风光拍摄;它拥有高速的连拍能力、云平台图像自动传输功能和出色的防护性,适合记者、体育摄影师、野生动物摄影师使用。

在声音录制方面,佳能EOS R5可在拍摄时录制立体声,配备录音电平、风声抑制等支持高音质录制的功能,还支持外接麦克风录音。根据短片拍摄时的不同需要,可以对录音进行设置,可选设置有自动、手动和关闭。手动时录音电平可进行多级调整。同时相机还具有衰减器及风声抑制功能,可应对突然出现大音量时的破音,以及降低受风声影响而产生的噪声。另外,佳能EOS R5还配备了3.5mm直径立体声微型插孔规格的耳机端子。录音中的情况可以通过耳机进行监听,耳机的音量也可自行调节。

松下Lumix DC-S1H是具有真正6K视频拍摄能力的数码相机,也可以说是一台伪装成相机的摄像机。机身采用了L卡口,有众多镜头支持,还可以使用各类电影镜头。它具有双原生感光度,因此不仅视频控噪更好,图像控噪也有提升。相机的视频性能是最大的亮点。为了保证视频拍摄,相机机身加入了独特的风扇散热系统,虽然仅有一套冷却系统,但可以对机身散热起到有效的降温效果,避免了因拍摄时过热而死机的现象。该机器具有3:2的6K 24P视频拍摄性能,如果想用更习惯的16:9比例,可以使用5.9K 30P进行拍摄。相机不仅具有10bit C4K视频输出能力,而且完整的V-Log曲线,与VariCam摄像机相同,是真正的专业log。更为惊叹的是,松下和Atomo合作,可以通过外录输出6K RAW格式,这使得在新闻采访采集的视频在后期制作上拥有更广域和便利的编辑空间。

相机的五轴防抖十分有效,在没有使用三脚架,全程为手持拍摄时,包括一些变焦和移动镜头,相机的稳定性能仍然在可接受范围。这台相机同样可以做到10bit 4K视频和V-Log视频的输出能力,而且具有180fps的全高清升格视频。另外,相机还可以使用变形宽荧幕模式,可以使用更多电影镜头,以便拍摄不同的景别时产生不同的效果。

(三)手持式摄录一体机

手持式摄录一体机较上述主机设备不同,其机身没有设置更换镜头的卡口,无法进行更换镜头,但手持式摄录一体机都配有 10 倍以上的光学变焦不可拆卸镜头,免去了频繁更换镜头的烦恼。目前主流的手持式摄录一体机都具备 4K 清晰度的传感器,尺寸和重量大小介于无反相机和专业级摄像机之间。因此,该设备通常应用于各种环境下的户外采访及小型直播间采访。在新闻采访中使用频率较高的手持式摄录一体机如索尼 PXW-Z280V 手持式 4K 摄录一体机(图 2-9)、松下 AG-UX180MC 手持式 4K 摄录一体机(图 2-10)、杰伟世 GY-HC550EC 手持式 4K 摄录一体机(图 2-11)等。

该产品发布于 2018 年,是索尼 1/2 英寸手持机的第五代产品。第一代是 PMW-EX1,之后经历了 PMW-EX1R、PMW-EX280、PXW-X280 的几次迭代。这个系列在广播电视及行业视频制作领域口碑非常好,几乎成了高质量视频制作的标准。

图 2-9　索尼 PXW-Z280V 手持式 4K 摄录一体机

该产品发布于 2018 年,其亮点为 1 英寸 MOS 传感器,20 倍光学变焦,高精度智能自动聚焦。其简便的操作,强大的功能,在新闻采访实际使用中效果尤为出色。

图 2-10　松下 AG-UX180MC 手持式 4K 摄录一体机

该产品发布于 2019 年,拥有 1 英寸 4K CMOS 传感器,422 标准色彩取样模式,双方向视频直播功能和防水功能是该设备的亮点。自动功能较多适合全媒体新闻工作者快速剪辑、IP 直播类新闻采访使用。

图 2-11　杰伟世 GY-HC550EC 手持式 4K 摄录一体机

三、常见的摄影摄像辅材

除了常用的摄像机之外,在全媒体新闻采写过程中还需要相关的摄影辅材相搭配,如镜头、补光灯等,这样才能让新闻采访呈现更加完美的效果。

(一)摄像镜头

在任务采访时需要根据不同内容、环境、人物来选择从超广角端到长焦端不同焦段镜头,但同时要注意不同的摄像主机由于镜头卡口的不同,也需要选择与之匹配的镜头。广播级专业摄像机由于机身较大,更换镜头较为麻烦,通常会采用体积较大的高倍数的光学变焦镜头来满足不同焦段、景别的需求。无反相机由于机身较小,更换镜头较为方便,镜头体积小、便于携带,镜头的价格也较专业级镜头低,因此在实际拍摄采访过程中,新闻拍摄者通常会携带两只以上的镜头来应对各种场景。随着摄影摄像器材的不断升级，为了避免频繁更换镜头的烦恼，很多厂商已经把不同焦段的镜头做成了可变焦距的变焦镜头，无论从重量、拍摄质量和便携性上都得到了极大的提升，在日常全媒体采访时，只需摄像师带着稳定器便可以完成有效的采访任务。

1. 广角镜头

在日常采访过程中遇到空间狭窄的环境时，普通标准镜头由于受到景别的限制，在采访时会出现被采访者主体在画面中占比过大，看不到被摄环境的情况，因此采用超广角镜头可以保证被采访者在狭窄的环境下主体的占比适中，同时还能兼顾被摄环境的完整性。超广角变焦镜头虽然具有边缘变形、色散、像差和畸变等较大的特点，但是各大厂商已经克服这些超广角镜头普遍存在的问题。当采用16mm或焦距更小的鱼眼镜头采访时，虽然被摄环境能够全部收入囊中，但是环境和被采访者的畸变严重，不符合新闻采访所需的画面要求。

全媒体采访时常用的几款超广角镜头如图2-12和图2-13所示。

这款镜头是全画幅广角恒定大光圈变镜头，是索尼G大师系列大三元的镜头之一，镜头用料方面非常充足，具有三枚超级非球面镜片、三枚低色散镜片、两枚超低色散镜片、一枚非球面镜片，特殊镜片数量已经超过了总镜片数量的一半，使这枚镜头拥有成为一代G大师镜头的牢固基础。

图 2-12　索尼 FE 12～24mm F2.8 GM

这款镜头广角端11mm下的对角线视角约为126°，11mm为EF镜头的L级镜头中除鱼眼镜头外的极限广角焦距，能够拍入宽广的范围，且不会使被摄体发生变形；能够以自然的成像将壮阔的自然风光及室内等有限的空间拍得更加宽广，并以大景深表现纵深感。

图 2-13　佳能 EF 11～24mm F/4L USM

2. 标准镜头

传统意义的标准镜头，是视角为50°左右的镜头之总称，是焦距长度和所摄画幅的对角线长度大致相等的摄影镜头。其视角一般为45°～50°。标准镜头的画面效果与人眼视觉效果十分相似。随着拍摄设备的不断升级，目前的全媒体采访用到的大多是可变焦距的标准镜头，焦段范围通常在24～70mm，而且大多采用了恒定光圈，在各个焦段都能保证进光量一致，尤其在较为宽广的环境下，该镜头便可以满足采访的全部需求。

全媒体采访时常用的几种可变焦距广角镜头如图2-14和图2-15所示。

这款镜头是目前索尼全画幅微单镜头系统最轻最小的 F2.8 恒定光圈标准变焦镜头,同时在画质方面也依然继承了索尼 G 大师镜头标志性的优异分辨率和柔美的背景虚化效果,用料与光学设计方面较好。

图 2-14　索尼 FE 24~70mm F2.8 GM

这款镜头变焦焦段从 18~80mm,这个焦段实为拍摄的常用焦段,绝大部分场景都可以在这个焦段实现。在采访拍摄中,尤其在不确定被采访者距离远近,需要在标准镜头端拍摄的时候,不可换的变焦镜头是提高效率的最佳方式。

图 2-15　佳能 CN‑E18~80mm T4.4 L

3. 长焦镜头

长焦镜头是指比标准镜头的焦距长的摄影镜头。长焦镜头分为普通远摄镜头和超远摄镜头两类。普通远摄镜头的焦距长度接近标准镜头,而超远摄镜头的焦距却远远大于标准镜头。以 135 照相机(即使用 135 胶卷的相机)为例,其镜头焦距为 85~300mm 的摄影镜头为普通远摄镜头,300mm 以上的为超远摄镜头。在日常采访过程中,在大型会议上或在大型演播室等不方便近距离用摄像机采访当事人时,长焦镜头便发挥出了它的优势,而且由于长焦镜头具有小景深的属性,能够起到直接突出主体的作用。由于被摄主体距离较远,对长焦镜头的对焦功能有极为苛刻的要求。长焦镜头焦距较长,出于成本考虑,很多镜头厂家还是采用了可变光圈的设计,这时的光圈大小就需要根据光线情况随时调整。

在 2022 年 4 月 16 日中国宇宙飞船神舟十三号搭载三名航天员成功返回地球,航天员出仓后,接受了央视记者的采访。由于摄影机距离神舟十三号飞船需要保持足够的安全距离,采访航天员时所使用的摄像机镜头便是长焦镜头(图 2-16)。

图 2-16　神舟十三号载人飞船返回地球航天员接受采访

全媒体采访时常用的长焦及超长焦镜头如图 2-17~图 2-19 所示。

第二章 全媒体新闻采访与写作技术基础

这款镜头全画幅长焦变焦G大师镜头,与之同步的是这款镜头采用了旋转变焦的设计,变焦时镜头会随焦距变短或伸长:在70mm端最短,在200mm端最长,镜筒伸出约有镜头1/3的长度。

图2-17 佳能 EF 70～200mm F/2.8L IS Ⅲ USM

这款镜头采用了16组22片的光学结构,非恒定光圈设计。两枚ED镜片和一枚超级ED镜片保证了镜头出色的色彩还原,实际拍摄时在最大光圈下的画质较为出色,内置有一个双线性马达和一个直接驱动SSM马达,可以做到安静且快速地自动对焦。

图2-18 索尼 FE 100～400mm F4.5-5.6 GM

这是一款超长焦镜头,焦距范围为600mm,镜头结构为12组16片,配备影像稳定系统,光学系统包括萤石及2片超低色散(UD)镜片,前后镜片采用防污氟镀膜,提供较高的解析力及反差,实现了高清晰与高对比度的画质。

图2-19 佳能 EF 600mm F/4L IS Ⅲ USM

(二)补光灯

补光灯也叫摄像灯、机头灯、新闻灯等。其主要作用是在缺乏光线条件情况下拍摄时提供辅助光线,以得到合理的画面素材。目前的摄像补光灯已经具有调节亮度、色温,显示剩余电量等优良的操控性能。以前的摄像补光灯都是采用卤素灯泡,外接市电,现已被淘汰。目前使用的大多是LED补光灯,由于其光效率高、低电压、体积小、寿命长、响应速度快、抗震能力强、节能、环保等特性而迅速普及。尤其是在夜间或室内的采访过程中经常会出现曝光不足的情况,即使摄像机拥有极大的光圈或感光度,也无法还原其真实场景,此时就需要补光灯进行补光。同时,补光灯在拍摄环境杂乱的背景下,给被采访者面光,还具有直接突出主体人物的作用。全媒体新闻采访中在演播室的情况下,由演播室来布局各个灯位。在户外采访中,为了方便携带,常见的补光灯大体分为两种,一种是便携式LED补光灯,另一种是机头式LED补光灯。

1. 便携式LED补光灯

在日常新闻采访中,当采访对象是较为重要的人物、环境或事件,或采访现场的亮度不足时,需要额外增派一名工作人员专门做补光工作(图2-20),这时通常会使用便携式LED补光灯。

LED补光灯是靠小电流驱动半导体器件发光,大多数便携式LED补光灯可以根据不同的环境选择不同的功率,而且可以调节亮度和色温。便携式LED补光灯方便携带,节能环保,能耗小,亮度高,可用于多种场合。将LED灯放置在便携灯架或置于补光棒内,

图 2-20　抗洪一线记录现场利用便携式 LED 补光灯补光

就可以起到良好的补光效果,在室内室外采访场景中应用广泛。全媒体新闻采访时使用的补光灯会根据环境来选择,一般有两种,如图 2-21 和图 2-22 所示。

平板式便携式 LED 补光灯由于是光板输出,具有 120°大角度光线输出,因此也是户外采访使用最多的灯光。宽幅色温一般可以在 3200～5600K 范围调节,全屏补光、无极调光功能可以对亮度随时掌控,多颜色可能满足于创意型新闻采访的需要。

图 2-21　平板式便携式 LED 补光灯

补光棒较平板更加方便携带,不需要灯架即可完成补光工作,适合于短时间采访或移动状态下的采访使用,常用于人像采访。同样具有无极调光、宽色温的调节范围,但是光线输出的面积和亮度较平板式便携式 LED 补光灯弱,续航能力也较平板式差。

图 2-22　补光棒式 LED 补光灯

2. 机头式 LED 补光灯

机头式 LED 补光灯的工作原理与便携式 LED 补光灯一致,但前者更为方便快捷,可以直接与摄像主机相连,放置在机身上可方便进行工作,镜头的方向便是补光灯照明的方向,可以直接给被摄主体打光。一些热靴机头式 LED 补光灯的供电甚至可以直接来源于摄像主机,加上该设备体积小巧,因此拥有极强的便携性。日常全媒体新闻采访中,只需要摄像师一人即可,不需要额外增加补光人员(图 2-23),尤其在遇到紧急采访人手不够时,只要使用机头式 LED 补光灯,便能够充分发挥其作用。

图 2-23　摄像师利用机头式 LED 补光灯工作

第二节　全媒体新闻采访与写作的视听语言

视听语言是利用视听刺激的合理安排向受众传播某种信息的一种感性语言,包括影像、声音、剪辑等方面的内容。本节将围绕全媒体新闻采访与写作的画面与声音展开论述。

一、全媒体新闻采访与写作的画面呈现

(一)全媒体采访的画框比例

画框也叫景框,原是美术创作中使用的一个名词。传统的新闻采访主要在横屏的电视机中进行播放,所以画框比例多选定为4∶3或16∶9(图2-24)。随着全媒体的快速发展,手机开始超越电视成为主流的采访播出设备后,部分媒体开始采用9∶16的竖屏拍摄(图2-25)。两者之间的差别不仅在于横屏与竖屏的变化,在景别选择、构图方式、拍摄方式的选择上也存在较大的差异。

(二)全媒体采访构图

全媒体采访的被摄主体主要是人物,因此要观察被摄主体的位置、中心是否对称、平衡或失重。采访时,在拍摄前就要做好镜头调度与任务调度,避免出现不平衡、不稳定的构图。

图2-24　《砺剑》节目16∶9画框比例采访画面

图2-25　《八一视频》9∶16画框比例采访画面

全媒体的采访方法与传统媒体采访一致,分为观察采访、口头采访、现场采访报道、调查性采访和人物专访。这些采访方法都需要记者前往新闻现场,采访的对象可以是个别访问或是集体访问。对于个人访问的情形,通常会根据实际情况采用对称式构图或三分

线构图来直接突出主体(图2-26)。

在记者面对两人及两人以上的访问时,通常会采用对称式构图或均衡式构图(图2-27)。

图2-26 《焦点访谈》在采访中采用的三分线构图　　图2-27 《央广军事》在采访中采用对称式构图

(三) 全媒体采访机位

全媒体采访的机位主要有过肩镜头、双人镜头、主镜头等。

(1) 过肩镜头。通常全媒体在户外采访时采用最多的就是过肩镜头,顾名思义,过肩镜头就是越过一个人物的肩膀拍摄另一个人物的脸部。采访摄像,以记者的后侧为前景,拍摄被采访者的前侧面,并使其位于画面中间,把视觉重点置于被采访者身上,主体突出且有深度感,画面有变化。它也是一种最常用的斜侧的角度。斜侧角度包括前侧和后侧,在拍摄两个人时能分清主次,同时也是最高效的采访机位(图2-28)。

(2) 双人镜头。双人镜头是在画面中呈现两个人的景别,通常出现于记者和被采访者有互动时,即记者和被采访者同时出现在画面内,通常为对称式构图(图2-29)。

图2-28 央视网采访使用的过肩镜头机位　　图2-29 《直播大湾区》采访使用的双人镜头机位

(3) 主镜头。主镜头画面为被采访者全局的概观的机位,没有记者过肩画面做配体,直接突出被采访者的镜头,是当前全媒体新闻采访中使用较多的镜头表现方式。除此之外,在同一时间跨越空间的直播类新闻连线采访或在记者不方便入镜时也会采用此机位(图2-30)。

(四) 全媒体采访景别

在采访镜头中常用的景别为中景、近景和特写。中景画面能够清楚地表现人物之间的动作和感情。它既能表现一定的环境,又能表现人物之间的关系;既能表现外部动作,

图 2-30 《新闻联播》采访使用的主镜头机位

又能适当表现人物内心活动和人物之间的感情交流。近景画面能充分表现出人物喜、怒、哀、乐等面部神态和情绪,利于刻画人物性格特征。近景画面又能拉近被摄人物与观众之间的距离,容易产生一种交流感。当出现近景画面时,观众觉得电视画面中的人物正在对自己说话,仿佛自己与朋友交谈一样,始终以被采访者为主体,这样能使画面稳定,给观众一种面对面的交流感。特写镜头是在近景的基础上又进一步的景别,是让观众逼近画面对象,洞察细微的表情或细部特征,在屏幕上可以产生强大而清晰的视觉形象,得到突出和强烈的效果。在采访中常遇到这样的动人画面,如交谈中人物激动或流泪或兴奋,这时把镜头推到采访对象脸上或眼睛,突出表情,强化效果。

(五)全媒体采访拍摄角度

在采访节目中,大多采用平拍的角度拍摄采访对象。平拍比较符合人们通常的视线,因而有助于观众对画面产生身临其境的视觉感受;同时,平拍还有助于主体画面上更多地挡去拍摄背景中的杂景,从而突出主体。由于仰拍和俯拍不符合观众的视觉效果,除非在特定的场景和用特定的艺术表现手段,一般不适用于采访拍摄。另外,采访时,拍摄的镜头不要切割得太碎,要尽量保持一定的景别和角度,景别和角度的变化不宜太大,这样可以避免给采访对象造成人为的紧张,提高采访对象的讲话效果。

(六)全媒体采访拍摄方向

在采访节目中,拍摄方向的选择应注重被摄人物的特征。前侧方向拍摄既能表现对象的正面特点,又能再现出对象的部分侧面,并且改善了正面构图的平淡和呆板,同时也符合生活中人与人交流的自然状态。因此,拍摄方向以前侧方为宜。正面拍摄较为呆板,正侧面和背面拍摄角度的画面不利于被摄主体与观众之间进行交流,所以一般不提倡在人物采访节目中使用。当遇到需要保护被采访者隐私或采访不方便给观众提供正面人物形象的时候,也会采用背面角度拍摄,此时被采访者的背面的过肩镜头当配体,记者的正面形象作为主体。

(七)全媒体采访拍摄光线

人物采访拍摄应根据人物的脸部特征来应用光线,无论是在室外还是室内,一般情况下都以自然光为主。顺光拍摄,使被摄主体表面均匀受光,有平和、高雅、明快的视觉效果。侧光在表现人物的形体动作时,所形成的光影强烈对比,能够加强人物动作的力度;拍摄人像时,会显得棱角分明、个性突出。以上两种光线是较为理想的拍摄人物采访光源。在人物拍摄中应尽量避免逆光和顶光拍摄,因逆光处在被摄体背后,物体正面处在阴影之中,背景与主体画面形成高反差。当然,为追求艺术效果和特定条件下可用逆光拍摄。例如,采访不想让人看清的面容,就需要逆光拍摄。另外,过于刺眼的强光或过暗的直射光不适合采访。自然光中的散射光比较柔和,人物一般不会眯眼,表情自然,拍近景和特写,脸部质感与层次表现很好,也是比较理想的采访光线。

二、全媒体新闻采访与写作的声音呈现

全媒体声音可以分为人声、音响和音乐。新闻采访需要的是客观真实性,而音响和音乐能够引导观众的情绪,带有明显的主观感情色彩,因此在全媒体新闻采访声音的处理上还是以同期声和人声后期处理为主。

(一) 同期声

同期声即同期录音,是电影录音工艺术语,指在拍摄画面的同时进行录音的方法。采用这种方法录制人声和动作音响,其记录的是现场的真实声音,它比后期的配音要自然、逼真。因此,它体现了电视新闻真实的特征。

新闻类节目中拍摄画面的同时录下的新闻事件现场声或采访声,声源为画面内物体或人物,可分为现场环境声、人物采访声等,其价值在于增强报道的真实性;增加报道的信息量;增强报道的感染力。因此,在全媒体采访中,对现场人声和环境声的采集十分重要,尤其在直播连线的新闻采访时,由于画面和声音在传输时受到传输介质的干扰,时常会出现声画不同步的现象,因此对直播设备也有一定的考验。

(二) 人声后期处理

由于每个人的音色都各不相同,即使不拍摄被采访者的形象,也能够轻松地辨认出当事人的身份。因此,在对特殊人物进行采访时,就需要对人声进行后期处理。例如,被强暴的受害人、犯罪的未成年人、缉毒公安、卧底警察等不方便出现在大众公共视线的人物。采访这类特殊人群就需要利用后期变声的方式对人声进行处理或利用其他人配音来代替。

在一些特殊情况下,例如采访一些情绪激动或素质极差的当事人,他们往往口无遮拦,此方式收集到的一些粗话、脏话、反动言论等不能传播给观众时,就需要利用人声后期处理来屏蔽。

有些被采访者的语速过快或过慢,也可以利用人声的后期处理,把被采访者的语速变为正常语速,同时能控制好采访时间,尤其对时间要求严格的新闻采访类节目。

(三) 声音采集设备

全媒体新闻采访的声音采集设备主要为麦克风,学名为传声器,由英语 Microphone

(送话器)翻译而来,也称话筒、微音器。麦克风是将声音信号转换为电信号的能量转换器件。在全媒体新闻采访中,如个别访问、现场查勘、参加会议、开调查会、出席记者招待会等都离不开收音设备(麦克风),收音效果的好坏会直接影响到观众的收听效果。尤其在直播采访时,为了避免杂音的出现,对麦克风的要求会更加严格。

全媒体新闻采访时使用的麦克风分为两类,一种是有线麦克风,另一种是无线麦克风。无线麦克风和有线麦克风因其产品特性的不同形成了各自不同的应用领域,所以还是要根据采访时场地、环境等客观因素来选择。

1. 有线麦克风

有线麦克风受到的干扰较小,能够收录高清的声音素材,接口可以直接连接摄像机主机,近乎零延迟的效果,声音画面近乎同步,超心形的拾音特点可以拾取前方和侧方的声音,排斥来自后方150°的声音,因此也是大多室内采访、户外条件允许的情况时,使用最多的一种收音设备。

全媒体采访常见的有线麦克风,一种为近场枪式手持采访录音麦克风,另一种为指向性枪式采访录音麦克风。目前全媒体采访用的近场枪式采访录音麦克风一般为干涉电子管麦克风,上佳的方向性、精巧的设计、稳定的高清晰度和反馈噪声抑制功能使其成为适用于电影、广播和电视等场合的全能型麦克风,尤其适用于室外采访(图 2-31)。

图 2-31 《新闻联播》利用手持有线麦克风采访现场

该类麦克风具有低底噪、高灵敏度、低输出阻抗、低环境噪声、耐潮湿环境、改善低频响应的特点,很高的灵敏度,更容易应用干涉电子管,提供指向性独立的麦克风的拾音模式。对传感器的 2~8kHz 频谱范围进行优化,且射频电子平衡的频率响应也在低噪声的基础上提高了低音性能。由于采用了叶形设计,麦克风具有强指向性。利用声学干涉原理,可以实现更尖锐的指向类型,这也是枪式话筒所利用的原理。根据干涉通道的长度,即话筒长度,干涉原理对中高频有良好的作用。在低频处,干涉效果减弱,指向性转变为超心形类型。MKH 系列提供了不同长度的枪式话筒,适合各种录音使用。一般的近场枪式采访录音麦克风大多会采用金属外壳,十分坚固耐用,同时也能克服风沙雨雪等恶劣天气的采访活动(图 2-32)。

另外一种指向性枪式采访录音麦克风非常轻巧,并配有减少风噪的防风罩,可通过紧凑型摄像机或连接在支臂柱上拍摄,是现场拍摄的理想选择。该型麦克风可再现清晰自然的声音,一般具有宽且平滑的频率响应(40Hz～20kHz)、—33dB 的灵敏度和低于 18dB SPL 的固有噪声级别。一般指向性枪式采访录音麦克风采用金属机身,紧凑型设计非常轻巧,连接在紧凑型摄录一体机上也能保持良好平衡。使用 48V 标准外部电源时提供以电子方式平衡的输出操作。其内部框架可紧紧固定防风罩,并在麦克风与防风罩外部形成一定空间,以帮助减少风噪。在室外拍摄等恶劣操作环境下,它还能防止接触噪声(图2-33)。

2-32　博雅 PVM3000 麦克风　　　图 2-33　索尼 XLR-K3M

2. 无线麦克风

无线麦克风也可以称为无线话筒,是由若干部发射机(微型发射机可装在衣袋里,输出功率约 0.01W)和一部集中接收机组成,每部袖珍发射机各有一个互不相同的工作频率,集中接收机可以同时接收各部袖珍发射机发出的不同工作频率的话音信号。无线麦克风不受线束的限制,因此常用于在移动状态下或受到场地限制时的采访工作。全媒体采访的无线麦克风大体分为两种,一种是普通无线麦克风,另一种是领夹无线麦克风。

普通无线麦克风的体积较大,适合与广播级专业摄像机或手持式 4K 摄录一体机相配合,它拥有超强的续航能力,以及更好的抗噪声效果和较高的灵敏度。通常全媒体会在这种麦克风上加装台标的 KT 板或带有台标的套筒来提高观众对媒体单位的辨识度(图 2-34)。

图 2-34　《新闻联播》利用普通无线麦克风采访现场

领夹无线麦克风也是一种无线麦克风,一般属于电容方式麦克风,虽然其抗噪声能力、续航能力和收音效果没有普通无线麦克风强,但其体积小巧、便于携带、兼容性高,是户外采访或流动采访时使用频率最高的麦克风之一(图 2-35)。

领夹无线麦克风,含充电电池只有约 20g,可以夹在被采访者的衣领处,也可以用手持方式进行采访。同时,其超低的无线发射功率,避免长时间处于高频较大功率无线电波环境中对人体带来的损害,其可循环充电的锂电池供电方式,又可以避免一次性使用的干电池对环境产生的破坏。

全媒体时代的到来,手机因其便携性和快捷性,逐渐成为全媒体新闻采访的主流设备之一,伴随而来的是领夹无线麦克风的更新迭代。以大疆和罗德为代表的新一代领夹无线麦克风(图 2-36),首先在体积上进行了大幅缩减,由两个发射器和一个接收器组成,两个发射器可同时进行录音,且接收器本身具有存储功能,支持计算机、手机、相机、摄像机等多元化接口,为记者外出采访提供了极大的便利(图 2-37)。

图 2-35　传统领夹麦克风(小蜜蜂)

图 2-36　大疆领夹无线麦克风

图 2-37　中国军网记者利用领夹无线麦克风采访现场

第三节　全媒体新闻采访与写作的新兴技术

近年来,随着技术的发展与进步,越来越多的科技产品被应用于全媒体新闻采访与写作中,使其呈现方式更为多元。

一、VR 虚拟采访

VR 技术又称虚拟实境或灵境技术,是 20 世纪发展起来的一项全新的实用技术。VR

技术囊括计算机、电子信息、仿真技术,其基本实现方式是以计算机技术为主,利用并综合三维图形技术、多媒体技术、仿真技术、显示技术、伺服技术等多种高科技的最新发展成果,借助计算机等设备产生一个逼真的三维视觉、触觉、嗅觉等多种感官体验的虚拟世界,从而使处于虚拟世界中的人产生一种身临其境的感觉。

2019年3月5日,在中华人民共和国第十三届全国人民代表大会第二次会议前,几名佩戴VR直播眼镜的记者进入了会场,让所有其他到访记者眼前一亮(图2-38)。

图2-38　第十三届全国人民代表大会第二次会议记者使用VR直播眼镜采访

2020年4月24日,由知名VR/AR产业媒体VR陀螺联合中国天翼云VR、人民网5G创新中心联合打造首档VR虚拟访谈节目《超V对话》正式上线,该节目由VSWORK虚拟空间提供技术支持。《超V对话》作为国内首档虚拟访谈节目,打破现实所带来的局限,超越现实,让人与人在虚拟世界中,犹如在现实世界一样面对面沟通,结合5G大带宽、低时延,带来全新的访谈形式。

VR虚拟采访这项新技术可以让记者和被采访者在相隔遥远的距离有面对面的既视感,打破了传统采访的距离感,同时也能让观众在观看VR新闻采访节目的同时有身临其境的感觉。尽管这项技术目前还没有得到普及,但随着我国对高新技术的不断突破,一定会在今后的新闻采访中有举足轻重的地位。

二、无人机采访

无人驾驶飞机简称"无人机",英文缩写为"UAV",是利用无线电遥控设备和自备的程序控制装置操纵的不载人飞机,或者由车载计算机完全地或间歇地自主地操作。

目前我国各大厂商针对无人机的各项性能一直在不断地升级,尤其航拍无人机在全世界都占有举足轻重的地位。由于其体积小、重量轻,携带十分方便,在重大突发新闻发生时,只需要一辆车、一个人、一台无人机便可完成无人机的航拍任务。无人机航拍以其独特的视角、便捷的操作性、安全可靠的质量,在新闻行业中得到广泛应用。传统新闻航拍需要通过租用民用直升机完成航拍任务,租赁、保障费用昂贵,还要编导、摄像和后勤人员多方协作,人力消耗较大。

根据中国民用航空局飞行标准司下发的《民用无人机驾驶员管理规定》(AC-61-FS-2018-

20R2),普通无人机在正常视距范围内运行,该范围为目视视距内半径不大于500米,人、机相对高度不大于120米,这给予创作者极大的拍摄自由。无人机航拍能够按照记者的思路,自由选取拍摄角度,甚至能够绕过阻挠新闻采写者的防线,进入新闻现场内部(图2-39)。

2023年2月3日晚,美国有毒化学品运载列车的脱轨事故,引发世界关注,在对这次事件的采访中和拍摄中,便使用了无人机,对现场的全貌进行俯视的拍摄,更好地展示事发地现场的全貌(图2-40)。

图 2-39　大疆精灵 Phantom 4 Pro+

图 2-40　无人机拍摄美国有毒化学品运载列车脱轨事故现场

当前,无人机的承载能力和续航能力已经变得越来越强,不少新闻工作者通过在无人机上装载4K无反相机和5G直播传输设备,直接飞抵记者无法接近的目的地进行现场采访,让记者零风险地工作并且最大限度地降低了采访成本。尤其在遇到天灾、火灾等重大灾难时,能够让观众第一时间了解现场发生的情况,还能通过无人机机载采访设备让记者与受困者保持实时对话,在第一时间对受困者给予帮助。因此,无人机将是未来新闻工作者面对突发危险情况时完成新闻采访任务的首选。

本章小结

本章主要从全媒体技术入手,阐述了新闻采访与写作中涉及的与技术手段相关的设备,对这些设备进行展开式论述,从摄影与摄像、新闻采写的视听语言及全媒体技术入手,对新闻采访及写作的相关内容展开论述,这也是本章的特色,同时从记者职业理念的视角出发,对新闻工作者技术手段应该具备的技术素养做了论述。

思考与练习

1. 新闻摄影与摄影之间的关系是什么?
2. 新闻采写的视听语言从什么视角出发?
3. 新闻采写的技术手段对其后续报道又有什么影响?请举例说明。

第二篇 采访实践

任何一篇新闻报道都需要经过记者的新闻采访活动,没有成功的新闻采访活动就没有好的新闻报道。新闻采访活动是一项重要的新闻实务过程,同时它也是一门科学,更是一个系统工程活动。本篇将主要围绕新闻采访活动展开论述,包括全媒体新闻采访的前期准备活动、全媒体新闻采访的中期活动、全媒体新闻采访的后期活动等。

第三章 全媒体新闻采访的前期准备活动

■ 本章导言

在实际的采访工作中,新闻记者只有做好充足准备和功课,才能够胸有成竹地进入现场开始采访。作为初学者,在正式学习新闻采访之前,首先要学习新闻采访的前期准备工作,包括了解新闻的发现与判别方法,掌握新闻价值的相关要素,能够对事件的新闻价值进行快速的判断,理解新闻采访应该遵循的原则和思想,同时做好心理准备和采访条件的创造,这样才能够保障采访的中期和后期活动正常进行。本章将论述新闻采访前期的准备工作应如何完成。

■ 学习目标

1. 了解新闻发现与新闻判别的方法。
2. 掌握新闻价值的界定与构成要素,能够判断新闻事件的价值。
3. 理解新闻采访应遵循的原则与思想。
4. 理解新闻采访的心理准备与条件创造。

第一节 新闻发现与新闻判别

新闻采访过程是一个复杂的过程,记者的创造性思维活动最为关键。记者要对新闻有判别力,只有记者发现了新闻,才能更好地在新闻实践活动中对新闻过程进行整合,所以新闻发现是一种创造性思维方式的表达。

一、新闻发现

新闻发现首先要解决的问题是新闻敏感性的问题,新闻敏感性在新闻采访中发挥着重要作用,它也是新闻发现的前提条件。

《新闻学大辞典》对新闻敏感论述如下:新闻敏感,是指新闻工作者迅速、准确地识别具有新闻价值的事实的能力。

从外延与内涵而言,西方新闻界又把新闻敏感比喻为"新闻眼""新闻鼻""新闻嗅觉"。新闻敏感这一概念首先出现于西方新闻界,中国最早使用它的是徐宝璜、邵飘萍等人。新闻敏感是新闻工作者必须具备的素质之一,是新闻工作者长期从事新闻实践活动练就的能力和经验,是一种新闻职业的敏感性,是一种顿悟式的思维活动,是新闻工作者政治水平、理论水平和业务能力的综合表现。新闻敏感的强弱与新闻采访报道的成败有密切关系。

新闻敏感在新闻采访中的重要特征如下。

(1) 快捷,即能十分迅速地捕捉事物正在或即将发生的最新变化。

(2) 准确,即能从纷繁复杂的事物中判断和选择出有传播价值的变化。

(3) 灵活,即不拘泥于某种固有的思维模式和工作思路。

除此之外,新闻采访中对新闻敏感有其特殊的衡量标准,只有做到了以下标准,新闻采访才会对新闻发现具有一定的社会存在意义。

(1) 迅速判断某一新闻事实对当前工作的指导意义(政治敏感)。

(2) 迅速判断某一新闻事实能否吸引较多读者。

(3) 透过一般现象挖掘出隐藏着的有价值的新闻事实。

(4) 在同一事物的诸多事实中,迅速判断,鉴别出最具有价值的新闻事实。

(5) 在对事物进展过程充分调查分析的基础上,预见有可能出现的新闻。

以上是对新闻敏感性做出的衡量标准,新闻敏感的存在,推动了新闻发现的选择,新闻敏感也推动了新闻全景化的发展。在全媒体语境下,新闻敏感主要是指要具备全媒体意识,这种全媒体意识在搜集新闻线索时,要对不同的新闻,从不同的角度去挖掘。在全媒介技术的变革下,记者不仅要偏重于对媒介信息的挖掘,还要对新闻思想与新闻主题进行深刻挖掘,记者应该借助新闻线索,从新闻敏感事实中去寻找新闻的真实性、客观性、趣味性等,对相同的新闻事实做出不同的发现与判断。美国哥伦比亚大学新闻学院教授梅尔文·门彻在其著作《新闻报道与写作》中这样说道:"好的记者好像是一个勘探者,他要挖掘、钻探事实的真相这个矿藏,没有人会满意那些表面的材料。"[1]可见,记者作为杂家,需要一个积累的过程来培养对新闻敏感性的把握。只有那些工作阅历丰富及生活阅历丰富的人,才能从不同的侧面对不同的新闻事件加以报道及分析,并得出自己的观点,他们通过印证自己观点的重要性及新闻价值,从而形成新闻发现的过程,最终进行报道。

"无处逃避"——中国首例艾滋孤儿隐私侵权案追踪

中新社北京4月29日电:艾滋病防治政策专家、中共中央党校教授靳薇正在为她抚养的艾滋致孤少女小莉(化名)的处境担忧。

去年12月,北京一家媒体未经许可把小莉的大幅照片、真实姓名及其艾滋孤儿的身份在报道中披露。

---

[1] 梅尔文·门彻.新闻报道与写作[M].展江,译.北京:华夏出版社,2003:120.

在今日接受本社记者采访时,靳薇用"震惊"形容第一眼看到这篇报道时的感受。她不敢把这件事告诉小莉,这个孩子曾经因其艾滋孤儿的身份经受过很多磨难。

正在某省重点高中就读的小莉最终还是通过网络发现了这则关于自己的报道。"她打电话告诉我会常常做噩梦,会哭醒,但又不敢告诉同学。"靳薇说。此前,因为艾滋孤儿的身份,小莉已经三次转校,目前刚刚全心投入新的生活。

这篇引发诉讼的图文报道迄今仍在众多知名网站全文刊载,一直严守着小莉身份秘密的班主任也知道了此事,他担心小莉身份被曝光后,其他学生家长会向学校施压,这个成绩优秀的少女很可能面临失学危险。

这也是最让靳薇困扰的,根据多年从事中国防艾工作的经验,靳薇看到了很多艾滋孤儿因社会压力被迫失学的例子。

作为监护人的靳薇以侵犯肖像权和隐私权把曝光小莉隐私的媒体告上朝阳区人民法院,本月25日,这起中国首例艾滋孤儿隐私侵权案首次开庭,但全过程拒绝公开。

根据今年3月1日中国开始实施的《艾滋病防治条例》规定,未经本人及其监护人同意,任何单位和个人不得公开艾滋病病毒感染者、艾滋病病人及其家属的姓名、住址、工作单位、肖像、病史资料以及其他可能推断出其具体身份的信息。触犯者将承担法律责任。

靳薇认为,这起案例并非孤立事件,不仅大众媒体,目前中国社会仍普遍存在着对艾滋病感染者或患者的理解误区。

2001年以来,靳薇一直在中央党校主持中国中高层官员的防艾政策培训。受训官员均为大学本科或研究生学历,在他们中,有1/3的人欠缺关于艾滋病传播的基本知识。"恐慌、害怕,是导致歧视艾滋病患群体的主要原因。"靳薇说。

隐私被媒体曝光的艾滋病感染者或患者面临很大的生存危机。靳薇举例说,云南一位从事防艾志愿工作的感染者被一家电视台采访并无遮蔽地播出后,来自社会各方面的压力涌至,令该感染者险些自杀。2004年年底,中国国家主席胡锦涛与两位艾滋病人握手的新闻被播出后,他们的孩子和妻子遭到同村人的欺负,不得不四处躲避,生活艰难,这一情况后来被中国青年报写成深度报道《无处逃避》。

虽然新出台的艾滋病防治条例能够为艾滋病病毒感染者、艾滋病病人及其家属提供保护自身权利的法律武器,但普法仍需要漫长的过程。靳薇说,她不想借此诉讼引起对小莉或者抚养者本人的关注,而是呼吁社会关注受艾滋病影响的人群,尊重其隐私。因为如果类似事件屡屡发生,其他艾滋病感染者或患者会因害怕受到伤害而隐藏封闭自己,这不利于遏制艾滋病在中国蔓延。

"无处逃避"
——中国首例艾滋孤儿隐私侵权案追踪

在中国社会已经为认识艾滋病付出了高昂代价后,靳薇希望,所有的小莉们以及艾滋病感染者和患者们有一天不再"无处逃避"。(扫码查看全文)

资料来源:https://www.chinanews.com/news/2006/2006-04-30/8/724827.shtml.

文中讲述了艾滋病患者被曝光后,媒体没有做出相应的处理,出现的一些问题,导致艾滋病患者身份的曝光而受到歧视。记者从这个新闻事实中发现了其新闻敏感性,做了相关的追踪报道,并且选择在世界艾滋病日进行报道,从而引发全社会对艾滋病患者的关注。

二、新闻判别

新闻发现是新闻进行判别的前提条件,新闻发现也是新闻工作者进行采访与写作的专业思维训练过程,有自身的传播规律与传播方法。发现新闻目标后,对有新闻价值的新闻线索进行甄别,找出有价值的新闻事实,新闻发现也是实现新闻价值的最终目标,有了新闻发现以后,对新闻的判别显得尤为重要。

新闻判别是发现新闻目标以后对新闻作品进行选择的创造性工作,新闻最终呈现的形式是以新闻写作的不同文体的形式出现,如消息、通讯、特写等不同的新闻题材。为了实现这一目标,新闻工作者要在新闻采访与写作的基础上重新寻找新闻价值,寻找到新闻目标后,对新闻进行判别与选择的过程尤为重要。

首先,在寻找新闻线索的基础上,通过新闻敏感性对新闻事实进行选择。新闻的本源是事实,只有通过对新闻事实的把握才能更好地对新闻进行判别。作为记者,对新闻的感知在很大程度上是对新闻价值的评价,从新闻业务的角度而言,对新闻事实的判别是有一个过程的。

(1) 应该是宣传报道党的方针及政策、相应的法律法规。

(2) 关心老百姓关注的热点及焦点问题,以便满足用户的需求。

(3) 对社会上普遍存在的社会现象进行分析,选择老百姓关心的新闻事实,以便满足用户的需要。

(4) 要符合报道记者的选题要求及相应的媒体的定位风格,更大程度上满足用户的要求,满足不同读者及用户对新闻事实的选择性,缓解当下社会问题及社会舆情。

其次,新闻判别要有其自身的关键点,无论是在前期发现,还是新闻判别阶段,或者是身处新闻发现现场,新闻判别都是一个动态的过程。记者在对新闻判别的过程中,要有迅速找到新闻线索确立新闻真相的过程,同时,记者要迅速对做出的报道方案直接给予回复及选择,使新闻在最大化条件下满足读者的需求,这需要记者在长期的新闻实践中培养好自己的新闻敏感性,养成良好的职业素养,在新闻报道系统中凭借自己的职业敏感性,迅速捕捉新闻事实,引起读者的心理兴趣,并对新闻现象做出相应的评价,使记者在新闻发现时具有鲜明的个性特征,从而促进记者对新闻选题的选择,正如《南方周末》记者在 2022 年的新年献词所写。

每一次抉择都期待一场苦尽甘来

没有谁想到,为这一年中国人的日常留下最真实画像的,是一份份"流调"。

52 岁的绍兴出租车司机,多日里每天跑车 20 小时;出差徐州的男人,日复一日调试设备,晚上吃麦当劳十分钟度过 44 岁生日;45 岁的南京妈妈,除在机场做保洁外,其余全部是带孩子去各种培训班的足迹;35 岁的爸爸,晚上在东莞居住,早上送完孩子后又大巴连地铁赶去深圳打工;沈阳大爷的鸡架子、广州阿婆的早茶、扬州天天麻将馆、云南多位八旬老人旅游到内蒙古额济纳旗,让疫中生活现出地方风情;而瑞丽居民的困顿、伊犁游客的窘迫、西安全城的封控,让人耿耿,犹如身受……

那些粗粝的细节,那些奋力生活的轨迹,那些单调重复里的爱、责任和坚韧,真实映照着一个个普通中国人的日常,比滚动播报的全球新冠疫情数字更加牵动人心。

但疫情终究改变了每一个人的日常,时间之矢已无法倒转,世界再也回不到从前。多少坚固的东西都在烟消云散啊,那些耳边响起的崩裂声,仿佛低回于时光深处的惊雷。

旧的一页悄然翻篇,没有正式道别。新的世界加速拼图,不会友情提示。普罗大众的日常之上,是与新冠疫情相迭的百年变局在交织演变,历史正在流淌、奔腾、冲刷,淘荡出新的河床,镌刻出新的走向。

外太空空间站新建起"三室一厅",元宇宙模糊了虚拟与现实,时空概念在多个维度被刷新;"史上最大龙卷风""千年一遇暴雪",纽约首遇暴洪,欧洲最热夏天,全球气候极端化让现实世界运行逻辑难以为继;中东难民冲击脆弱的欧洲联盟,美军急切飞离阿富汗泥潭,俄乌竞相屯兵,巴以飞弹对决,大国角力让全球关系空前承压。

陌生的图景,陌生的语言,陌生的节奏,可谁能阻止这滚滚大潮?猎猎风起,我们已站在百年未有之大时代路口。

何处是生门,何方有出路?谁能争得先机,谁能笑到最后?唯主动破局,果断开局,抉方向,择先机,方能萃取绵绵不断的力量。

抉择当先,要在当下。

抉择是亘古至今的召唤,谛听着生命固有的咏叹。君子居易以俟命,小人行险以侥幸。

抉择是坚忍持久的爱,是为自己为亲人为路人为家与国的明天筹谋。

抉择是责任担当,是纵然身在沙漠,也要变身骆驼,不为鸵鸟。

抉择是勇气,是直面惨淡后的奋起,是横下心接纳陌生、改变和结果。

抉择是较量,是狠狠扼住命运的咽喉而且要以堂堂正正的姿势。

抉择是新生,是涅槃后更为强壮的灵魂,是摧枯拉朽、洗髓换骨后的轻盈如燕,是从悲观中升华出的达观,是最终化成的不老青山。

人之抉择,难以处处顺滑,但求不做浮萍。而每一个你我,绝不躺平,绝不由天,要努力在时代与命运的罗盘上刻下印记,以千万个一粟聚成洪流,汇于沧海。

回望这一年,百年前那艘红船上的抉择,为中华民族带来第一个百年奋斗目标的实现、第二个百年奋斗新征程的启航;"共同富裕"浙江示范,"三次分配"全网流行;新选制香港落地,个人信息保护、反垄断纷纷亮剑;房产税试点已楼梯吱嘎响,"双碳"承诺描绘出绿水青山;"全面三孩"光速落地,"双减政策"重磅出击;互联网告别狂飙突进,"劣迹艺人"一夜褪尽光环……

也许,要到10年、30年或者50年后,这些大事件大抉择的所有意蕴才能完全彰显,但你我皆已是局中人。每一个人既被抉择,又在抉择。就在眼前,就在此时。

抉择当然有代价,尤在这巨变的当下。抉择重如千钧,更需要有心者不抛弃、有力者不放弃,一起扛起时代的那粒灰。

你有你的抉择,我有我的抉择,家有家的抉择,国有国的抉择,文明有文明的抉择,历史有历史的抉择。亿万个抉择汇聚,世界方显参差多样,宇宙才真正博大浩渺。但无论大小,每一次抉择,都是一次主动求变,都期待一场苦尽甘来。正如每一棵破土的新芽,都带着穿透时光的倔强。

在这条路上,我们守望相助,给灰心者做光,给失味者做盐。让软弱者挺起胸膛,让畏惑者不再彷徨,帮失意者重拾信心,向溺水者伸手施援,给悲恸者抚慰拥抱,令疲惫者沉入酣眠,为无家可归者提供最后的依靠。这是我们共同的抉择。

落子无悔,抉择本身就是向前。

从一个变局闯入另一个变局,从一个时空通关到另一个时空,抉择难分福祸,但求无愧天地;抉择无论成败,背影自带光芒。

虽千万人,吾往矣!愿这一刻,时雪洗去尘垢,惠风拂走荫翳。沐浴和煦阳光,聆听万物呼吸。时光酿成甘酒,属于每一个正奋斗抉择的你。

祝你新年快乐。(扫码查看全文)

资料来源:https://www.infzm.com/contents/220935? source=131.

每一次抉择都期待一场苦尽甘来

由此可见,记者对于新闻的判别是通过记者的新闻实践活动总结出来的,有经验的新闻记者及主流媒体的相关报道,都是通过良好的新闻职业素养而形成的,仅依靠记者的临时准备是不够的。新闻记者在社会感召力的指引下,不断地进取,从而完成对新闻价值的判断,形成自己的报道思想。

最后,新闻判别要从记者发现思维的视角出发。记者对于新闻的判别显得尤其重要,在新闻实践活动中,记者是最先知道新闻线索的,记者在发现新闻线索中身临其境,会做到先到先发现新闻。但是先到并不意味着能先发现新闻,发现新闻是记者的一个思维过程,不同的记者面对新闻现场会出现不同的新闻敏感与新闻嗅觉,面对不同的新闻事件,记者要靠自己的专业知识只是一方面,还有一方面就是记者的职业积累。有经验的新闻记者在面对新闻现场时,并不是第一时间去抢新闻,而是总能发现不同的新闻价值。记者进行采访的过程中,对新闻的敏感性的把握程度不同,身处的时代背景及环境不同,对社会情绪有着深刻的理解,记者是需要有灵感出现的。记者在获取新闻事实后,迅速运用自己的思维做出判断,对新闻主题事实做出迅速的反应,一旦在信息的世界里发现了此类相关的新闻信息,记者的灵感就会迅速爆发,意识到存在的新闻价值,前往调查,回来后进行取证阶段,这就是记者思维的发现过程。

总之,对新闻的发现与判别需要记者借助对新闻事实与新闻价值的发现,记者依托自己的采访经验对新闻给予验证,最后得出应有的结论,再按照新闻线索进行调查取证,面对不同的新闻事实给予不同的认知。

第二节 新闻价值的选择

记者在发现新闻线索后,经过对新闻的判别,才能获取新闻事实的价值所在,新闻价值的选择显得尤为重要。记者经过新闻选择后,首先应该知道哪些新闻值得报道,哪些新闻不值得报道,哪些新闻经过选择后可以做出更多更好的新闻后续报道,这种思维过程其实就是记者的新闻价值选择过程。

一、新闻价值的界定

新闻价值的概念起源于西方，也是西方新闻学的一个基本定义，通俗来讲就是记者的"第六感官"。一个有经验的记者在经过新闻实践后，能够清楚地知道自己所报道的新闻作品中有怎样的新闻价值，并且对新闻价值做出相关的解释。

新闻价值是在用户与媒体的共同兴趣之间构建的记者选择新闻的标准，共同兴趣对新闻价值而言是一个选择标准，对于新闻价值的选择，共同兴趣是指媒介所报道的新闻要符合绝大多数人的共同需要，能够满足不同的社会阶层、不同的社会群体、不同的年龄层、不同的社会地位、不同的职业偏好、不同的年龄层需要、不同的爱好，只有建立在这种基础上，新闻才能够引起更多人的关心、关注，引起用户的共同兴趣。

新闻价值(news value)是指事实的内涵能够在多大程度上引起受众普遍关注的素质(要素)，以及其传递价值观的能力，是新闻传播主体衡量、选择新闻事实的依据。新闻价值观念形成于19世纪30年代美国的大众化报纸时期。在中国，最早研究新闻价值的是徐宝璜，他在1918年发表的《新闻学大意》中专列"新闻的价值"一章。被美国新闻界公认的新闻价值五要素是时效性、重要性、接近性、显著性、趣味性。①

这是对新闻价值做出的比较标准的定义，经过新闻工作者的新闻实践活动，新闻价值的标准与选择也发生了变化，下面对新闻价值的外延做出相应的解释。

刘建明在全面考察了新闻价值理论的来龙去脉之后，又进一步提出了"现代新闻价值"的说法，他认为："现代新闻价值理论应当回归价值的本义，体现对受众的有用性，对其内涵的阐述在哲理上符合认识逻辑。所谓现代新闻价值，是指受众在接受新闻活动中满足其需要所表现出的效应。新闻是价值的体现者，媒介是价值的载体，受众是价值的确定和受益者。受众与新闻的相互作用，使新闻这一客体按照主体的要求为其服务，表现出客体的有用性。所以，有用、有益、有效是新闻价值的三个要素。脱离受众的接受过程，任何价值都无法体现出来。对新闻价值的作用和意义的界定，既不是脱离现实世界的'抽象意义王国'，也不是把有用功效混为某些特性的东西。新闻事实的特性可能决定新闻价值，但它们是两种截然不同的对象。"②

其他定义：新闻价值是指构成公共关系新闻的事实和材料本身所具有的能够满足社会公众对公共关系新闻需要的素质。一个客观存在的新闻或正在发生的新闻事实，是否成为新闻，随后这则新闻被传播，大致取决于两点：一是在多大程度上及以怎样的方式与公众的利益相关联，二是能否满足人们的心理感官需要。在这里，所谓的公众利益既包括经济利益，也包括安全、公正、道德、荣誉、审美等社会价值利益，而心理感官需求则是人们对事物的好奇、趣味等的心理满足，当然不是猎奇，不是低俗、庸俗、粗俗，不是满足少数人需要的感官刺激。③

综上所述，所谓的新闻价值只有一个评判标准，就是记者所报道的新闻事实是否符合

---

① 童兵.新闻传播学大辞典[M].北京：中国大百科全书出版社，2014：5.
② 郝雨.回归本义的"新闻价值"研究[J].上海大学学报(社会科学版)，2006，13(6)：69-74.
③ 李良荣.新闻学概论[M].上海：复旦大学出版社，2018：304.

客观存在的需要,还有这种客观存在是否符合读者群体的共同兴趣,这才能构成衡量存在的客观尺度。

二、新闻价值的构成要素

一般来说,新闻价值的构成要素有其发展的历史及传播的过程。

新闻价值是新闻工作者用以衡量客观事实是否能构成新闻的标准。新闻价值这个概念最早形成于美国。1833年9月3日,美国大众化报纸《太阳报》创刊,推动了面向全社会的"便士报"的迅速发展。在报业竞争中,各报社老板和主编为扩大报纸发行量,十分重视对新闻事实的选择。美国著名报人J.普利策要求记者采访"与众不同的、有特色的、戏剧性的、浪漫的、动人心魄的、独一无二的、奇妙的、幽默的、别出心裁的"新闻,认为符合上述要求的,是有价值的新闻。20世纪初,美国、日本的一些新闻学者,把新闻事实的选择标准统一到新闻价值这一概念上。1903年出版的美国新闻学专著《实用新闻学》,提出"新闻必是以动社会全体之兴趣者,当注意新闻价值"。到20世纪20年代,美国和日本的新闻学著作对新闻价值已有较完整的论述。

在中国新闻界,新闻价值这一概念由徐宝璜从美国、邵飘萍从日本引进。1918年,他们在北京大学新闻学研究会上各自讲述了新闻价值问题。从20世纪30年代起,这一概念在中国新闻界得到普遍应用。1957年,新闻价值曾被认为是资产阶级新闻学观点而遭到批判。1978年中国共产党第十一届三中全会以后,中国新闻界重新讨论新闻价值问题;并确认按新闻价值来选择新闻事实是新闻工作的客观规律。①

新闻价值一般包括显著性、时新性、重要性、趣味性、接近性几个要素。

(一) 显著性

显著性主要是新闻事件报道中新闻人物及新闻事件具有引人入胜的特征,对这些特征具有一定的可报道之处,并且都是不同寻常的人与不同寻常的事的结合体,或者指具有某一方面的特征。这些特征曾在西方流行过以下一些公式。

$$平常人+平常事=0$$
$$不平常的人+不平常的事=新闻$$
$$平常人+不平常事=新闻$$
$$不平常的人+平常的事=新闻$$

例如,英国曾因为公众人物戴安娜王妃私生活具有新闻价值而对新闻媒介网开一面。②

(二) 时新性

时新性主要指新闻报道过程中及新闻呈现后具有内容新鲜、报道及时的特点。事件发生和公开报道之间的时间差越短,新闻价值越大;内容越新鲜,新闻价值越大。这些新闻事件是符合新闻定义及报道特点的,真实新鲜,而且是读者不知道的,都是近期内发生的新闻。

---

① https://xuewen.cnki.net/R2006060340000015.html.
② 李良荣.新闻学概论[M].上海:复旦大学出版社,2018:305.

综合俄新社、乌克兰独立新闻社 23 日最新报道,乌克兰国防部长列兹尼科夫当天发推文称,美国"海马斯"多管火箭炮系统已运抵乌克兰。

新浪新闻通讯
2022 年 6 月 23 日

记者在进行这类新闻报道时既要看到新闻的真实性,又要考虑到新闻的时效性。2022 年爆发的俄乌冲突一直持续至今,国际局势动荡,一直牵动着全世界人民的神经,在俄乌冲突中以美国为首的西方国家不断给乌克兰提供武器,最后导致乌克兰陷入不可调控的局面,记者在对新闻报道的同时既遵循了新闻的真实性原则,又考虑到了新闻的时效性,这就是新闻时新性的一种体现。

(三)重要性

重要性主要是指新闻在报道过程中能够产生较大影响力的新闻效果,在某种程度上能够引起读者的重视,这是新闻价值中的核心因素。记者只有掌握了新闻的重要性,才能深入了解新闻报道过程中应该注意的问题。从硬新闻的角度而言,对国计民生的影响越大,就越重要,新闻价值也越大。

上海本次疫情得到有效控制 将有序推进生产生活秩序恢复

目前,上海全市已有 15 个区实现社会面清零,疫情得到有效控制。上海将持续采取一系列防控措施,不断巩固疫情防控成果,有序推进生产生活秩序恢复。

昨天(5 月 16 日),上海虹桥站增开多趟旅客列车,全天出发共 12 趟,离沪旅客总数超过 6000 人,目的地增加了昆明、南昌、厦门等城市。上海市计划 5 月 22 日起,地面公交和轨道交通有条件逐步恢复运营。

昨天起,上海中心城区的各大商场工作重心开始逐步转移到线下营业的全面恢复上。出于防疫要求,一些商场在开门营业后将在广场开放区域上设置安排一些公共餐位。

昨天上午,上海江南造船厂成功交付一艘99000立方米舱容的超大型乙烷运输船,这是船厂自4月下旬复工复产以后交付的第一艘船。目前,江南造船厂以不同项目为单位实行封闭运行生产。

资料来源:https://news.cctv.com/2022/05/17/ARTIReCWJZ8djP1Zyu34t1V5220517.shtml。

以上是涉及上海2022年疫情以后复工复产的消息,自从2022年上海暴发疫情以来,国际大都市的上海一度"停摆",就是为了人民的生命安全着想,因此上海在疫情防控期间的新闻报道,主要目的是恢复生产,具有特别重要的意义。

(四)趣味性

新闻的趣味性是指新闻报道能够引起人们的注意,都是读者喜欢的、容易接受的、喜闻乐见的新闻事实。中国语境下的趣味性多数是指具有趣味性的事实,往往有新闻价值,这种新闻的趣味性是健康的、积极的、向上的,对社会是有益处的。

"共青团号"上的五月花朵

"我们是五月的花海,用青春拥抱时代,我们是初升的太阳……"2月12日上午8点30分,国铁济南局青岛客运段北京动车队的学习室里,响起了《光荣啊,中国共青团》的歌声。

"这是青京'共青团号'列车乘务组出乘前必唱的歌。"24岁的列车长刘皓说,唱团歌、学习客运知识和服务礼仪、话术训练是"共青团号"乘务组的"出务三部曲"。

刘皓所在的北京动车队获得过"全国青年文明号"荣誉,并保持至今。在这个车队,每一名新进成员上的第一课就是"荣誉教育课"。"通过组织他们参观荣誉室,培养自豪感和责任感,让他们认识到成绩既是团队共同努力的结果,更是团队的孜孜追求,认识到成绩不仅是一份荣耀,更是一份责任。"刘皓介绍。

往返于青岛至北京南的"共青团号"复兴号动车组,担当着G206次/G209次/G214次/G201次/G1070次/G1079次旅客运输任务,全程4720公里,在青岛和北京之间来回6次。

刘皓带的乘务组里,年龄最小的成员21岁,最大的34岁,她们都是车队精挑细选出来的业务素质过硬、形象气质俱佳、工作表现优异的青年骨干。

"各位旅客上午好,欢迎您乘坐济南局共青团号列车,列车在1、16车厢为旅客提供阅读书籍,欢迎您阅览。"上午10点50分,"共青团号"G206次复兴号动车组驶出青岛北站后不久,车内响起悦耳的广播声。

原来这是"书香进高铁"服务项目专门录制的广播宣传词。为倡导旅客放下手机,乘务组提供了阅读1小时的特色活动。除此之外,还有为中小学生介绍复兴号动车组的"研学行"和呼吁青年旅客一同帮助重点旅客的"青年帮"广播宣传,这些都是"共青团号"的特色服务举措。(扫码查看全文)

"共青团号"上的五月花朵

资料来源：http://zqb.cyol.com/html/2023-02/20/nw.D110000zgqnb_20230220_4-01.htm.

这就是一则具有趣味性的新闻报道,在这则报道中,不仅新闻要素全部具备,还有一定的阅读性,对人物内心的世界进行了新闻刻画,使读者读起来简单、明了,脑中会呈现出可视性画面,传播了正确的价值观,弘扬了正能量。

(五)接近性

新闻的接近性主要是指新闻在报道过程中要考虑到地理、职业、年龄、心理等相关的因素,这些因素能够接近读者的心理,在地域上或者是在心理上满足读者的需要。例如,民生新闻报道中就注重此因素,包括地理上的接近、利害上的接近、思想上的接近、感情上的接近。凡是具有接近性的事实,受众关心,新闻价值就大。

烈日排长队 黄牛倒门票 游客：陕博管理要改进

7月12日是个星期天,目前正是暑假旅游高峰期,记者来到陕西历史博物馆,在售票处看到三个窗口排队的游人多得"惊呆小伙伴",记者向西走了100米,没见到队尾,一直走到400米外的文娱巷南口才见到三个队尾。

记者问哪个队是领免费票,哪个队是买20元一张门票的队,排队的游客七嘴八舌也说不清楚自己是哪一队。

一位来自北京的游客说,排队这么长,后面连个隔离带都不拉,排队的人相互交错,早上为了分清哪一队是售票队,她前前后后跑了十多分钟才弄清楚。外地游客抱怨说慕名来参观陕博,几百人在烈日下排队花了两个小时,陕博盛名之下服务管理要改进。

资料来源：http://www.sanqinyou.com/html/2014-7-14/2014714142901112360.html.

新闻价值对于采访、制作、编辑等新闻业务有直接的作用。在采访前,记者依据新闻价值判断某一新闻线索有无采访的必要;在采访中,记者依据新闻价值估量获得的各种事实,以便抓住要点,深入采访;在制作中,记者依据新闻价值选取、组织、体现材料,编辑依据新闻价值审视新闻稿,决定稿件的取舍、修改以及版面设计或节目的安排。所以,记者在采访过程中应该注意距离,周围的事物比遥远的事情对人的影响更大,人对客观世界的改造总是从近处着手。距离包括物理距离、心理距离。

那么,到底什么是真正的新闻价值呢？一般认为"价值"是指对人的有用性,即满足人的需要。"价值是客体对主体的意义,也就是客体对主体的作用、效用",所以新闻价值就是新闻满足某些主体的需要,但是相对新闻来讲,什么是它的主体呢？很显然,新闻传播主体和接受主体是必定包括在内的,但是作为两个主体生活的存在的环境——社会也应该是新闻价值的主体,因为没有社会这个大的环境的好转,任何奢谈个人利益的努力都是徒劳的。新闻价值的定义应该体现人的关怀和价值,也就是说,新闻的价值应该是对个人

第三章 全媒体新闻采访的前期准备活动

和社会价值的总和,而不是只谈其中的一个方面。它的"有用性"应该是对整个主体和社会的有用性。基于这个分析,可以将新闻价值定义如下:所谓新闻价值就是对传播主体和接受主体有益的新闻客体对社会所产生的积极效应。这里包含以下几个关系:首先,新闻客体必须是对传播主体有益的,因为如果新闻对传播主体没有利益,那么它很难进入传播渠道,新闻价值也就发挥不出来,这是前提。我们所要谈的新闻就是要考虑到传播主体的利益的新闻,这是一个新闻单位的立命之本。其次,新闻客体必须适合接受主体的需要。如果新闻单位孤芳自赏,报道一些受众不感兴趣的新闻,那么这个新闻的生命力是值得怀疑的,它的价值也就很难实现。对一个新闻单位来说,受众就是它的上帝。新闻单位在报道新闻时,必须考虑受众的兴趣,只有这样,它的利益才能实现,新闻价值才能实现,这是基础。失去了这个基础,新闻价值就是对传播者的价值,是不完整的。失去了受众的支持,这种价值也是不长久的,最终新闻单位的价值也难以实现。再次,新闻必须对社会产生积极的效应。如果新闻产生的社会效应是负面的,即使它为传播主体带来了巨大的经济效应,满足了受众巨大的个人需求,它也是没有价值的,因为这种负面的社会效应会危害传播主体和接受主体的利益,并且它的危害性比传播主体和接受主体一方或两方损失的利益更加大。如果整个社会的利益受到损害,后两者的利益也就失去了保证。所以新闻价值的关键是对社会的价值,这是新闻价值的立命之本。社会是由个人组成的,新闻的主要目标是为了社会的发展,而社会的发展体现在人的发展上。

综上所述,新闻价值是对主体的效应,其主要主体是社会,但是这个主体效应的实现是通过传播主体和接受主体实现的,只有传播主体和接受主体的利益实现了,社会价值才能实现。这两个主体中的基础是接受主体的利益,只有这个利益实现,才能确保其他利益实现。其系统中的决定因素就应该是广大人民和国家的利益,这包括新闻是否为当前社会主题的重大事件、是否与人民生活息息相关、能否引起人民的兴趣、是否真实与新颖、是否促进社会主义的建设和发展、能否引导人民树立新的价值观与审美观等。总之,是以党和人民的一切正当需要为主。趣味性、接近性、重要性、时新性与显著性是决定新闻的要素,而不是新闻价值的包含要素,读者平常用新闻价值来判断一条新闻是否值得采写,实际上是用新闻价值的决定要素来指导新闻工作,因为这些决定要素与新闻的影响有一定联系,而真正的新闻价值是在新闻播出之后的社会影响。这也就能解释新闻工作者有时凭一腔热血采写来的稿件,受众却反映寥寥的现象了。因为他们依据的是新闻的决定要素而不是包含要素,真正地用新闻价值来采写新闻应该是在充分调查和了解受众需要的基础上产生出来的,而不是凭自己对新闻的感觉来写新闻。那么,新闻价值到底包含哪些要素呢?先要了解马斯洛关于人的需要层次理论,他在《动机与人格》一书中提出,人的需要分为五个层次:生理的需要,安全的需要,社交的需要,心理的需要,自我实现的需要。五种需要的层次是越来越高的,人们在满足了较低层次的需要后会依次提出较高层次的需要。也可以说,人的需要是分为生理与心理需要的。按照马斯洛的需求层次理论,新闻价值包括以下几个方面。

第一,新闻满足生理的需要性。因为人们一般只有在满足了衣、食、住、行等生理需要后,才会谈到其他的需要。如果新闻越能满足人们急切需要的物质生存资料,那么它的新闻价值就越大,特别是在物资紧缺的年代,这种表现就更明显。这也能够解释为什么在经济发展落后的地区,有关柴米油盐供应的新闻更能满足老百姓的需要,而在经济比较发达的地区,有关柴米油盐供应的新闻就少受受众的青睐。当然,这不是绝对的,它与一个地区人们的文化素质和人们的心态紧密联系。倘若人们的基本需要已满足,人们又不思进取,那么这种新闻便会失去它的吸引力。但是人们的基本需求是不一样的,例如在经济发达的地区,有关房地产的新闻会更吸引受众的兴趣。所以,在不同的地区,基本需求各不相同,只有紧紧抓住人们的基本需求特点,才能写出好的新闻。

第二,新闻满足安全的需要性。这突出表现在受众对事关自己利益的事特别关注,它与第一点是紧密相连的,但是它并没有像第一点那么关系到生存的问题。例如,比较关注有关权益保护的问题。新闻的阶级性问题可以在这一部分得到说明,人们处于一定的阶级中,为了求得一定的安全感,人们必须对于阶级问题有个态度,或支持,或反对。所以,新闻的阶级性也是新闻产生社会效应应该考虑的问题。

第三,新闻满足社交的需要性。这种需求表现在新闻中,是人们比较关注归属感,突出表现在人们对于与自己接近性的问题比较感兴趣,包括心理与地理的接近。

第四,新闻满足心理的需要性。这方面在新闻中的突出表现是受众对有关满足自尊、尊重、权威与地位等的需要。例如,对国家及个人荣誉的问题比较感兴趣,中国地位提升的新闻会受到受众的注意。对有关自己的荣誉的新闻,受众会更加关注。

第五,新闻满足自我实现的需要性。这方面表现在新闻中就是对于提升自己的人生价值的新闻的需要。例如,对获得培训机会的新闻的关注,等等。

这里所说的新闻价值是以社会效益为中心,以传播主体利益为前提,以受众利益为基础的一个系统。这其中关注的是受众利益,但是主要目标是社会利益。这里所说的新闻价值是针对我们国家的政治体制而言的,但是在其他体制下,传播者的利益与社会利益有时是不一致的。

第三节 新闻采访政策遵循的原则及报道思想的确立

新闻采访是为了报道新闻,能够让读者知道新闻事实,新闻事实的真相是通过记者的报道而被了解的,新闻采访在新闻实务中的作用是不言而喻的。在新闻采访的环节中,新闻政策及报道思想的确立显得尤为重要。本节主要以案例分析为切入点,分析新闻采访政策的确立及报道思想应该遵循的一些原则及相应的方法。

一、新闻采访政策遵循的原则

作为以公开传播新闻事实为主要职业的新闻采访活动已经成为社会传播信息的重要方法,公众有权利获取新闻事实,有权利知道事实真相,作为大众传播的传播者在新闻事实获取的过程中发挥着重要作用。在新闻采访活动中,新闻记者起着获取新闻事实的重要作用,并应遵循一定的原则。新闻记者在现实语境下应该具备一定的社会责任感、历史使命感、现实接近性等品质,同时也应该具备一定的人文情怀,坚持一定的理性思维,这样才能保持坚持真理的态度,从而以良好的职业形象获取一定的社会声誉。

(一)记者应该遵循理性客观的报道态度

新闻工作者应该是历史的记录者,今天的新闻是明天的历史,记者在新闻报道过程中应该遵循理性客观的报道态度。

白岩松作为著名的新闻记者有着理性公正客观的采访态度,在其职业生涯中,采访过诸多名人及重要的新闻事件,同时作为被采访者,接受《新京报》记者采访时,间接也能看出其职业素养的积累。

专访白岩松,谈领导干部媒介素养

今年全国两会,全国政协委员白岩松带来一份关于全面注重并提升各级领导干部媒介素养的提案。

过去一年,他与包括党政"一把手"在内的不少地方官员视频连线,为公众带来当地最新疫情防控进展。白岩松发现,许多领导干部媒介素养欠缺,面对镜头不敢说、不能说、不会说。

"这次疫情像是一次大考,暴露出了领导干部的短板。如果说新闻发言人制度建立是第一个阶梯,现在我们需要迈出第二个阶梯,就是所有的各级领导干部都要具备媒介素养。"近日,白岩松在接受《新京报》记者专访时说。

他认为,在各级领导选拔,尤其是党政"一把手"选拔过程中,要将媒介素养作为重要选拔标准之一,探索并明确该项能力的评估方式。在年度各级领导尤其是党政一把手的工作考评当中,将是否与媒体与公众主动沟通当成工作考评的内容,并逐步量化。

"重大突发事件,必须贯彻中办和国办的相关意见,'一把手'是第一新闻发言人。"白岩松说。

谈领导干部媒介素养

重大突发事件,必须贯彻相关意见,"一把手"是第一新闻发言人。

新京报:从2003年我国建立新闻发言人制度至今18年,你觉得领导干部的媒体素养有哪些变化?

白岩松:2003年SARS疫情之后,中国开始了各级政府新闻发言人的培训。当时国新办做一期、二期新闻发言人培训,第一期我在现场,第二期我就开始讲课了。这十几年我伴随着政府新闻发言人制度的建设走过来,讲了无数课,去各个省做培训。

经过近18年的努力,政府新闻发言人的体系及个体能力都得到了一定程度的确立,基本可以完成一般性政务公开的工作。也就是我说的第一个阶梯——政府新闻发言人的梯子我们已经迈出去了。

但中国的发展进入历史性的新时代,如何面对国内和国际两个大局,讲好中国故事,成为新的挑战,媒介素养已经不仅仅是政府新闻发言人该拥有的素养,而是各级领导干部尤其是基层领导干部都要具备并提高的素养。2020年起,新冠疫情充分显现出各级领导尤其是基层领导在信息公开方面的能力不足,在社会治理体系和能力现代化的重要路途中,如何全面注重并提升各级领导的媒介素养,已经成为具有紧迫性的一项重要工作。

新京报:为什么紧迫?

白岩松:过去一年我连线了许多党政"一把手",发现现实中存在很多问题。

首先,各级领导干部培养与选拔过程中,并没有把媒介素养当成一个必备的能力。其次,由于在我们的教育体系中缺乏对个体媒介素养的教育,因此能力不足,各级领导干部在面对政务公开的时候,既有不敢说的问题,也有不能说、不会说的通病。

此外,由于缺少对各级领导干部政务公开的硬性要求,很多领导干部能推则推,不能推也往往照本宣科,缺乏政务公开的动力与压力。由于新闻发言人制度的逐步完善,很多领导干部都将政务公开的工作推到新闻发言人的身上,但现实中,政务公开的内容越发多元而复杂,什么是新闻发言人就能承担的工作,而什么必须由主管的领导来承担?实践中还并不明晰,因此与社会协商沟通的效果不好,甚至有时会冒犯公众。

习近平总书记多次强调媒介素养对各级领导干部的重要性,这是明确的方向。因此,我们就需要用有效的方法来完成这个方向。

新京报:连线采访时,有些官员会答非所问。你怎么看?

白岩松:我做的是直播节目,他们同意接受采访已经有所进步,这要为很多官员鼓掌。但记者联系领导干部,需要的是新闻、是信息对策、是对事件的回应,而不是直接照搬文件说套话。如果遇到突发事件,领导干部面对镜头不发布任何新消息,结果会起到反作用。

新京报:提高各级领导干部媒介素养,你有哪些具体建议?

白岩松:这有很多工作需要做。首先在各级领导选拔,尤其是党政一把手的选拔过程中,将媒介素养作为重要的选拔标准之一,探索并明确该项能力的评估方式。在年度各级领导尤其是党政一把手的工作考评中,将是否与媒体与公众主动沟通当成工作考评的内容,并逐步量化。

在各级党校(行政学院)的课程中,将媒介素养作为必修课,尽快完善相关教师队伍和教材的体系建设。各级政府应每月都召开相关的新闻发布会。其中,除政府新闻发言人的例行工作之外,各主管领导也应该每年至少参加一次新闻发布会。

此外,新闻发布的参与人,要根据相关新闻事件的程度和舆情不同状况,进行分级设置处理,一般情况由新闻发言人负责信息公开,但随着事情程度的升级,确立相关领导的信息发布职责,重大突发事件,必须贯彻中办和国办的相关意见,"一把手"是第一新闻发言人。

随着互联网时代的全面深化,逐步探索在高校当中,把媒介素养的课程由讲座向选修直至向必修课方面发展,提升整个民族的媒介素养能力。把各级领导干部媒介素养的培训纳入日常工作当中,每年利用线上进行一定课时的媒介素养培训,每三年必须参与一次线下培训,使整个社会由注重新闻发言人的成长向注重各级领导干部媒介素养方向前行。(扫码查看全文)

专访白岩松,谈领导干部媒介素养

资料来源:https://www.bjnews.com.cn/detail/161485707915797.html.

通过采访可以看出,作为记者的白岩松,在其职业采访生涯中敢于提出百姓所关心的话题,而且作为被采访对象能够对获取信息的途径进行分析,从而得出相应的问题意识,可见其职业素养的能力,同时作为被采访对象在回答记者提问的过程中仍然是客观理性的态度,而且作为一名敢说真话的记者,能够俯下身、沉下心,作为历史的记录者发现新闻,获取新闻事实,将获取的新闻事实更好地传播给读者,加快社会的进步。不仅如此,对名记者的采访具有一定的难度,但是在这篇报道中《新京报》记者处理得很好,在对问题进行提问时能够保持一定的客观性和理性,将新闻背后的故事更好地传递给读者。

(二)记者在新闻报道中应该遵守新闻报道的相应法规

从法律角度而言,作为新闻记者虽在历史上被称为"无冕之王",但是记者事实上是新闻的传播者,记者在采访过程中应该遵守一定的职业法规,在此基础上才能进行新闻报道。

中华全国新闻工作者协会第九届全国理事会第五次常务理事会2019年11月7日修订的《中国新闻工作者职业道德准则》就是对新时期记者工作的约束原则。

中国新闻工作者职业道德准则

中国新闻事业是中国共产党领导的中国特色社会主义事业的重要组成部分。新闻工作者坚持以马克思列宁主义、毛泽东思想、邓小平理论、"三个代表"重要思想、科学发展观、习近平新时代中国特色社会主义思想为指导,增强"四个意识",坚定"四个自信",做到"两个维护",牢记党的新闻舆论工作职责使命,继承和发扬党的新闻舆论工作优良传统,坚持正确政治方向、舆论导向、新闻志向、工作取向,不断增强脚力、眼力、脑力、笔力,积极传播社会主义核心价值观,自觉遵守国家法律法规,恪守新闻职业道德,自觉承担社会责任,做政治坚定、引领时代、业务精湛、作风优良、党和人民信赖的新闻工作者。

第一条 全心全意为人民服务。忠于党、忠于祖国、忠于人民,把体现党的主张与反映人民心声统一起来,把坚持正确舆论导向与通达社情民意统一起来,把坚持正面宣传为主与正确开展舆论监督统一起来,发挥党和政府联系人民群众的桥梁纽带作用。

1. 坚持用习近平新时代中国特色社会主义思想武装头脑,深入学习宣传贯彻党的路线方针政策,积极宣传中央重大决策部署,及时传播国内外各领域的信息,满足人民群众日益增长的新闻信息需求,保证人民群众的知情权、参与权、表达权、监督权;

2. 坚持以人民为中心的工作导向,把人民群众作为报道主体、服务对象,多宣传基层群众的先进典型,多挖掘群众身边的具体事例,多反映平凡人物的工作生活,多运用群众的生动语言,丰富人民精神世界,增强人民精神力量,满足人民精神需求,使新闻报道为人民群众喜闻乐见；

3. 保持人民情怀，积极反映人民群众的正确意见和呼声，及时回应人民群众的关切和期待，批评侵害人民利益的现象和行为，畅通人民群众表达意见的渠道，依法维护人民群众的正当权益。

第二条 坚持正确舆论导向。坚持团结稳定鼓劲、正面宣传为主，弘扬主旋律、传播正能量，不断巩固和壮大积极健康向上的主流思想舆论。

1. 以经济建设为中心，服从服务于党和国家工作大局，贯彻新发展理念，为促进经济社会持续健康发展注入强大正能量；

2. 宣传科学理论、传播先进文化、滋养美好心灵、弘扬社会正气，增强社会责任感，严守道德伦理底线，坚决抵制低俗、庸俗、媚俗的内容；

3. 加强和改进舆论监督，着眼解决问题、推动工作，激浊扬清、针砭时弊，发表批评性报道要事实准确、分析客观，坚持科学监督、准确监督、依法监督、建设性监督；

4. 采访报道突发事件坚持导向正确、及时准确、公开透明，全面客观报道事件动态及处置进程，推动事件的妥善处理，维护社会稳定和人心安定。

第三条 坚持新闻真实性原则。把真实作为新闻的生命，努力到一线、到现场采访核实，坚持深入调查研究，报道做到真实、准确、全面、客观。

1. 通过合法途径和方式获取新闻素材，认真核实新闻信息来源，确保新闻要素及情节准确；

2. 根据事实来描述事实，不夸大、不缩小、不歪曲事实，不摆布采访报道对象，禁止虚构或制造新闻，刊播新闻报道要署记者的真名；

3. 摘转其他媒体的报道要把好事实关导向关，不刊播违背科学精神、伦理道德、生活常识的内容；

4. 刊播了失实报道要勇于承担责任，及时更正致歉，消除不良影响；

5. 坚持网上网下"一个标准、一把尺子、一条底线"，统一导向要求、管理要求。

第四条 发扬优良作风。树立正确的世界观、人生观、价值观，加强品德修养，提高综合素质，抵制不良风气，保持一身正气，接受社会监督。

1. 强化学习意识，养成学习习惯，不断增强政治素质，提高业务水平，掌握融合技能，努力成为全媒型、专家型新闻工作者；

2. 坚持走基层、转作风、改文风，练就过硬脚力、眼力、脑力、笔力，拜人民为师，向人民学习，深入了解社情民意，增进与群众的感情；

3. 坚决反对和抵制各种有偿新闻和有偿不闻行为，不利用职业之便谋取不正当利益，不利用新闻报道发泄私愤，不以任何名义索取、接受采访报道对象或利害关系人的财物或其他利益，不向采访报道对象提出工作以外的要求；

4. 严格执行新闻报道与经营活动"两分开"的规定，不以新闻报道形式做任何广告性质的宣传，编辑记者不得从事创收等经营性活动。

第五条 坚持改进创新。遵循新闻传播规律和新兴媒体发展规律，创新理念、内容、体裁、形式、方法、手段、业态等，做到体现时代性、把握规律性、富于创造性。

1. 适应分众化、差异化传播趋势，深入研究不同传播对象的接受习惯和信息需求，主

动设置议题,善于因势利导,不断提高传播力、引导力、影响力、公信力;

2. 强化互联网思维,顺应全媒体发展要求,积极探索网络信息生产和传播的特点规律,深刻把握传统媒体和新兴媒体融合发展的趋势,善于运用网络新技术新应用,不断提高网上正面宣传和网络舆论引导水平;

3. 保持思维的敏锐性和开放度,认识新事物、把握新规律,敢于打破思维定势和路径依赖,认真研究传播艺术,采用受众听得懂、易接受的方式,增强新闻报道的亲和力、吸引力、感染力,采写更多有思想、有温度、有品质的精品佳作。

第六条 遵守法律纪律。增强法治观念,遵守宪法和法律法规,遵守党的新闻工作纪律,维护国家利益和安全,保守国家秘密。

1. 严格遵守和正确宣传国家各项政治制度和政策,切实维护国家政治安全、文化安全和社会稳定;

2. 维护采访报道对象的合法权益,尊重采访报道对象的正当要求,不揭个人隐私,不诽谤他人;

3. 保障妇女、儿童、老年人和残疾人的合法权益,注意保护其身心健康;

4. 维护司法尊严,依法做好案件报道,不干预依法进行的司法审判活动,在法庭判决前不做定性、定罪的报道和评论,不渲染凶杀、暴力、色情等;

5. 涉外报道要遵守我国涉外法律、对外政策和我国加入的国际条约;

6. 尊重和保护新闻媒体作品版权,反对抄袭、剽窃,抵制严重歪曲文章原意、断章取义等不当摘转行为;

7. 严格遵守新闻采访规范,除确有必要的特殊拍摄采访外,新闻采访要出示合法有效的新闻记者证。

第七条 对外展示良好形象。努力培养世界眼光和国际视野,讲好中国故事,传播好中国声音,积极搭建中国与世界交流沟通的桥梁,展现真实、立体、全面的中国。

1. 在国际交往中维护祖国尊严和国家利益,维护中国新闻工作者的形象;

2. 生动诠释中国道路、中国理论、中国制度、中国文化,着重讲好中国的故事、中国共产党的故事、中国特色社会主义的故事、中国人民的故事,让世界更好地读懂中国;

3. 积极传播中华民族的优秀文化,增进世界各国人民对中华文化的了解;

4. 尊重各国主权、民族传统、宗教信仰和文化多样性,报道各国经济社会发展变化和优秀民族文化;

5. 加强与各国媒体和国际(区域)新闻组织的交流合作,增进了解、加深友谊,为推动人类命运共同体建设多做工作。

对本《准则》,中国记协会员要结合实际制定相应实施细则,认真组织落实;全国新闻工作者包括新媒体新闻信息传播从业人员要自觉执行;各级地方记协、各类专业记协要积极宣传和推动;欢迎社会各界监督。

资料来源:https://www.gov.cn/xinwen/2019-12/15/content_5461304.htm.

从中华人民共和国成立以来,我党就一直对新闻工作者有新的要求,记者在新闻报道的过程中,能报道什么,不能报道什么,什么值得报道,什么不值得报道,报道的重点是什么,这些框架都要遵守相应的职业约束,这就是中国新闻工作者职业准则,也是中国最权威的记者职业要求。所以,记者在新闻报道中应该秉承记者应该报道的理念,遵守相应的职业道德及职业准则,这是对新闻工作者最基本的要求。新闻政策应该从中国的国情及大局出发,传播好中国声音,讲好中国故事,传播好中国文化。2019年修订的《中国新闻工作者职业道德准则》就是对记者采访把握新闻政策的一种有力约束,所以记者只有遵循这样的报道原则,才能确立好新闻主题。

二、新闻报道思想的确立

新闻报道思想主要是指在新闻报道过程中为了实现报道内容而进行的报道目的、报道主题的选择、报道内容实施的过程,而记者要依据这些内容对新闻事实进行选择,从而实现其报道目的。

(一)记者的报道思想要符合新闻采访的出发点

记者在进行新闻报道的过程中,要积极地协调好各方面的因素,始终要让新闻采访的报道思想与报道目的相统一。新闻记者在采访前应该始终明白一个问题,就是新闻采访活动的目的性是什么,新闻采访的目的性直接决定了新闻报道思想的确定,没有确定好新闻采访的目的性就不可能有新闻思想的形成。所以,在新闻采访之前必须明确新闻采访的目的性,新闻采访的目的就是使读者了解未知的新闻事实,让新闻事实在经过记者的调查研究后,使记者能够迅速获取新闻线索,然后对新闻线索进行捕捉。记者的采访目的需要与报道思想相统一。

哀牢山三夜:一篇篇幅是见报稿两倍的采访手记

编者按:先是一个生态版头条报道西黑冠长臂猿种群监测,后是记者调查一个整版报道绿孔雀保护,6月9日、10日,人民日报接连大篇幅报道云南生物多样性保护工作,而报道区域均是位于滇中的哀牢山。作为首位进入哀牢山国家级自然保护区核心区的记者,任凭思绪飞扬写下了这篇哀牢山三夜。记者曾在鲁甸地震当晚赶到震中龙头山,也曾跟随护航编队报道湄公河巡航、夜宿金三角;但此行深入哀牢山核心区,是入滇十年来最难的采访。作为记者手记,篇幅很长,以至于超过了见报稿两倍。但正如文末所言:这是记者的一次难得的采访,却是护林员的日常。谨以此文,向一线动物保护工作者致敬!

预报未来三天无大雨,记者3月21日星夜赶赴云南省玉溪市新平彝族傣族自治县者竜乡,以便次日跟随哀牢山国家级自然保护区新平管护局巡护员进山,体验式采访西黑冠长臂猿种群数量调查。

对外,记者说去玉溪报道西黑冠长臂猿,却没敢报告是进哀牢山。山中天气瞬息万变,去年曾有4名地质调查队员在哀牢山遇险;出发当天发生空难,上山之后手机信号中断,不管是否真的存在危险,担心总归难免。

但西黑冠长臂猿,就在那哀牢山里。作为记者,很难抵抗首次挺进自然保护区核心区的诱惑,何况还有望听到西黑冠长臂猿美妙的"二重唱"。

一路平安,但并不顺利。

此前,因为采访绿孔雀,记者见到了哀牢山国家级自然保护区新平管护局局长郭斌,他看记者身板还行,盛邀记者进山采访西黑冠长臂猿种群监测。国内长臂猿物种数量不

哀牢山国家级自然保护区大雪锅山远景

少,但从个体数量上说,八九成是西黑冠长臂猿。

机会难得,记者却没敢立马答应:长期报道生物多样性,记者并不怕负重一二十斤、走五六个小时山路的辛苦,也充分相信当地调查队员的专业性,但谁也没法完全忽视进山的危险性——那天下山时,远处晚霞映红了天,新平管护局者竜管护站马鹿场哨所外却突然狂风大作、飞沙走石,没有手机信号的核心区如果遇到这样的天气,对安全将构成极大的威胁。

郭斌局长答应安排李林国跟记者同行,坚定了记者进山的决心。五年前,记者曾在哀牢山国家级自然保护区试验区茶马古道附近采访过外号"林子"的李林国,他家就在者竜乡,小时候经常一个人进保护区核心区。路熟,可提高安全系数;追猿七八年,他在树下唱歌,"习惯化"的西黑冠长臂猿一家在树上该干吗干吗,李林国是西黑冠长臂猿的"土专家",一路都可采访。

此次进山,机会窗口很短。西黑冠长臂猿种群数量调查为期一个半月,但今年云南三月下雨的天数比往年要多。一旦进入雨季,山路难行尚且可以克服,山路湿滑将导致受伤的风险大增;特别是在核心区内,避雨、取暖会出现巨大的困难,受伤、生病却不能及时从山中撤离,一旦失温,可能会有生命危险。

上午接到通知,中午处理完手头工作后,记者就从昆明直奔新平,赶到县城时已是晚上六点。简单吃过晚餐、取上装备,抵达者竜乡管护站时,已是晚上九点半。此次新平县西黑冠长臂猿种群数量调查,共分者竜、水塘和嘎洒三个片区,者竜离县城最远,但西黑冠长臂猿也最集中。

早上10点,记者跟护林员陆续前往者竜管护站集合。见到李林国,记者悬着的心落下了大半。分社司机、此前当过兵的杨艳波也坚持上山:"与其在山下干着急,还不如上山陪着你。"

加上本地护林员钟应兴钟叔、张贵昌张叔和李忠华、李富勇两位80后,一行七人计划在22日中午抵达保护区核心区外围的马鹿场哨所吃午饭,然后耗时四个小时抵达宿营地;夜宿营地后,23日一早7:00前赶到附近的听点开展为期半天的西黑冠长臂猿种群数量调查;下午拔营前往白沙河营地;24日,上午在白沙河参加完调查后,保护区同志将接应记者下山,而林子一行继续开展为期三天的调查——由于西黑冠长臂猿并非每天鸣叫,为了避免遗漏,每个听点都需要连续三天的监测。

为了减轻负重,记者不仅没带计算机,连采访本多余的纸张都折了下来。野外工作忌讳逞能,不给监测队员添麻烦,算是记者此行最大的贡献。

除了睡袋、雨衣、胶鞋、迷彩服、防潮垫这样的装备,此行最大的负重是食品和药品。食品最主要的是肉、米、面条;上山一次其实对于巡护人员来说也同样不容易:最基本的便是带上充足的食物。药品除了白药还有蛇药——尽管雨季尚未来临,但山中不比镇上,一旦用到却没有,可能会有生命危险。

不过对于年近六十的钟叔来说,他还有自己的必需品:10斤白酒。十几年的护林员生活,为了驱寒,钟叔有些酒精依赖,饭后睡前必饮酒,且是用海碗豪饮。

除了常规负重,五位监测人员人手一个打火机,还分别带了松明子、蜡烛、薄轮胎。记者后来才体会到,如果不是长时间在山里,保暖远比食物重要。(扫码查看全文)

哀牢山三夜:一篇篇幅是见报稿两倍的采访手记

资料来源:http://yn.people.com.cn/n2/2022/0613/c378439-35312420.html。

通过以上的例子可以看出,记者在采访中深入了解新闻现场才获取了护林员日常生活的信息。从这个新闻中可以看出记者的采访札记是十分细致的,而且是经过自己调查研究得出了前言部分的采访目的,这样主题的确定就比较明确,从而使记者能够在主旋律背景下发现新闻事实,选取典型和突出主题的报道活动。从这个意义上而言,只有采访目的明确才能使报道主题思想确定下来。

(二)记者的报道思想要符合客观实际情况

上文论述了新闻的报道思想要符合采访的目的性,只有确定了采访的目的性,才能使报道思想与采访结果具有一致性。但是对于职业记者而言,在采访过程中要符合客观实际情况,遵循客观规律。新闻采访是一项发现性工作,也是一项创造性工作,在采访的过程中,记者要深入采访实际,进行判断与发现新闻,这一过程是记者创造性工作的第一步。随着记者的深入采访,在访问的过程中,记者还会逐渐发现新闻事实,在记者发现新闻事实后,不自觉地会有个人的感情色彩出现。在此背景下,遵循客观报道显得尤为重要。记者应该摒弃一些固守的"条条框框",摒弃主观判断及主观色彩,带着报道思想深入采访实际现场,客观报道新闻,讲述新闻,采访的方式及方法遵循新闻报道理念。只有采访与写作统一,才能写出好新闻。

采访手记:擦亮心灵窗户的人

新华社天津5月19日电(记者李鲲)履职一词在孙丰源看来早已不陌生,当选全国人大代表之前,他曾连续两届担任全国政协委员。虽然有很多的身份、荣誉、头衔,但他还是最喜欢"大夫"这个称呼。他说,治病救人是自己的初心,也是积极履职的基础和源泉。

孙丰源记得,多年前,他多次遇到外地患者在需要住院手术时却放弃留下治疗的情况,原因是"不方便"。这个"不方便"就是异地看病需要患者垫付医药费,并且回当地报销很难。经过一番调研,作为全国政协委员的孙丰源,在全国两会上提交了有关提案,促进了医保异地结算工作的推进。

担任全国政协委员期间,孙丰源从职业出发,围绕医疗体制改革、医学教育、医保异地结算、儿科医师短缺等相关问题提交提案数十篇,引起国家有关部委的重视,推动一系列问题解决。

现在是天津医科大学眼科医院眼眶病研究所所长的孙丰源告诉记者,作为一个眼科医生,自己的工作是"治疗心灵的窗户"。而作为委员或者代表,他得以站在更高的层面,为更多的人"擦亮心灵的窗户",这是他最有成就感的地方。

2018年当选全国人大代表后,孙丰源进行的第一个调研就是有关青少年近视预防的。他说,自己的孩子中学时就由于课业压力大等因素造成近视。十几年过去了,他在调研中发现,我国青少年近视的问题并没有减轻,反而在加重。

"近视眼的发生是从小儿开始的,年龄越小危险因素越高,一旦形成近视眼,没有根治的方法,一旦出现并发症,视力可能无法矫正,甚至面临失明的危险。近视没有彻底的治疗方法,手术或佩戴各种眼镜,只是矫正。所以,防控迫在眉睫!"采访中,孙丰源说到这里很激动。他认为,近视眼的防控必须从小儿抓起,明确家庭、学校和医疗机构各自的责任,才能打赢防控近视的攻坚战。

2019年全国两会上,孙丰源提交了关于预防青少年近视的有关建议,得到认可和重视,也对相关工作起到推动作用。这让孙丰源感到非常欣慰,也促进了他继续积极履职。

"从委员到代表,我的身份发生了转变,但我的初心和责任没有变,我还会从工作实践出发,深入调研,提出更多有质量的建议。"孙丰源说。

资料来源:http://www.xinhuanet.com/politics/2020lh/2020-05/19/c_1126005843.htm。

以上的采访,记者运用采访札记的形式,对采访者进行了客观公正的报道,在行文过程中多次运用直接引语,保证了新闻采访的客观性,并且根据采访对象确立了新闻采访主题,既符合新闻报道的思想,又符合新闻报道的目的性,同时也向公众传播了新闻事实,并且分析了新闻事实的真相。

第四节 新闻采访的心理因素及采访条件的创造

新闻采访作为一门科学,是一种系统工程,也是对采访对象和采访者心理状态及心理因素的考察。作为采访者,在采访过程中需要不断积累经验,把握相关的采访技巧,以便在采访过程中能够顺利地提出问题;同时作为采访对象,在采访的过程中也需要积极配合采访者做出相应的问题解释及回答,但是有的采访对象在采访过程中会出现排斥、拒访的现象,作为采访者也会面临着诸多问题,所以新闻采访的心理因素建设显得尤为重要;采访者及被采访对象在新闻采访过程中需要创造一定的新闻采访条件,以便采访对象能够顺利地接受采访者的采访。这种双方的行为艺术是值得探讨的。

一、新闻采访的心理因素

记者获取新闻线索,对新闻进行采访,需要迅速与采访对象进行沟通,以便获取相应信息。沟通过程,记者即已进入新闻采访过程。新闻采访准备阶段,记者即已进入新闻采访心理准备状态。在新闻采访前期准备中,记者就提问技巧及采访方式及方法,已经与采访对象建立起相关的关系,记者应该利用这种关系,打破采访对象心理防线,进行突破,从而获取有新闻价值的新闻信息。

记者进入采访状态后,应该恪守职业道德及职业理念,在采访过程中投入更多的精力,做好这项艰辛的实践工作。成熟有经验的记者在采访前都会与采访对象做好沟通,迅速在脑子里出现相应的采访问题及采访轮廓,大致会问哪些问题。例如,这些问题与报道主题的确定是否有关系?这些报道主题能否回答相应的问题?这些问题是否与主题相一致?此外,记者还需要考虑到采访对象的实际情况,结合采访对象的敏感性问题是否接受采访?采访对象有哪些困难问题?采访对象对哪些问题愿意交流?哪些问题不愿意交流?这些问题能否与报道主题相统一?这些问题都需要记者做出相应的考虑,所以采访者与采访对象之间的关系显得尤为重要。

首先,做好采访前的沟通工作。采访对象的心理反应是对客观事物的反映,同时也是对记者提出问题的客观性反映,在新闻实践活动中记者首先应该深入了解与采访对象(包括采访事件的来龙去脉、采访者的生活轨迹等)相关的因素,对采访对象做出集合式的准备工作。记者如果做足了功课,对要采访的对象及采访事件中的人都有一定的了解和专业度,首先在心理上会感到满足,并做出相应的反应。因此,记者在采访前,必须掌握采访对象的心理活动特征,对采访对象的心理活动做出准确判断,并进行积极调节,这对新闻采访的前期准备工作具有积极意义。

其次,积极主动与采访对象沟通,熟悉采访对象相关情况,能熟练对采访对象做出提问,且提问具有一定的可行性。记者在采访的过程中会面对不同的采访对象,也会遇到形形色色的采访对象,包括人与事件。人是事件的创作者,遇到新闻事件的时候,人才是主要的采访对象,所以面对不同阶层、不同文化差异、不同社会背景的人,记者都要提前做好功课,熟悉采访对象的兴趣、爱好、性格等因素,这样通过细微之处,就能观察到采访对象的心理特征。若掌握了被采访者的心理特征,记者的采访就已经成功了一半。记者掌握了被采访对象的相关特征后,积极与其进行沟通,采访对象对新闻事件的把握程度及相关的控制力都会不由自主地表达出来,在这样的背景下,获取的新闻事实才是真实可信的,所以采访者与采访对象之间的有效沟通是新闻采访的前提条件。

最后,做好不同类型采访对象的预期心理效果。不同的采访对象面对不同问题的时候,回答的方式及面对问题的看法都是不相同的。人毕竟是具有思维的动物,每个人面对不同的事物都会做出不同的反映,为了获取新闻信息,进行新闻报道工作,记者在面对不同采访对象的时候都会做出不同的心理反应,所以记者要做好有效的沟通,以便获取更多的新闻信息,便于报道。面对积极型的采访对象,记者应该事先沟通好提问的问题,让采访对象事先了解要提问的问题,提前了解采访对象哪些问题能回答,哪些问题不能回答,哪些问题应该替换。做好沟通以后,记者应该与采访对象建立起积极的关系,使其做出积极的回答。在采访后,记者要把相关的采访信息与采访对象进行核实,以便得到采访对象的理解,使其做出明确的心理准备,这样才能做出积极的传播效果。面对不配合型的采访对象,记者在采访过程中就要付出更多的辛苦与努力,做好心理沟通,拿出诚意打动采访对象;面对有新闻价值的素材,记者应该拿出最大的热情,把握最佳采访时机与其沟通,以诚相待,不断地把自己的采访提纲给采访对象看,直到其满意为止,只有这样记者才能获取采访对象的信息,与其和睦相处,获取新闻线索,以便于继续开展采访工作。采访对象还有一种类型是蓄意对付型。面对蓄意对付型、态度恶劣、拒不回答记者提问的采访对象,应该与其他部门的人员配合获取新闻信息,如司法、公安等相关执法部门,以便获取相应的新闻信息。

总之,新闻记者在新闻采访过程中既要注意到采访对象的心理状态,又要注意到自己的提问技巧,两者是相辅相成、密不可分的,只有做到了两者的统一,才能在新闻采访活动中获取新闻信息,提高采访效率,以便继续开展下一步工作。

二、记者前期采访条件的创造性过程

在采访的过程中,前期准备工作显得尤为重要,只有前期工作做好了,记者才能获取新闻线索,进行新闻采访。前期的新闻采访也是一种创造性的工作。

首先,记者应该对采访的新闻线索进行初步判断。对于新闻采访的记者而言,新闻采访报道是一种协调性极高的工作,它包括记者的沟通能力,这种沟通能力其实是一种创造性的工作,面对不同的采访对象提供的信息的来源问题,作为记者应该进行一定的甄选;面对公开来源的信息,记者要做到与实名的和非实名的当事人进行细致的沟通,还要对获取的相关信息,如来自各种论坛、新媒体的信息做到预测与判断,记者应该充分发挥其新闻敏感性,保持平衡性原则,真正做到尊重客观事实,还原新闻事实的过程。对于新闻线索的把握,记者应该发挥职业敏感性,带着好奇心去探究新闻事件,对新闻事件即将形成的传播做出预判,看看新闻事件的舆论效果达到的程度,非事实与事实之间的差别是什么,还有哪些未发现的新闻事实。记者只有掌握了这些,才能真正地实现新闻采访的第一步。

其次,记者在现场采访的过程中,要做到加强新闻的现场感。记者在新闻采访的现场无论遇到什么情况,都应该恪守其职业理念,观察新闻事件发生的状态、新闻事件的变化。面对天灾人祸的现场,记者更应该充分坚守职业理念及职业精神,把新闻现场的知情权及时地传播给公众。在公开报道中,记者还要注意新闻现场的平衡性,注意对信息的汲取与过滤,尽可能地对新闻给予不同视角的报道,提供公正客观的新闻事实,引用多方面的消息源,在报道的过程中没有任何偏见,让公众对新闻事实做出判断。

随着媒介融合即全媒体传播方式的不断变化,记者应该充分利用全媒体的传播方式,更好地在采访前期获取新闻线索,做好采访对象的心理建设,用创造性的思维把握新闻采访前期的系统工作,使新闻事实具有可信度,以便于确定新闻主题,使公众更充分地享有新闻报道的知情权。

本章小结

本章主要以全媒体新闻采访与写作的前期准备工作为线索,对新闻采访前期的准备环节、采访心理、采访物质条件等方面进行了论述,从而使学生了解新闻采访前期准备工作的各项事宜,以便在新闻实践中能够获取相关的采访方法,对于新闻采访的前期工作做出合理的布局与安排。

思考与练习

1. 新闻采访与写作前期的准备工作包括哪些?
2. 新闻采访前期的心理准备对记者的采访过程有怎样的助推作用?
3. 记者应该怎么做好采访对象的前期心理建设工作?
4. 记者在新闻采访过程中怎样发挥创造性?

第四章 全媒体新闻采访的中期活动

■ 本章导言

新闻采访是新闻实践活动的核心环节,也是新闻报道形成的初始环节。采访谁?去哪里采访?往往成了令很多年轻记者头疼的问题。"巧妇难为无米之炊",想要形成一篇优秀的新闻报道,首先要抓住的就是一条有新闻价值的采访线索。记者不能坐在办公室里等线索找上门,而是要睁大眼迈开腿走出去主动搜寻线索,这也是新时代对记者践行"四力"的基本要求。在进入采访环节时,记者要因地制宜善用多样化的采访方法,要善于观察和记录,有效地将采访资料转化成新闻素材。与此同时,记者自身要具备高水准的职业素养如政治素养、思想素养、心理素养、法治观念与职业道德素养及业务能力素养,并在此基础上树立受众意识、完善知识结构、学习前沿技术。

■ 学习目标

1. 掌握新闻采访线索的定义、特点与来源。
2. 了解记者的职业素养与职业要求。
3. 掌握访问、现场观察、体验式以及隐性采访的方式。

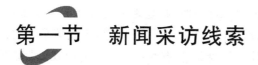

第一节 新闻采访线索

新闻采访线索是进入新闻现场前的指示标,记者在采访前必须通过多渠道了解新闻线索,并经过仔细核对才能确保采访的真实性。本节将重点论述新闻采访线索。

一、新闻采访线索的定义与特点

记者活动的开始就是从万事万物中寻找采访目标,这是采访得以开始的第一环节,也是至关重要的第一步。这并不是一件容易的事,寻找有价值的采访目标就像在茫茫沙漠中寻找绿洲,当少数混杂于多数,个别被分散隐匿在普遍中时,能够指向这些有新闻价值的最开始可能仅仅是一张照片、一组对话、一段录像,但是这些细枝末节的部分却能够让记者顺藤摸瓜找到掩藏于混乱信息之下的真相。

那么,记者要从哪里挖掘新闻的关键信息?怎样才能找到有价值的新闻目标?所依靠的就是采访线索。所谓采访线索也叫新闻线索或报道线索,又可以作为新闻发现的目标,它是记者为采集新闻事实而发现和捕捉到的有关迹象、信息或信号,同时也是记者进行新闻采访的向导,是检验记者识别、发现新闻价值能力的一个重要标志。但是,在今天的信息海洋中发现和捕捉有传播价值的内容并不是一件容易的事,尤其是记者要在第一时间判断这条线索是不是典型的、有新闻价值的、真实的事实,这是新闻采访的基本任务,也是记者的基本能力。

新闻采访线索有两大特点,一是采访线索的表现形式是零碎的、不具体的,它往往没有细节、过程,更多的是片段的或碎片化的信息,甚至可能是一条语音、一封信、一次闲聊。2017年,临汾日报社的记者高秀云在山西省临汾市区五一路平阳路口看到,一名交警正在东北角的路边和几个人交谈着,身边还有几个人趴在电动车上写着什么。走上前一看,只见这几个人一人拿一个本,在上面反复写着"红灯停 绿灯行",他们在干什么?经仔细询问才知道,这几个人闯了红灯,交警惩罚他们每人写"红灯停 绿灯行"100遍,而受惩罚的人也都很配合,并无任何抵触情绪,这种做法让高秀云眼前一亮。长期以来,行人和电动车、自行车闯红灯是交通整治中的老大难问题,而冷冰冰的经济处罚,不仅收不到应有的效果,还加剧了警民矛盾。这种做法,既起到了教育作用,也缓和了紧张关系。此后,经观察采访,写出了题为《闯红灯 罚写字 临汾交通整治有绝招》的消息,一经刊发,在网络上引起轰动效应,尤其被央视新闻微博转发后,点击量曾一度达4500多万。中央电视台《东方时空》栏目也对此事进行了报道。一时间,修改和完善交通法规成为当时的热门话题。[1]

新闻采访线索的第二个特点是新闻线索更多地表现为一种信号,是记者去沿此寻找新闻事实的端绪,线索不等于事实,更要区别于事实。事实是什么呢?事实是判断新闻线索的过程中需要确认的最基本、最重要的要素。新闻的采访与写作过程实际上就是发现事实—了解事实—选择事实—核实事实—体验事实—追踪事实—报道事实的过程,[2]所以采访的出发点是事实,归宿点也是事实。这里的事实不是宽泛的随意的,而是有新闻价值的事实,是典型的足以说明一定问题的,发现一定规律的或是解决一定困难的,这样的事实才值得传播并在传播后产生一定效果。所以说,不能简单地将新闻线索理解为新闻事实,或者说新闻线索不等于新闻事实,有些线索存在的形式比较简略、短暂、模糊、笼统,一般只能反映新闻事实的某些现象或迹象,有时甚至是假象,但它对新闻事实起着指引的作用,而记者则要睁开自己的"火眼金睛"根据这个指引去主动地发现和发掘新闻事实,不能被动地跟着线索闭眼前进,更不能刚看到线索的表面就急于拍板定性。

2000年12月6日,《南国早报》在头版刊发了一个图片新闻,题为《"熊熊燃烧"的饼干》,说明如下。

---

[1] 高秀云. 处处留心皆新闻[N]. 中国新闻出版广电报,2017-11-14.
[2] 艾丰. 新闻采访方法论[M]. 北京:人民日报出版社,2020.

图中"烧"得很旺的并非什么易燃物，而是人们食用的奶盐苏打饼干。昨天晚上，南宁市的粟先生在记者的面前，将当天中午从某一超市买来的，包装袋上标有广东某公司生产的饼干用打火机一点，便很快着火。火焰越烧越旺，并冒出浓浓的黑烟，发出一股难闻的怪味，还滴下似"油"的液体。一会儿，两片饼干烧成了如炭的焦烬。目前，南宁防疫站检验所的工作人员对此也非常感兴趣，已将此饼干拿去化验。

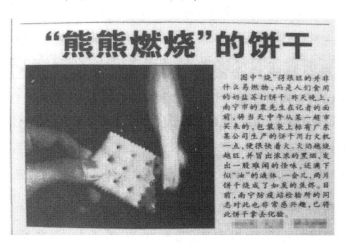

记者在原文中还认为，这个能着火燃烧的饼干有问题，是"有毒饼干"，好在这个"结论"被夜班编辑删掉了。有关部门接到记者"举报"后很负责，表示要化验，当然最后也没验出什么结果。这个图片新闻见报当天，编前会评报时，总编辑认为饼干点燃冒黑烟是很正常的事，这是记者少见多怪。恰巧，当时照排的工作人员正在吃饼干，遂拿了半块饼干在编前会上点火试验，结果那块饼干着火并冒出了黑烟。饼干是面粉做的，可以点燃；饼干内含油脂，冒黑烟也就不稀奇了。当场试验果真如此。记者少见多怪，还以为是"毒饼干"，更是耸人听闻了。试验结果并不说明那块饼干一定没问题，但至少不能只凭它能点燃冒烟等就武断地说是"毒饼干"。后来还有一篇《花生泡水呈现红色》的稿件，记者认为这种能泡出"红水"的花生是"毒花生"。事实上，红衣花生米泡水一段时间，水会呈红色。这些本是常识，而一些记者社会阅历少，农科知识有限，将之当成了"新闻"。[①]

今天的社会群众更加关注食品安全问题，所以类似于这样的新闻在今天也屡见不鲜，充斥在互联网的各个角落，比如用水泡了某种食材发现掉色，又比如像案例中提到的那样拿火烧发现其发黑有烟的，如果记者没有拿去有关部门送检，而是流于表面就直接根据自己的经验断定其有毒进而发稿评论，未免太不负责任。当然，不是说这样常识性的线索以后就要抛弃或者不重视，在这则案例发生后不久，广州市场上就出现了表面喷石蜡的"毒饼干"，而质检人员正是通过观察饼干点燃后的燃烧状态发现端倪的。可见，记者要认真对待身边出现的每一条新闻线索，即使类似的线索信息可能已经出现过。

二、新闻采访线索的来源

好的记者往往能从已有的新闻采访线索中充分挖掘出对自己有用的信息，对于得到

---

① 李启瑞.我们错了[M].北京:商务印书馆,2011:19-20.

肯定的有挖掘价值的线索,记者应把握机会多角度和多形式地深入挖掘,要在掌握事实解开真相的同时,呈现新闻价值;而对于采访中不能认定的线索,记者也不要轻易放弃,可以换一种角度试试逆向思考,能不能做出纠错型的报道。无论选择从哪一个角度进行新闻写作,这一切的基础都在于记者先要找寻到这个合适的线索。美国新闻学家梅尔文·门彻在其所著的《新闻报道与写作》一书中强调:"消息(即信息)来源是记者生命的血液。"没有通过消息来源得来情况,记者就无法活动。由此可见新闻线索对于记者的重要性,寻找新闻线索是记者实施采访的基本出发点。那么,如何获得新闻线索,又有哪些共性的渠道可供记者找寻新闻线索呢?其实只要记者足够敏感、细心就能够从很多方向发现采访线索,比如国家和政府的文件,决议指示行动和领导人的讲话,各种会议工作简报,社会举报及群众反映,记者的耳闻目睹,记者的信息网络或者是其他媒体的报道和相关信息,甚至是有奖征集的新闻线索都可以成为记者的线索来源。以下是归纳的几个典型渠道。

(一)政务渠道

党和政府的重要文件,包括决定、决议等。记者不仅要了解党和政府的决定、决议,还要学习和宣传党的路线、方针、政策,并重视这一消息来源。时刻关注国家和政府文件及党的政策方针可以使记者充分了解当前的政治经济形势、政策动向和发展方向,以及短期内各部门工作的开展情况,等等,这些都是重要的时政新闻的主要来源渠道。经常能看到的"记者从××局/厅/委处获悉"这类的新闻,其材料基本是从政务渠道获取的。除此之外,也有将此类材料做"引"去找寻身边的非常规现象,以文件线索为基,以调查事实为本进行报道,深挖社会问题。

例如,《人民日报》的记者根据《政府工作报告》中提到的以先进模范人物为线索进行采访,写出了一系列深刻精彩的人物专访。

再如,获评第三十届(2019年度)中国新闻奖文字消息三等奖,来自《长江日报》的新闻作品《96家院士专家工作站被摘牌》的选题线索的基础就来自2019年6月中共中央办公厅、国务院办公厅印发的《关于进一步弘扬科学家精神加强作风和学风建设的意见》,其中明确:每名未退休院士受聘的院士工作站不超过1个、退休院士不超过3个,院士在每家工作站全职工作时间每年不少于三个月。扫码查看《96家院士专家工作站被摘牌》全文。

96家院士专家工作站被摘牌

当时的记者身边也恰巧有院士专家工作站的信息线索,那么结合中办、国办的上述要求,到底在现实情况中如何呢?2019年7月,《长江日报》刊发报道披露一院士不到两年建89家院士工作站。此后,记者对规范院士工作站建设情况进行了持续跟踪,最终完成了这样一篇高质量、高价值的新闻报道。在这篇新闻作品的中国新闻奖推荐表中其推荐理由这样写道:这是一篇体现坚决做到"两个维护"、反映党中央决策部署落地生根的典型报道,体现了鲜明的政治方向、舆论导向和价值取向。湖北一年注销96家院士专家工作站,是新闻发现而非官方信息发布。稿件采访全面、材料翔实、逻辑清晰、写作干净、传播效果好,在全国形成了良好的示范效应,生动阐释了主流媒体的传播力、引导力、影响力、公信力和新闻工作者的"四力"。①

---

① http://www.zgjx.cn/2020-10/23/c_139458462.htm.

(二) 会议渠道

关于各种重要会议,工作简报,如政府会议、行业会议、学术会议、企业会议等。记者平时需要参加的各种类型会议,特别是一些关系党和国家全局工作的重要会议以及关乎百姓民生的重要会议。由于记者的特殊身份"参会"早已成了记者的日常工作之一,但是时间一长很多记者就疏于从会议中寻找采访线索,不愿再去深挖和探索,而是所有的会议有关的新闻都成了一个模板一个套路。实际上,一些重要会议往往关注政治、经济、文化、社会的方方面面,里面也包含了许多有意义的新闻线索亟待记者去观察和发现,比如会议本身的召开及开闭幕讨论话题的整体性和基本情况;会议中与民众密切相关的部分重要内容;会议各方面的差异之处;会议程序之外的公众兴趣点等。记者在参会的过程中不仅要关注会议内容本身,还要关注会议主办者、参与者、发言人、会议地点甚至是会议现场的布置,以及会议的程序、流程等各个方面有什么不同寻常之处,记者如果能够找到其中的不同之处,就可以此为基点探讨一些更为深刻的社会话题。

在第十四届(2003年度)中国新闻奖评选中,获三等奖的消息《武汉为困难户开辟六百空调纳凉点》是比较特别的一篇:把工作报道写活了,而且写出了现场感。看惯了"八股文"般的工作报道,这篇报道能把工作报道写得很鲜活,实属难能可贵。

整个采编过程并不复杂:2003年武汉逢酷暑,市政府召集各职能部门,研究应对之策,出台保水保电等近10条措施。讨论中,时任市长李宪生有几句话引起《长江日报》记者的关注。市长要求民政部门研究一下,能不能在社区开辟一些纳凉的地方,解决家里没有空调的一些困难群众的避暑难题,"在武汉绝不允许热死人"。当晚,与会记者即追踪纳凉点的准备进展,以便做到心中有数。编辑部接到记者和部门汇报后及时策划。次日,《长江日报》5位记者分头走访三镇最早一批开启的纳凉点,写成具有现场感和纵深感的独家新闻。从这篇稿件的采编过程中可得知,其出炉经历了几个环节:一是信息来自市政府召集各职能部门研究高温的应对之策的专题会上;二是记者敏锐地捕捉到了要为市民开辟纳凉点的信息;三是编辑部对部门反馈的信息及时进行了策划;四是记者次日到武汉三镇进行了实地探访;五是结合记者探访与政府的应对之策及时推出了消息。

此稿带来的启示是:即便是工作报道也可以不那么"八股文",关键在于愿不愿、能不能。这既与媒体的追求有关,也与社会风气和上级领导的胸怀、态度等有关。①

从会议中挖掘线索的另一个非常经典的案例是第二十三届(2012年度)中国新闻奖评选中的文字消息一等奖《7常委参观〈复兴之路〉出行不封路》,当时的发稿人时任《长江日报》的编辑郑萌对一稿的采编经过有较为详细的介绍,其中作为会议代表听会的长江日报社总编辑陈光对新闻价值的把握和对新闻的高度敏感性非常值得大家学习。

2012年11月8日至14日,党的十八大在京召开。之后,全国媒体迅速展开了学习宣传贯彻落实十八大精神的报道。当年12月3日,武汉市举办为期3天的"全市学习贯彻十八大精神专题研讨班"活动,市属新闻媒体均派出骨干记者、拿出较大的版面规模连续报道。那时作为《长江日报》党政新闻部主任,我每天安排五六名记者听会,自己也基本上天

---

① 朱建华,郑良中.好新闻的样子——中国新闻奖作品赏析[M].北京:人民日报出版社,2021:10-12.

天去会场。第二天下午,研讨班临时安排了一项内容,请十八大报告起草组成员、中央宣讲团成员、中共中央党史研究室主任欧阳淞作辅导报告。就在前一天,欧阳淞调研了武汉市的百步亭社区,与基层干部群众交流学习十八大精神的体会和感受,媒体已作报道;当天上午,欧阳淞在省里作十八大精神辅导报告。也就是说,4日下午的报告,是欧阳淞在武汉期间的第三次宣讲活动、第二场辅导报告。因此,大多数媒体记者根据经验预判,这场报告会只是一次重复,不会有多大新闻价值。两天来的大体量报道让记者们有些疲劳了,于是当天中午,我带着其他记者返回报社整理上午的稿子,仅留下记者瞿凌云盯下午的报告会。其他媒体大都作了类似"兵力部署"。然而几乎没人想到的是,就在这场已讲过几遍、看似新闻价值已被"榨干"的报告会上,隐藏着一条重要新闻线索。

在众多媒体和记者都比较松懈的时候,作为会议代表听会的长江日报社总编辑陈光却保持了一贯的专注和新闻敏感。欧阳淞讲到,11月29日习近平等7常委参观《复兴之路》展览时,比预计的时间晚了一些,原因是沿途没封路,和社会车辆一起走的。这个颇有意味的情节触动了陈光,他意识到其中可能蕴藏着重要的政治信息和极大的新闻价值,开始思考如何将之转化为新闻。5日,全国各媒体将"中央政治局出台八项规定"的消息作为头条新闻刊发,产生了广泛的社会关注,其中"不清场、不封路"的规定尤其引人注目。"八项规定"激活了欧阳淞报告会上的线索。当天,在讨论室里"头脑风暴"收官报道时,陈光提出了前一天欧阳淞作辅导报告时披露的"7常委参观《复兴之路》展览出行不封路"的事情,认为中央领导身体力行"八项规定"走在了前面,体现出改进作风的决心和注重行动的务实举措,要求迅速采访、进一步核实,"值得好好做一做"。

我领到任务马上找来瞿凌云,研究怎样做好这个报道。报社党政记者有个好习惯,会议、采访等均用录音笔录音。瞿凌云在欧阳淞的讲话录音中找到了"不封路"那一段,认真听了几遍后转化成文字资料备用。随后,瞿凌云和报社驻京记者柯立,又对报道中涉及的内容进行补充采访,多方核实,并反复学习了"八项规定"的内容。稿件涉及重大政治主题,涉及中央最高层领导,如何把握,必须慎之又慎。最终,反复斟酌、推敲成稿。6日,《长江日报》刊发《7常委参观〈复兴之路〉出行不封路》的新闻,紧扣"八项规定",传递出新一届中央领导集体倡导政治新气象的重要信号。这篇仅650字的消息"一石激起千层浪",国内外舆论反响强烈。①

7常委参观《复兴之路》出行不封路

(三)群众渠道

新闻线索从群众中来,从实际中来,从生活中来。从纸媒时代起,重视读者来稿来信就一直是我们党新闻事业的优良传统。社会举报及群众反映也是新闻记者获取线索的重要渠道之一,越是群众信任的媒体,线索来源就会越丰富。除了较为原始的读者来信、来电渠道,今天绝大部分媒体更多是通过互联网平台和社交媒体平台渠道获取群众线索的。比如官方微博、微信公众号、视频号、官方邮件等,由于网络信息的灵活、广泛、海量等特点,也使其成为大多数媒体新闻线索的主要来源。与此同时,渠道多了,信息也复杂了,尤

---

① 朱建华,郑良中.好新闻的样子——中国新闻奖作品赏析[M].北京:人民日报出版社,2021:53-55.

其是很多报料人更倾向于通过网络匿名投诉或举报,使记者明辨真伪的难度加大,这些社会举报及群众反映,可能出于不同的目的,有些是热心市民的公益之举,有些也可能出于与他者利益冲突或者寻求方法解决自身问题。但记者需要注意的是不管其举报与反映的动机为何,只要能够证实其提供的线索所指向的新闻事实真实可信,并具备足够的传播价值,就都可将其纳入自己采访报道的线索集,进一步做后续的调查分析。

群众选择主动找记者解决问题从根本上是出于对记者的信任,相信记者会站在群众的角度帮助他们解决问题,无论记者处于哪个媒体哪个位置都要记住这份信任是最难得的,不能辜负。黑龙江日报报业集团《生活报》的"王帮办"栏目就是一个好例子。2003年6月,王帮办(王海臣)热线专栏正式开通,热线24小时全天服务专为老百姓办实事,解民忧,开通第一天就打进了40多个电话。时任《生活报》记者的王海臣对每一个热线都认真记录,重视回答老百姓的每一个问题,光是记录热线线索的本子就有20多个,在热心帮助弱势群体的同时积极开展社会捐助、扶贫济困等公益活动,切切实实为群众解决实际问题,也正是这样的诚心实意为人民服务的精神让老百姓发自内心地感叹:有难事儿,找王帮办!试问,这样的记者会缺少新闻线索吗?老百姓把重要线索透漏给记者就是寄希望于记者,只有记者敢于调查勇于报道才能使群众这条线索渠道进入良性循环,在这种良性循环下记者获取独家新闻的概率就会大大增加。

时任新华社浙江分社记者的慎海雄就曾在接到群众举报电话时听到对方这样一句话:"我知道你是一个正直的人,我觉得这件事你该管。"

1995年的一天,慎海雄接到一个陌生的电话。这一天其实和别的日子没有任何区别。杭州的阳光下,西湖的一潭碧水一如平常闪耀着金光,湖畔有人在飘拂的垂柳下怡然自得地享受着江南的美景。人们说,太阳底下无新事,在接到这个电话之前,慎海雄也没有察觉到这天有什么异样,他根本没想到,这个电话之后会发生那么多故事,会改变那么多人的命运。

电话里传来的是一个陌生女士的声音,她说话的声音很轻,每说一句话就会停顿一会儿,似乎有什么顾忌,需要经过深思熟虑之后才能说出口。陌生女士小心翼翼地问了一句:"你是慎海雄吗?"慎海雄礼貌地回答她说是。这时,他听见电话里传出一声轻微的喘息,似乎那个陌生的女士在听到慎海雄肯定的回答之后,获得了极大的安慰。他感觉到,那位女同志的声音忽然变得轻快了很多,她开始稍微放松地讲述起来。

"我知道你是一个正直的人,我觉得这件事你该管。"陌生女士说。她向慎海雄讲了一件骇人听闻的事,当地的某家血液制品公司为了牟取暴利,赚黑心钱,竟然大量生产、销售带有丙型肝炎病毒的血液制品。一般的人可能由于一生都未必会接触到血液制品,从而不太了解这件事情其中的危害,慎海雄起初也是这样,但作为一个到处奔走、对各种信息都高度敏感的记者,他对丙型肝炎的危害还是早有耳闻的,他知道这种传染性疾病很难治愈。放下电话,慎海雄就开始收集有关血液制品的资料,不看不知道,一番查找之后,慎海雄倒吸了一口凉气。他发现,如果任由这家血液制品公司如此肆虐,那么将有很多患者受害,并且是在不知不觉中与疾病发生了亲密接触。

资料来源:叶成群.记者档案之聚焦新闻大事件[M].北京:中国青年出版社,2005:45.

(四)社交渠道

记者都是社会活动家,没有哪个优秀的记者是单打独斗出来的。记者要在日常生活中与各界人士建立广泛的联系,朋友多、耳朵灵、网点全、信息快,新闻采访线索就永远不会枯竭。在一些重要的新闻生产地如法院、公安、检察机关、企事业单位的宣传部门等,记者要积极主动地去建立自己的信息网络,以便在事实发生时能够第一时间得到线索。一个人接触的生活面总是有限的,而其亲友受众则遍布社会的各个角落并且他们直接参与社会生活。在2005年度中国新闻奖评选中,来自《武汉晚报》荣获二等奖的消息《3000小考生"妖魔化"妈妈》就是记者在饭桌闲聊时获得的线索,当时湖北地区最有影响的"楚才杯"作文比赛中,很多孩子把为他们培优的妈妈塑造成"母老虎""河东狮"的形象,记者了解到大致情况后敏锐地发现这不是个例,而是一个引人深思的社会问题,遂据此成文展开报道。这也恰如其分地证明了媒体不仅是传播者,还是社会行动者;记者不仅是报道者,还是社会活动家。①

与以往不同的是,技术的发展和网络平台的开放让人人都有机会成为"公民记者"。越来越多的新闻事件当事人和见证者会选择直接在网络上自行发布相关信息和事态进程。对于记者来说,登录了社交平台就相当于一只脚直接迈进了线索池,但是记者必须重视对信息的甄别和筛选,要针对细节问题研究再研究,核实再核实,切不可盲目懒惰,以防由错误的线索导致虚假新闻的产生,从而丧失公信力。如果记者能够静下心,稳住气,在网络上发现有价值的新闻线索的第一时间就去调查核实,采集第一手资料,也定能做出精彩的报道。

《中国青年报》2016年所报道的《大学女教师患癌被开除事件调查》,其线索就是来自当事人的微博平台。2016年8月中旬,一位患癌女教师的微博引起了记者的注意。主人公是兰州交通大学博文学院教师刘伶利,在微博上,刘伶利表达了生命凋谢时的挣扎和对境遇不公的哀叹。记者第一时间关注此事并得知,刘伶利在三天前已去世,遂两次前往家中采访其父母,经允许,独家查看了刘伶利生前的微信、微博信息。进一步采访了解到,2014年,刘伶利患病期间,兰州交通大学博文学院停发了她的工资,后又停缴了医疗保险。2015年1月,得知刘伶利身患癌症,该校决定以旷工为名开除刘伶利,这让这位重病中的女教师陷入绝境。扫码查看《大学女教师患癌被开除事件调查》全文。

大学女教师患癌被开除事件调查

初步了解情况后,记者不仅查阅了相关的法律文书,还到其就医处查验了就医发票并进行了相关线索的调查采访。记者在采访完之后,第一时间把相关报道发回后方,《中国青年报》官方网站即时刊出图文报道,第二天《中国青年报》特别报道版重磅推出,同时微信和微博也一并跟进报道,很快引发舆论关注。之后,记者又推进采写了《年轻人患病"丢饭碗"该如何维权》,就年轻人如何面对类似情况采访了相关领域专家,进一步挖掘了此事件的社会效应。②

同是《中国青年报》,其于2011年发表的《宋江明求职验血记》反映了当时受到社会各

---

① 潘堂林.新闻点子捕捉与把握——融媒时代新闻发现新论[M].武汉:华中科技大学出版社,2021:56-65.
② http://www.xinhuanet.com/zgjx/2017-06/16/c_136370171.htm.

界广泛关注的"山西长治公考第一名遭拒事件",其线索是当时的特别报道部编辑张凌在网上发现并关注。

2011年10月下旬起,当事人宋江明在凯迪、天涯等网络论坛上发帖,讲述自己公务员笔试、面试第一,但仍被拒录的遭遇。记者来扬在了解到线索的当天下午就拨打了帖子上留下的联系电话,找到了当事人宋江明。他当时正在前往成都的火车上,参加当月末举行的四川省公务员考录笔试。于是,记者先让宋江明把反映情况的材料通过电子邮件的方式发给编辑部。需要说明的是,宋江明发来的材料非常翔实,既有他多次验血的化验单照片等直接证据,也有他整理的参加考录的全过程记录(包括笔试、资格审查、面试、体检、政审等环节的公告),还有他申诉时申请政府信息公开的网页截屏——这些材料可以基本作证宋江明反映的情况的真实性。(扫码查看全文)

宋江明求职验血记

资料来源:来扬.《宋江明求职验血记》见报记[J].青年记者,2012(3):18-19.

第二节 新闻记者的职业素养与职业要求

约瑟夫·普利策曾说:"假若一个国家是一条航行在大海上的船,新闻记者就是船头上的瞭望者。他要在一望无际的海面上观察一切,审视海上的不测风云和浅滩暗礁,及时地发出警告。"由此可以看出新闻记者的职责与要求。

一、新闻记者的职业素养

新闻记者作为一个兼具公共属性、服务属性为专业属性的职业,其职责的核心在于披露真相,这就意味着记者要形成区别于其他职业的更强大的责任感和使命感。也因其职业的特殊性,要求记者能够及时敏锐地发现社会和时局的变化,与社会生活和人民群众保持十分广泛的联系。新闻采访对于新闻记者的工作来说意义重大,既是新闻记者的基本职业技能,又是基础工作内容。所谓"七分采,三分写",就是说新闻报道的好坏很大一部分是由采访质量决定的。在新闻实践中,记者采访时的职业状态及自身的职业素养是决定采访成功与否的关键所在。

新闻采访的目的是通过事实正确地认识客观世界,并以呈现真实的客观世界为结果。但在新闻实践中记者求真的过程往往是复杂多变的,这就要求新闻记者时刻谨记职业素养的内容与标准,并按要求进行新闻采访活动。

实际上新闻采访的各个环节都体现了对新闻记者职业素养的高标准和严要求。比如,在采访的前期准备工作中,新闻记者需要从事实出发,精心策划选题、收集丰富的材料、深入了解背景,以确保之后采访工作的质量和效率,这些工作内容都需要记者具备扎实的专业知识素养。同时,新闻记者在采访活动中还需要具备敏锐的政治素养,时刻关注党的政策方向和国家发展战略,准确把握新闻事件的政治背景和社会意义,从而做出正确的新闻选择,发挥舆论导向和指导工作的作用。此外,在采访过程中,新闻记者不仅需要发挥其调查研究的专业能力,全面了解和掌握新闻采访对象的情况,还要发挥其社会交往和活动的能力,以最恰当的方式快速拉近与采访对象的距离,这对于准确提问、深挖素材以及避免敏感话题具有重要意义。

记者采访的对象广泛,从各界名流到平民百姓都在采访的范围之内,与采访对象交流的过程更能直接反映出记者的知识、素养、认知及其他能力,因此在新闻实践中,对记者的要求也非常严格,记者应从自身出发加强自律,全心全意为人民服务,坚持正确的舆论导向,遵守宪法、法律和纪律,维护新闻的真实性,保持清正廉洁的作风,发扬团结协作的精神。[1] 总的来说,在新闻采访中记者应具备以下的职业素养。

(1)政治素养。新闻工作者坚持正确的政治方向,必须坚持党性原则,要讲党性,讲政治,保持高度的政治坚定性和政治洞察力,把政治责任放在首位[2]。

(2)思想素养。不唯上、不唯书、只唯实,把做坚定的唯物主义者、坚持实事求是的思想路线作为根本的思想修养。

(3)心理素养。有勇气、有底气、有骨气、时刻警觉、处事冷静。要有"打破砂锅问到底"、百折不挠迎难而上的精神;同时还要学会自我疏导,充满希望,时刻充满活力和创造力,能够闻风而动,趁机而入,稳住心态,抓住一切可能的时机,通过诚恳、热情、执着和不懈的努力为自己的采访活动争取有利条件。

(4)法制观念和职业道德素养。中国新闻工作者职业道德要求:全心全意为人民服务;坚持正确舆论导向;坚持新闻真实性原则;发扬优良作风;坚持改进创新;遵守法律纪律。[3]

(5)业务能力素养。政治判断力;新闻敏感性;社会交往与活动能力;调查研究能力;文字表达能力;媒介素养和互联网感知力,以及身体素质和环境适应能力。

二、新闻记者的职业要求

随着媒介技术的支撑和信息成本的降低,以及媒体融合的深入推进,新闻的生产方式已然发生了翻天覆地的变化,从单一的新闻采写转向多媒体制作、平台化生产、预测性新闻、多渠道传播也使得全媒体新闻时代无论是从职业状态上还是从职业素养上都对记者提出了全新的要求。

(一)树立受众意识

传统的新闻报道以传播者为中心,在新闻制作中对受众的需求考虑不足,但数字媒体的兴起和发展让受众在新闻生产中的作用越来越明显。在全媒体时代,受众能够主动地、多渠道地获取新闻,并且对信息质量的要求也在逐步提高。因此,记者在新闻实践活动中应树立强烈的受众意识,准确把握受众的信息需求。尤其是在采访过程中,记者要能够摸

---

[1] http://www.xinhuanet.com/politics/2019-12/15/c_1125348618.htm.
[2] http://www.zgjx.cn/2020-04/08/c_138957097.htm.
[3] http://www.xinhuanet.com/politics/2019-12/15/c_1125348618.htm.

清受众的所思所想,清楚受众想要什么,进而明确采访的脉络。

传播环境的变化引发传播模式的变化。从论坛、博客到"两微一抖",从 PC 端到移动端,这些社交媒体平台极大地增加了受众的话语权,使受众能够主动地关心、表达以及分享,这也改变了受众在原有新闻传播模式中的被动地位,使双方的地位趋于平等。在传播环境快速变化的背景下,媒体想要吸引和留住受众,现在比以往任何时候都更需要树立强烈的受众意识,全心全意为受众着想,真正了解受众的新需求,熟悉受众新的接收习惯,通过各种渠道采集和提供形式丰富、内容优质的新闻产品。

全媒体时代,立体传播成为主流传播方式,社会化媒体的兴起使得时效性和独家报道已经不再成为新闻媒体的核心优势,新闻媒体必须更多地在新闻报道的广度和深度上下功夫,增强报道的系统性和全面性。① 这对记者在新闻采访活动中的能力提出了新的要求。当记者面对一个线索想要进一步采访调查时,要先做到心中有数,哪些信息是受众已经知晓的?通过何种渠道知晓的或者知晓的程度如何?哪些信息是目前网络环境上空白的且受众急需、迫切想要知晓的?受众接触媒介的习惯和方式千差万别,记者在采访前要比任何时候更认真地去了解受众以及他们的特征、兴趣、喜好和阅读习惯等,全方位地搜集有价值的信息,不能按着老路子走下去,忽略社交网络信息的收集,记者反倒不如受众知道的"内幕"多,这样发出的报道必然会"闹笑话"。

(二)完善知识结构

不断地补充和完善不同领域的相关知识也是准备的重要方面。记者面向广阔的社会,对自身的知识要力求广博。这样,才能在不同领域、不同要求的采访中扩大视野,便于同各种职业的采访对象接触和深谈。面对要进行报道的新事物、新问题,记者必须不断积累知识,完善自己的知识结构。

首先,记者应该是一个杂家。就像范长江先生所说:"新闻记者要有广博的知识,丰富的思想,广阔的活动天地,在知识层面,至少常识要丰富,无论国际国内上下古今的问题,虽然不能无所不知,但是一个记者无论如何要对非常广泛的学科知道一些简单的概念。至少能对许多问题,谈起来要能找到些门径,不能连几个基本的名词都不懂。因为常识不丰富,一个记者的活动就很难展开,这可以说是经验之谈。"② 中国人民大学的陈力丹教授也曾强调记者应该避免出现"常识性笑话",有的记者就因为缺乏常识,把光绪年号看成道光年号,造成82岁的老人一下变成142岁。有的还把瑞士的首都写成日内瓦(伯尔尼);有的将冰岛写成在北极圈内(在北极圈边缘);有的责问古埃及的史书中为什么没有记载拜占庭的地震(一个在公元前,另一个在公元后);还有的把南朝当成南唐等等。前面提到的案例《"熊熊燃烧"的饼干》就是很值得大家思考的一个例子,如果记者能够多补充一些常识性的知识或许就不会狭隘地认为饼干"有毒"。

其次,记者还应该是个专家。记者在新闻单位工作,很多时候会按照采访的范畴进行分工,就是常说的"跑线记者",有的也叫作"跑口记者",分线的方法主要是按照政府的行业管理而来的,政府有多少个部委办局,记者就要覆盖多少,不能有遗漏。比如常规的有

---

① 马二伟.全媒体新闻报道[M].重庆:西南师范大学出版社,2018:37.
② 范长江.怎样学做新闻记者[J].青年记者,2004(11):15-16.

党政、财经、工交、农林、科教、文体等多个领域,这就要求新闻记者要对自己所负责的部分非常熟悉,而且要深耕专业知识,了解专项政策,只有如此才能够在采访时不出错、不露怯、不慌乱,才能和采访对象有话说。苏联名记者利亚伯契科夫在担负航空、航天方面的报道后,不但学会了跳伞、开飞机,获得飞机驾驶员证,还参加了一些新型飞机和飞船的试验飞行,称得上是飞行家、航空家。这位记者不但采写了大量有关宇航事业的独家新闻,而且创作了《北极上空的火焰》《跟踪追击的能手》《神秘的大地》《宇宙飞船驾驶员》等著作。他还是宇宙航行电影史诗的作者,并创作了一系列的电影剧本等。[1] 当然,不是要求所有的记者都要像利亚伯契科夫一样,但是至少要能在采访中和专业领域的对象有一定广度和深度的沟通。比如采访经济专家,但对国民经济重要数据指标知之甚少,对国家出台的各项经济政策一知半解,这样提出的问题也只能是浮于表面的套路模板问题,根本无法和采访对象进行针对性的探讨和深入的交流,更难写出精彩深刻的报道。

最后,记者还应具备一定的法律、法规知识。记者所进行的新闻采访活动必须是在宪法和法律范围内的活动,法律、法规知识对于新闻记者来说十分重要。首先,它可以帮助新闻记者对新闻事物做出正确的判断,采访的事物、流程、结果是否合法,哪个方面不合法,为什么不合法。知法懂法可以让记者在新闻实践活动中减少很多麻烦,有理有据的采访和报道也能够让记者的新闻实践活动更加顺利;其次,新闻工作者的职业特点还要求其兼具一定的普法责任,如果记者对相应的法律法规知识有所欠缺或者直接在报道中出错,非但未普法反倒闹笑话,就会逐渐丧失在群众心中的公信力。

记者面对的是千万的采访对象和千万的受众,其采访过程也是一个以不变应万变的过程。记者只有完善自身的知识结构,见多识广,才能视野开阔,才会有更多的机会触发新闻敏感。可以说,记者只有博学多识、知识丰富,有了认识客观事物的基础,才能适应新闻采访的职业要求。扫码查看《〈今日聚焦〉专家型记者的养成》全文。

《今日聚焦》专家型记者的养成

(三)学习前沿技术

数据已经成了今天社会生活中不可或缺的一部分,数据新闻产生的同时也革新了传统新闻生产的方式,从基础的采编工作到基于数据的抓取、挖掘、统计、分析和可视化呈现的新型新闻报道方式。记者要紧跟时代变化,学习前沿技术,积极接受新方式、新形式、新理念和新方法,要养成勇于探索、终身学习的良好习惯。

大数据时代的记者最重要的是能跟得上科技的进步,打破传统记者一支笔加一张纸的刻板印象,今天的记者采编过程可以说是科技满满、精彩纷呈。例如,在最基本的信息数据采集环节,记者就可以利用传感器收集数据或者直接从政府公开的数据中获得数据内容,加以分析后进行报道。除此之外,还可以帮助测量用户对某一类报道的具体反映,甚至可以将数据直接生成可视化新闻作品。另有专业的新闻媒体机构运用新技术实现新闻的"全民参与",利用自行设计的简易传感器搭建在线数据分享平台,发动参与者共同协作来采集和报道数据,将社交媒体时代兴起的新闻生产"众包"机制引向深入。

众包新闻利用大众的传感器搜集数据,最成功的作品就是纽约公共广播电台的"蝉声

---

[1] 格·萨加尔.苏联名记者写作经验谈[M].徐耀魁,段心强,于宁,译.北京:新华出版社,1983:165-179.

第四章 全媒体新闻采访的中期活动

追踪"项目。该台发现美国东北沿海地区每隔 17 年就会有一种蝉的幼虫爬出地面,雄虫为了吸引雌虫交配就会发出独特的声音。纽约公共广播电台策划做这样一期节目,发动广大市民利用自制的传感器在自家周围环境里监测雄虫的声音,并将制作简易传感器的步骤公之于众,甚至免费提供传感器装置(图 4-1~图 4-3)。这期众包新闻吸引了大量市民参与,而大量回收的反馈报告又显示了市民的私人场景内容,众包新闻就这样较好地将公共场景与私人场景融合在一起。①

图 4-1 "蝉声追踪"项目介绍

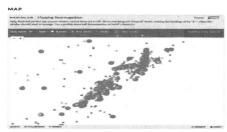

图 4-2 "蝉声追踪"项目通过参与者
提供的数据绘制的蝉声地图

图 4-3 "蝉声追踪"项目参与者
数据提交通道

在全媒体新闻报道中,记者的采访装备全面升级,采写装备数字化必然对记者综合采访技能提出更高的要求,熟练运用各种传播工具和媒介技术进行信息采集和发布,掌握多项传播技能不仅是全媒体时代记者工作添加的新内容,也是科技进步对记者的新要求。

第三节 新闻采访的一般方法

新闻采访的方式与方法是记者为完成采集新闻任务所采取的手段及其表现出来的形式,是随着新闻采访实践活动的发展而发展的。新闻采访的方式方法多种多样,常见的有访问、现场观察、体验式采访以及隐性采访等。同时,随着媒介技术的发展,越来越多的新

---

① 赵冬梅,陈鹏. 传感器技术在不同"场景"下的新闻形态[J]. 传媒观察,2019(3):25-30.

媒介技术也被应用到记者的采访活动中,发展出了全新的采访与编辑形式。

一、访问

访问就是有目的地去探访他人并和他谈话,是一种特殊的社会交往活动。在新闻实践活动中,访问是记者采访过程中一个最基本的环节,即记者通过与被访问者的谈话,向客观事物进行调查研究的一种重要方式。有些人认为访问就是谈话,那就大错特错了,谈话可以是漫无目的的,但是访问至少要带着采访者想要什么、受众想要什么以及被访问者能给出什么这三个角度去进行。那么,如何能做好访问呢?首先要满足以下几个条件。

(一)访问对象

只有采访对象选得对、选得好,才能获得最佳的采访效果,选择不同的人访问就能获得不同角度的材料,所以选择采访对象不仅要选对,还要选全。那么哪些是最合适的访问对象呢?首先,可以选择掌握总体情况的人,跟采访的事实有直接关系的当事人,事件直接的参与者或目击者,又或是最了解某个方面某个角度的人。这样记者更容易获得第一手材料,也更容易证实新闻线索的真伪。其次,可以选择事实的一般参与者、知情者和与新闻事件有利害关系的人,找到这些人采访则可以进一步印证掌握总体情况的人所阐述的内容是否属实全面,更重要的是通过访问他们可以了解到更多新闻的细节。最后,可以选择事件的外围人物,旁观者、听过路过的人。这些对象往往和事实本身没有什么直接的利害关系,他们给出的信息材料往往能从多个角度印证事实,并且相对客观。

可见,选择访问对象也是一门功课,需要记者在掌握线索后审慎选择,有时记者会觉得有些新闻线索本身就提供了访问对象和访问方向,还需要再去做选择吗?当然需要,这种情况下不仅要采访本人,还要采访和当事人有关的其他人,不听一家之言才能有大量的材料去做有公信力的报道。2005年2月,《南国早报》刊登了一篇题为《法院判决难敌算命先生——这段恩怨何时了》的文章,讲述了两家邻居变仇家最后闹到法院的故事,文章最后还写道:"记者了解到,罗某(当事人之一)最近仍在那堵墙上对着罗某某(另一当事人)的后门放置香炉烧香'咒'他们。"本是个不错的社会新闻,但因记者当时只采访了村民们却并未直接采访当事人罗某,致使自己惹上了新闻官司,最后赔偿了罗某3250元。①

(二)访问时机

新闻采访活动中把握好访问时机同样十分重要,俗话说"来得早不如来得巧",时机抓得好,更有可能凸显新闻价值。例如,前面提到的案例《96家院士工作站被摘牌》就是在中共中央办公厅、国务院办公厅印发《关于进一步弘扬科学家精神加强作风和学风建设的意见》之后,立马在社会上引发了极大的反响,这就是非常好的时机选择。同样的,第二十一届中国新闻奖获奖作品《中纪委文件刚下发 景德镇市邮政局仍顶风违纪 副科级以上干部公款赴日游 第二批出游者计划明日出发》也是把握住了一个非常好的访问时机,因为当年(2010年)的6月,新华社刚刚播发中纪委关于公款旅游的处分条例,这条新闻一经刊发影响甚广,获得了新闻奖的一等奖。

---

① 李启瑞.我们错了[M].北京:商务印书馆,2011:76.

与之相反的,如果记者不能把握好访问的时机,或者在访问之前全然不去考虑访问对象的工作状态、身心情况以及周围环境,就有可能会出现事倍功半的效果,有的甚至直接遭到被访者的拒绝。世界上有日夜活跃在自己岗位上的记者,却少有专门以接受采访为职业的对象。虽然记者都会尽量选择一个最佳的时间与角度进行切入,但也不能保证每位受访者都能够心态良好且高兴从容地接受记者的采访。在"您什么情况下最讨厌记者"这个问题的调查中,一位越剧演员的回答是"身体不好,记者纠缠";一位足球裁判则是要求在赛前半小时或中间十分钟休息时不要打扰,因为他有重要的事情要思考。[1] 可见,访问时机的选择无论是对受访者的状态还是对新闻价值的把握都有着重要的意义。

(三)访问场合

采访活动势必要在一定的场所进行,人是无法脱离环境而独立存在的,所以访问也要根据访问对象和访问内容来选择场所。一般情况下,记者都会选择较为安静的访问场合,避免访问过程中受到打扰,当然对于新闻工作者来讲,还需要考虑采访的背景。访问场合的选择不是记者的特权,因为访问场合往往会直接影响到被访者的情绪和状态,比如被访者是否会紧张、不安,是否会触景生情等。为了保证访问能够顺利流畅地进行,有时也可以考虑让被访者提供选择。例如,鲁豫在一次回忆采访成龙的节目中这样说道:"成龙在香港有三个住处,其中两个住处的地址狗仔队都知道。所以他和我们约的采访地点在他的第三个住处。他的助手在给我们发的传真上特别强调,这个地址一定要保密。我很清楚这是成龙在香港最后一个清静的地方。定的采访时间是在晚上八点钟,成龙说,这样我们就可以在一个不受干扰的环境下自在地畅谈了。的确,我们畅谈了六个小时。"

除了访问对象的因素外,访问情况和访问内容也是选择访问场合的要素,对于电视采访显得尤为重要。比如,记者去访问一位科学家,就要根据不同的情况选择不同的场所。如果是报道这位科学家对目前科技工作的一些新见解,就可以在他的办公室;如果是报道这位科学家在科学研究上新的成就,就应该在他的实验室或者书房;如果要报道这位科学家的业余生活,很明显,在办公室或实验室访问就不合适,而应该到科学家的家里或者科学家喜好的业余活动的场所。总之,合适的访问场合,要根据具体的访问对象、访问的内容和实际条件来决定,同时,还要和访问对象商量,争取得到对方的支持。[2]

(四)访问心理

记者在采访过程中要注意调整好访问的心理状态,消除心理势差,也就是说记者的心理高度要和受访者的心理高度一致。记者的采访对象往往没有定式,但要注意的是不能因为采访对象是高官名流就唯唯诺诺、畏畏缩缩,更不能因为对方是群众百姓就趾高气扬、高高在上。要在沟通中努力寻找与采访对象的心理接触点来拉近彼此的心理距离,调整彼此的心理落差,比如共同点相似处,身高、籍贯、年龄层次等,也可以是双方共同熟知的某个兴趣领域,又或者可以从情绪的角度同情或理解,赞赏或尊重等。

除此之外,采访活动的特性要求记者必须保持正常、健全的心理状态,也就是一种积极的灵敏的状态。记者要迅速排除生活中可能造成的消极影响,尽快恢复到正常状态。

---

[1] 毛用雄.采访对象心理初探[J].新闻大学,1982(4):20-24.
[2] 梁一高.现代新闻采访学教程[M].北京:中国广播电视出版社,2009:198.

特别是某些难度比较大的采访,更应该在心理上准备得充分一些,增强心理上的承受能力和应变能力。比如,采访某些难以接近的人物,观察一些复杂、生疏的场面,奔赴各种灾害或事故现场的采访以及暗访种种违法、犯罪的场所的隐性采访等,都要把可能遇到的困难估计得充分一些,并且要在情感上作些酝酿,以便较快地适应采访的环境,接近采访对象。在意志力上,记者也应当做好吃苦耐劳与克服困难的准备。

2008 年四川汶川大地震,当时奔赴灾区的记者们时刻都面对着极其严峻的挑战和考验。灾区余震不断,难以行走的路上随时都有发生山体滑坡、泥石流的危险,还有不时袭来的暴雨,有的记者甚至几次与死神擦肩而过;灾区到处都是残垣断壁和残砖碎石,到处都是抢救命悬一线的幸存者,还有不时听到的失去亲人的幸存者的哭声……面对如此惊天动地的灾难,如果记者没有无比坚强的意志和心理承受能力,没有吃大苦耐大劳、"压不垮、不低头"的精神,是不可能向全国、全世界发出一篇篇气壮山河、感天动地的报道的。[①]

(五)访问问题

当记者确定好访问对象和主题之后就要开始围绕这个话题中心来设计访问问题,这也是记者能否顺利完成访问和轻松应对突发情况的关键环节之一。美国 CBS(美国哥伦比亚广播公司)王牌电视新闻节目《60 分钟》的记者兼主持人迈克·华莱士就自己的访问问题曾说过这样一段话:"我给自己定了一个规矩,至少在准备 30 个或 40 个扎扎实实的问题以后才去采访。我通常的办法是,在本上先写 100 个问题和我研究琢磨以后想到的一切。然后我就开始分类,例如采访巴列维国王,我就把 100 个问题浓缩成 50 个,分成八九类,如权力腐败、贪污腐化、年龄问题等,等我真刀真枪干的时候,我可能只用到 50 个问题中的一两个。"采访不怕问题多就怕问题少,一旦记者口袋里的问题掏空了,就会出现尴尬的冷场局面。

记者设计访问的问题不仅要数量多,还要类型多、方向多。例如,在谈话中能够起到引导和过渡作用的引导性问题;可以深度反映事物本质的要害问题,也叫实质性问题;值得深挖,需要讨论切磋的探讨性问题,或者用来核实某种情况或材料的印证性问题等。虽说准备问题并不能让记者在访问活动中一劳永逸,但广泛的问题必然能织成一张大网,让记者尽可能地网住更多的价值和真相。1936 年 6 月,埃德加·斯诺从北京出发去陕甘宁边区采访,就带了一大堆问题。在《西行漫记》一书中,看到他一开始列的问题就多达 80 个,涉及共产党、红军、共产党和红军的领导人物,以及政治、军事、经济、文化教育、生活等许多方面。这些问题,像记者说的那样,是"一些未获解答的问题",陕北之行,正是要寻求答案。他在陕北采访毛泽东的时候,又列了五六组一连串的问题请毛泽东回答。毛泽东在窑洞里,同他长谈了十多个晚上。1960 年 6 月,周恩来在密云水库会见斯诺,这是中华人民共和国成立后斯诺第一次来中国访问。为了了解中华人民共和国成立后开始的第二个长征,斯诺向周恩来提出了 40 多个问题,他们一共谈了 12 个小时。又一次说明,斯诺这位著名的新闻记者脑子里装的问题是很多的,而且在访问前都经过周密思考。斯诺当年去陕北采访,以及访问毛泽东、周恩来,任务都比较特殊,一般记者不可能有那样的机会。

---

① 梁一高.现代新闻采访学教程[M].北京:中国广播电视出版社,2009:168.

第四章 全媒体新闻采访的中期活动

但是,斯诺在访问前那种认真准备的精神,却很值得今天的记者学习。①

(六)访问细节

细节决定成败,这句话在新闻采访活动中也十分适用,记者在访问过程中很多看起来似乎"微不足道"的小事,稍不注意就会影响访问的顺利进行,甚至直接影响到受访者,造成访问失败的结果。这些小事从言语着装到守时守诺,每一个细微的环节都需要记者认真对待。

首先,拿记者的着装来说,去重要的会议采访肯定不能穿得邋里邋遢,去工人车间进行采访满身装饰西装革履也是不合时宜的。除此之外,遵守时间,守时守约不仅是记者要遵守的原则,也是人际交往的普通常识,尤其是对于第一次约见的访问对象。试想如果记者第一次见面就迟到,那么绝不会给对方留下什么好印象。

其次,记者要充分尊重访问对象,必要的礼貌、寒暄,恰当的称呼,真挚的眼神,诚恳的话语和认真的倾听都是有礼貌和尊重他人的表现。这里尤其要注意的是,对于少数民族、外国友人及有宗教信仰的受访者,记者要尊重对方的文化、背景和风俗习惯,这就要求在访问前充分了解受访者的文化和习俗背景,做到"入境问俗""入乡随俗"。最后,记者不要轻易许诺,但承诺受访者的事情要说到做到,比如为其保守秘密的承诺,对有些隐私内容不发表的承诺,不署名或者送审稿的承诺。无论承诺大小,记者都要认真对待,做一个值得信赖的记者。

二、现场观察

现场观察简称观察,是通过发挥眼睛和大脑认知的作用去搜集和获取新闻信息,是记者通过眼睛,对客观事实进行由表及里的查看与思考的活动,借以印证线索、搜集素材、获得第一手材料。观察,用记者的话说就是用眼睛采访,但不是单纯的看,看可能更多地停留在事物的表面,看到了什么,是什么颜色、什么形状、什么表情,而观察更多的是思考和鉴别,是究其所以然,研究为什么。

(一)现场观察的特点

(1)直接性。直接性是现场观察的首要特点,记者在新闻现场直面事实记录所见所闻,对想要了解的情况直接观察,对实时发生的事件直接记录,同时还能获得最直观的感受。

(2)客观性。真实是新闻的生命,这就要求记者要记录客观事实,客观事实不受主观因素影响而独立存在。也就是说,记者在现场观察到的事实更多的是真实发生的客观实际,有就是有,没有就是没有,是不以人们的主观意志为转移的存在。

(3)经常性。现场观察既是一种必要的采访手段,又是一种经验积累的重要途径。鉴于新闻现场的复杂性,记者往往需要多次观察才能看清事件的全貌,而"慧眼识珠"的本领也绝非一次观察采访就能练就,记者要将经验的积累贯穿于职业生涯的始终。

(4)敏感性。记者现场观察的能力和对新闻敏感的程度成正比,在观察的过程中能否

---

① 蓝鸿文.新闻采访学[M].北京:中国人民大学出版社,2011:234.

足够敏感地抓住重点,直指要害,找到核心是采访活动能否成功的关键所在,同时提高敏感度也是记者对自身职业能力的必然要求。

现场观察对于记者来说除了是采访手段和经验积累的途径之外,还是记者用以识别和检验间接性材料,以及把控材料真实性的重要方法。敏感的记者甚至可以在现场观察中获得新的采访线索。比如前面提到的记者要经常去参加和报道各种会议,但是优秀的记者就会通过敏锐的观察察觉到别人忽略的部分,挖掘到别人看不见的有新闻价值的信息。获得1998年全国优秀电视新闻特等奖的《振兴开封座谈会开成了催眠会》就是一个非常经典的例子,最初记者是被派去报道一个报告会,结果却发现听报告的人有五分之一趴在桌子上呼呼睡大觉,正是通过这个观察,记者发现了新的报道角度,改变了原来的报道意图,成就了一条好新闻。

(二)现场观察的方式

(1)参与式。记者亮明身份参与和介入要采访报道的新闻事件,和采访对象打成一片成为新闻事件中的一员,同时在参与过程中进行观察。

(2)隐藏式。不公开记者身份的匿名观察,一般在隐性采访中较常使用,是记者掩盖自己的真实身份变成被观察的某个现场或群体中的一员,对新闻人物和新闻事件展开观察。

(3)旁观式。记者在采访活动中以旁观者的角度进行观察,在进入采访现场时表明身份进行目击采访但并非直接参与,这是记者最常用的一种观察。

(三)如何进行现场观察

(1)要明确观察的目标和方向,观察背景。例如,新闻现场的环境布置与常规情况有何不同,或者采访对象周围环境有无较为突出的部分值得记者进一步研究,观察人物要通过观察外貌、神态等去把握人物思想性格的基调,要知道外部特征是人物内在思想感情的外在表现;再者要去观察人物的肢体动作和语言,这是记者在与采访对象交流中要观察的重点,语言动作往往最能反映出人物的内心世界,而对采访对象微小的肢体动作都能够细心观察的记者,一定能写出精彩生动的报道。

(2)要把握新闻事件的进程以及在过程中观察和捕捉细节。记者所在的现场形势和情况多样,有时记者能够紧跟事件发展观其全貌,但有时记者只能通过观察"事发后"的现场来从中寻找蛛丝马迹。面对此种情况的新闻现场一定要更加严谨和敏感地去观察,从环境、场景、关联人物甚至氛围中去捕捉细节,不放过任何富有传播价值的特征信息。

(3)要选择合适恰当的观察位置,既能清晰全面地通过观察获取信息,又不影响事件的发展进程。记者到达新闻现场需要观察的内容繁多且复杂。首要任务就是把现场的基本情况摸清楚,把握好现场的总体面貌和基本特征,要做到这一点,观察的位置选择就必须恰当。另外,记者的观察也不可能一直是原地不动的,在可能的情况下,尽量让自己观察的位置靠近事件发展的中心,也可以适时寻找观察的新角度和新方向,保证自己在观察的过程中不受干扰和遮挡。

(4)要灵活、主动地观察,避免流程化、程序化的观察。观察是受注意力引导的,也会受到记者经验的影响,但在新闻实践活动中记者不能仅凭自己所总结的"规律"去按部就班地观察,也不能被指引到固定的位置去观察,而是要灵活地、多角度地、深层次地从中发现新的线索和有价值的内容。与此同时,要有预见性地进行观察,要在把握事件脉络的过程中进行预判,在关键节点抓住时机及时记录。

(5) 要选择恰当的角色定位进行观察。在新闻现场记者往往会以旁观者的角色进行观察,但有时也会出现以介入者的身份观察的情况。这两种角色定位对新闻事实和事件进程的影响是截然不同的,尤其是当记者处于事件参与者的身份时,一旦分寸掌握不当,不仅会影响事件本身的进程,还有可能涉及相关的法律问题。所以,记者观察时的角色定位至关重要,恰当的身份和定位能让记者纵观全局深挖事实真相的同时,还能给受众呈现最具有吸引力的信息内容。

记者想要养成敏锐的观察力,就要坚持不懈地有意识地去自我培养,可以从身边的细节入手先练习观察简单的事物,家人的衣着神态,小区的环境变化,同事的习惯性动作,公园的一棵树一朵花都可以成为记者平时练习的对象,同时还要把自己观察的心得及时地记录下来,做成写实性的笔记。如果这种观察能够长年累月地做下去,养成习惯,记者定能练就一副"火眼金睛"。

以下用一个例子对其重要性做进一步的认证。

孩子,武汉有你们的家
——一个汉藏家庭与藏族学生的 32 年不了情

武汉大学九区 2 栋 1 门 301 室,建筑面积 79 平方米,杨昌林的家。简朴的房间里最打眼的装饰,是客厅墙上的一幅藏式挂毯。对面墙上,一条哈达围绕着遗像,像中的妇女冲着挂毯上的布达拉宫微笑。她就是杨昌林的藏族妻子次仁德吉。翻开封皮发皱、纸页泛黄的日记本,时光回溯到 1965 年 8 月 12 日:"到西藏扎根,干一辈子!"那年,29 岁的杨昌林从武汉体育学院毕业,"抢"到了去西藏工作的指标。到西藏昌都地区干了一年多,杨昌林又申请前往"西藏的西藏"——全藏海拔最高、环境最恶劣的阿里地区工作。艰苦岁月里,这个汉族小伙子和他的翻译,藏族女孩次仁德吉相爱了。1969 年 3 月,两人将单人床换成双人床,完成了简单的婚礼。

……

刚调回武汉,杨昌林一家四口挤住 10 多平方米的单间宿舍,后搬家两次,分别增加到 50、70 多平方米。家始终不大,但在藏族孩子们心里,这是一个温暖而坚实的怀抱。32 年来,每年藏族新生入学,就被分批接到德吉阿妈家吃"迎新饭";周末、节日,藏族学生们常以学校为单位,轮流来阿妈家吃糌粑、喝酥油茶。一张大桌子支开,几乎将小客厅占满。"有一次来了 30 多个孩子,大家只能把饺子放在纸上,再搁到地上,一锅锅地不停煮。有人不小心,一屁股坐到了饺子上。"聊起这些,老人的声音透着开心。杨昌林夫妇育有一女一子,分别毕业于武汉大学国际经济贸易和涉外会计专业。毕业后,姐弟俩像父亲当年一样,主动放弃内地工作机会,先后去了西藏。儿子杨红兵 1992 年进藏,至今仍留在父母当年工作的阿里地区。5 日,通过长途电话,已担任阿里地区商务局局长的杨红兵回忆起童年:"家里的伙食就数藏族学生们来的时候最好,我和姐姐的主要任务就是到邻居家借板凳。"

……

五屉柜的油漆剥落了,穿衣柜的镜子也有些磨花——这些都是调回武汉那年买的。

杨昌林家里唯一赶过的"时髦",是1987年就早早安装了电话——有了电话,和孩子们联系起来方便。(扫码查看全文)

资料来源:孩子,武汉有你们的家——一个汉藏家庭与藏族学生的32年不了情[N].长江日报,2010-10-13.

孩子,武汉有你们的家

这篇报道获得了第二十一届中国新闻奖通讯类三等奖,从记者的行文中能看到满满的细节,人物的外貌,动作,生活的环境及环境的细微变化,而这些恰如其分的细节描写离不开记者敏锐全面的观察,记者将自己的观察转化成文字直接增强了作品的感染力、可读性和真实性。那么,不禁要问细节从哪里来?答案也很简单,从记者的观察中来,记者要带着考察和判断去观察,这些观察里往往蕴含着丰富的新闻素材和故事细节,可以给记者的新闻报道带来生动的感染力。

(四)现场观察的记录

观察和记录是分不开的,用眼睛记也是记录的一种方式,记录既是采访活动中的重要环节,也是必不可少的一道程序。记录的方式是多样的,有心记、笔记、画记、录记、摄记,以及利用智能手机和网络云录制进行的记录等。其中,笔记、录记和心记是记者最常用的记录方式,三者既可独立使用,也可叠加使用。

拿笔进行记录是记者最原始也是最基础的记录方法,经验丰富的记者一定有不止一本的采访笔记。记者用这种方式记录不仅能够在采访过程中有效地标记重点,比如需要格外注意的人物、地点、关键节点等,而且能够给采访对象展示出一种认真负责的态度。同时,记者还可以记录在采访过程中一闪而过的灵感和心得。但是只用笔记录有时让记者很难将受访者所说的内容记录全面,尤其遇到较为紧急的情况或者对方语速较快的情况,记者就很容易漏掉一些细节,有时记者会把精力都集中在去倾听或与采访对象沟通上,也容易漏掉一些重要信息,即使事后记者会凭回忆进行补录,也可能会产生记忆错差。

相较于笔记,心记更多的是记者练就的一种本领,有经验的记者常常会边提问、边倾听、边观察、边思考,同时还会对采访对象所回答的内容进行研判,在心中存记突出的重要材料。心记会让记者更专注于眼前的采访对象,使采访氛围更加亲切融洽,这种方法适合一些较为特殊的情况,比如采访对象见到记者后非常紧张或者不接受任何可见的记录形式,再者一些特殊的场合下记者没办法使用其他的记录形式。使用心记最大的缺点就是容易遗忘或遗漏,所以记者要注意在采访结束的第一时间抓紧追记,优先补记收集到的重要信息,之后再将其他能够记住的细节记录补充。当然,更好的方式是将心记和笔记相结合,毕竟好记性不如烂笔头。

录记就是使用录音笔或其他录音设备进行记录,这也是现在绝大部分记者会选择的记录方式。因为录音可以全面准确地记录信息,让记者在后期撰写稿件时更放心地引用采访对象所说的话,不用担心漏记和错记,也能够让记者心无旁骛地投入和采访对象的沟通交流中。在回听录音的时候,还能够综合整个采访过程加深对事实的理解和感悟,尤其是面对一些具有争议性的话题时,一份录音在关键时刻也可以为记者提供一份保障。但是,录记也不是完美的记录方式,如果记者打算在采访中使用录音设备,那么在采访前就一定要预先告知并询问采访者是否可以接受,千万不要觉得用录音设备是理所当然的事,一定要事先经过采访对象的同意方可使用。有时候即使受访者同意,但一见到录音设备就紧张到说不出话,或者看看眼前的录音笔就产生了一种无形的压力,开始拘束紧张或者顾虑重重,这种情况下记者就要慎重考虑是否要更换一种记录方式以便更好地进行采访。

所以说,记者不能一味地依赖录音设备进行记录,即便有录音设备在记录,也要用心思考用笔填补,要掌握笔记的方法和心记的能力,在新闻实践活动中有效地将多种记录方式相结合,在合适的时机选择合适的方法进行合适的搭配,这样才能保证事半功倍。那么,在记录过程中记者应该重点记录哪些内容呢?

记要点:记者做采访记录,不可能所有的内容都原话照录,要抓重点记要点、主要的人物及人物关系、事实的主要环节、事实背景中的突出重点等。

记细节:细节要围绕着采访的目标和重点去记,要能够凸显特征和特点的细节内容,如环境特征、外貌特征、天气特征等,包括时间、地点、人名、数字、日期、业务、职业等。

记疑点:有时记者在采访过程中对采访对象所说的内容并不是能够完全理解,或者对对方所说的部分信息存疑,这些都是需要记者及时记录并做好标记的,待后续进行解释验证或补充等。

记感想:记者在采访现场的所思所想是非常重要的,记者的采访过程本身就是一个边采访、边消化、边构思的过程,记者一时的灵感可能会发展出一个优秀的选题,或者成就一篇高质量的新闻报道,所以要在想到的第一时间进行记录。

三、体验式采访

体验式采访是新闻记者深入实践,参与、投身到新闻事件中去体验生活,并把体验到的真实感受写成新闻报道传递给受众。在增强新闻记者"四力"的倡议中,就强调新闻记者要深入基层、深入实际、深入群众,发扬"脚板底下出新闻"的好传统,深入基层一线"抓活鱼",从火热社会实践中发掘素材,从群众生产生活中发现选题,采写更多"沾泥土""带露珠""冒热气"的文章。[①] 人们认识事物最好的方法就是去亲身体验,所以新闻记者要想深入生活、体察民情,运用体验式采访方式无疑是一种好的选择。

有些记者参加工作后热衷于赶会议、跑场子,采访流程化、模式化,思想和方法都沉不下去,最终成了只会拿邀请函的"卡片"记者。然而在实际的新闻实践中,记者要积极主动地下沉到基层去,到人民群众的生活中去,虽然有时记者的体验时间有限,但在提升自我、积累经验、完善写作等方面都是大有益处的。简单来说,体验式采访有助于记者和采访对象建立平等亲密的关系;有助于培养和锻炼记者的思想作风及敬业精神;有助于记者写出有血有肉生动感人的优质报道;有助于积累和提升记者的生活工作经验;更有助于拉近与受众的距离,提升记者的亲和力和公信力。记者要在采访中抓住一些规律,选好合适的体验点,要先确定行不行,能不能,有没有体验价值;调整好体验心态,要本着学习的心态去参与体验,在体验过程中既不要矫揉造作,也不要自以为是高高在上,只有端正态度才能有所收获;体验与采访相结合,要时刻谨记体验的最终目的是采访和报道,要计划好体验

---

① http://www.zgjx.cn/2019-01/16/c_137748118.htm.

和采访的分工，不能光体验而不采访。

（一）体验式采访的优点

（1）提高新闻报道的可信度和说服力。记者深入生活、深入实际、深入群众，以直接接触和亲自实践的方式获得新闻材料，使其能够更为全面地、正确地认识、呈现和报道新闻事件，通过记者自身的投入和感受转化成的新闻内容也将提高其报道的深度和力度，使公众更加信服。

（2）全面了解事件的全貌和多方面的联系。新闻记者要在有限的时间内对事件做出判断、分析和评价。体验式采访能够让新闻记者成为事件中的一员，与事件核心要素建立联系并进一步从中扩大和挖掘更多的新闻线索和价值，让新闻记者纵观事件全局，呈现更多角度的新闻报道。

（3）对采访对象增进理解，使新闻报道更加生动精彩。一般情况下，新闻记者所获得的材料多数是经采访对象转述而来的，而体验式采访则是记者亲自参与被报道的事实，同采访对象一起体验对方的喜怒哀乐，真正地走进对方的内心世界，当客观事实融合感性材料呈现出来的新闻报道必然更加生动精彩。

体验式采访所出的报道往往有自己独特的魅力，当记者的身份发生变化时，其报道内容也会以较为独特的视角呈现，新闻记者也能够从中积累实践经验，快速成长。①

（二）体验式采访的缺点

首先，新闻记者体验时间有限，因此事实呈现方面可能会出现浅显或偏颇的问题。比如，记者深入某一行业进行体验，但短期的所听所见并不能代表整个行业的真实情况，因此即使记者参与了体验，也不能以自己的体验经历为准绳去衡量事实。

其次，体验式采访手段实施的空间有限，且易受多种因素影响。体验式采访，有时因记者的能力、素质、经验、认知等自身条件的影响，有时因外在环境、时间、道德规范、规章制度等因素的影响，容易使观察和体验产生片面性结果，影响新闻报道的质量。

体验式采访的优良传统在我国的新闻实践活动中典型且常见。1995年8月1日创刊的《大河报》在试刊期间推出了一个名为"记者打工"的栏目，有18位记者深入各个行业"打工"，去体验不同职业的甜酸苦辣。编者为这个栏目出台加的"编后"是："靠群众近些再近些，是我们的心愿，为此开设此栏目。本报记者将到那些群众生活离不开而又了解甚少的行业去，顶班干上一两天，写出自己的真实感受，也让读者了解普通劳动者的甘苦。"记者体验的岗位包括婚姻登记处、医院妇产科、社会福利院、精神病医院、殡仪馆等，之后一位自称"老记"的读者还给报社打来了电话，说报社开辟的这个专栏太好了，文章写得也好，仿佛看到好传统又回来了。

1995关键词记者打工　女记者当抬殓工
记者练兵走出门去"打工"

1995年，本报策划了一个持久的练兵形式——搞体验式采访！设定的报纸栏目名为：

---

① 周胜林.论"体验式采访"[J].新闻大学,1996(3):30-31.

"记者打工"。简言之,就是把记者轰出门去,深入基层,每人选择自己"跑口跑线"时的最艰辛、最底层、最不为人所知的岗位,以员工的身份老老实实打一天工,写出该岗位的苦累难重和社会意义。

主意一出,四下叫好。我当时负责军警、民政这两条线,被人誉为"最不出活"的行业。要打工去哪儿呢?当我了解到精神病医院、火葬场、福利院、婚姻登记处都归民政主管时,就下定决心,一定要用好这些资源,整出点动静来!

乔装体验　当上抬殓工

1995年11月4日,星期五。我跟郑州市殡仪馆安主任联系好,说明情况,要求他帮我选一个跟死人打交道最多、最能反映殡葬工人艰辛本质的岗位。他试探地问:抬殓工行不行?专门在运尸车、化妆间、冰柜和火化炉各岗位之间周转尸体,最辛苦。我说:行,就当一天抬殓工。并要求他严格保密,千万别露我是记者,只说是外地同行,准备调回郑州,先来试工。

11月5日,星期六,来到火葬场,主任已在等候,发给我一件蓝灰色长袖工作衣,一双大帆布手套。他把揪着心的我领到大家陌生而又熟悉的吊唁告别厅,在阴森凄凉的气氛中,主任向女抬殓工、温和矮小的徐师傅交代:这是小杜,从开封来试工。你边教让她边干,尽快熟悉岗位。

说话间,告别厅帷幕后面运尸车拉来一具尸体,丧属凄厉悲恸的哭声吓得我一阵惊悚。徐师傅边招呼我边从车上帮忙把尸体抬放到担架车上,我也很自然地把手搭在了小推车上。

殡仪馆主任看到我战战兢兢,便小声劝阻:"小杜,有那个样子就行啦。"

恐怖数据　推运22具尸体

听着死者儿女对父亲的哭诉,脆弱的我边软着两腿跟徐师傅推车往冷库方向走,边抹眼泪,还要学着徐师傅劝说死者亲属节哀。

冷库的抽屉打开,把"死沉死沉"魁伟高大的尸体装进去,正要关门的一刹那,他的儿女撬开我们,扒在柜前放声呼号,哭声又撕心裂肺地响起来——"爸爸呀,让我再看你一眼吧,你最疼我啦……""我们再也看不到你啦……"

眼看有个女儿要哭昏过去,我一把托住她的肩臂。

片刻,拨开丧属,我手持巨大的铁锁,连悲痛带恐惧、紧张,全身哆哆嗦嗦,锁头竟然不能挂到冰柜抽屉上。

徐师傅见状过来帮我。当我们共同关上冰屉门,摁上大铁锁时,身后传来声声沉重的叹息,一道凉气从我脊梁上穿过——这就是天上地下,阴阳两隔了。生命多么珍贵、多么脆弱!

回到告别厅后面的办公室小坐,徐师傅柔声调教我:小杜,咱们不光要保护好死者,还要会劝生者。我刚来工作时,孩子他爸死不久。一看别人哭,我想起他爸也跟着哭,成天眼睛、身体都受不了。时间长了,才懂得要为死者,也要为活着的生命负责。大家都哭成一团,哭坏了身体还得抢救,不是影响工作吗?所以你要会劝人节哀。

听毕,我心里渐渐坚强起来。

没活的空当,徐师傅出去了,我独坐冥思。秋天风大,一阵风刮来,咣当!大门关上了。啊！吓得我惊叫一声从椅子上蹦了起来。在这种环境干这种活计,不受刺激简直不可能。

又来一具尸体,是车祸死者。脸已被碾压变形,尸体的脑袋和脖子只有丁点皮肉相连,需要推到化妆间收拾。推他时,脑袋在肩头噔啷噔啷乱滚,要怎么恐怖就怎么恐怖。在化妆间,我看到了师傅怎样把血肉模糊的尸首变成了一个接近正常形态的人。

推了几具尸体后,我悄悄地走到火化间,一近看,我立即反胃得要吐——十多具男女尸体趟在担架车上,一律穿着簇新的花红柳绿的寿衣新鞋,排队等待火化,身体上发出怪怪的气息。

虽然生理反应强烈,我还是忍着恶心凑到火化炉前,静静观察,询问师傅,了解人们怀疑的"可能会烧错,可能会装错骨灰"等。

烧化的尸体出来了,我学着拿起小铲,挑选骨灰里的金属品等杂物,放进丧主卡片,留待家人领取。看到每个环节都有卡片相衔接,师傅们告诉我,弄错尸体、骨灰的可能性极小。

一上午,我作为一名女抬殓工,忙碌游走在吊唁厅、冷库、化妆间、火化炉之间,细细询问徐师傅工作上的禁忌和心理感受。最后看看登记,竟推运了 22 具尸体。

资料来源:https://news.sina.com.cn/o/2005-07-31/04176570839s.shtml.

之后很多新闻机构都陆续开展了体验式采访的新闻报道。《人民日报》开设了"体验三百六十行"专栏;《深圳晚报》推出"记者一日"专栏;《深圳商报》推出"记者当交警日记",连载 10 天;《荆州晚报》推出"记者劳动日记"栏目,总编辑带头参加劳动,写了开篇之作《当了一天垃圾清运工》;江苏《盐城晚报》为学习和宣传解放军,抽调 7 名编辑记者组成"军营一日"体验采访组,到盐城军分区独立海防营,当一天兵,过一天军营生活;黑龙江《妇女之友》杂志社的女记者们为报道好再就业,"当一次下岗女工,尝一回酸甜苦辣";2010 年《武汉晨报》分别在"五一"劳动节和高温时节派各条战线的记者体验普通劳动者的工作,反映他们工作的艰辛,如体验精神病医院的医生、餐厅服务员等不为人知的工作难度,高温季节里体验建桥工地上工人在 60 ℃的桥面扎钢筋、50 ℃车罐里体验焊缝检测。这些信息令人兴奋,它表明体验式采访已受到相当一些新闻单位的重视。这类体验式采访的优良传统在今天得到了延续。[①]

四、隐性采访

在新闻实践中还有一种特殊的采访方法,即隐性采访。如果说显性采访是记者直接亮明身份和意图,那么隐性采访就是记者为完成特定的采访任务而隐藏自己身份和意图进行的采访方式。常见于深度调查型报道和批评性报道。1988 年,陈力丹教授在其所著的《新闻学小词典》中指出:隐性采访是指采访者不将真实身份告诉被采访者,或者只告之真实身份但不告之采访意图的采访方式。[②] 中国人民大学的蓝鸿文教授认为:隐性采访是记者为完成某一特定的采访人物,不公开自己的记者身份,或者隐藏真正的采访意图而进

---

① 蓝鸿文.新闻采访学[M].北京:中国人民大学出版社,2011:158.
② 陈力丹.新闻学小词典[M].北京:中国新闻出版社,1998:117.

行的一种新闻采访方式。① 牛静教授则总结隐性采访是指:新闻工作者通过公开采访方式无法获取采访对象或事情的真实信息的情况下,为了公共利益,在采访对象不知情或未同意的情况下获取信息的采访方式。②

在我国的新闻界也有很多人称隐性采访为"秘访"或"暗访",这种采访方式一直以来都是充满刺激性和争议性的,但有时面对复杂的情况和特殊的题材,记者亮明身份显然是无法顺利完成采访任务的,想要还原事情的真相,隐性采访的重要性就凸显了出来。

隐性采访并不是近年来才有的采访方式,早在130多年前的1887年,年仅23岁的美国记者伊丽莎白·简·科克伦以内莉·布莱的笔名开启了自己的卧底暗访生涯,在当时美国布莱克维尔岛(今名罗斯福岛)的一所市级精神病院里暗访10天出来后,发表了震惊世界的《疯人院的十天》,揭秘了精神病院内虐待病人等多种恶行。1936年,在大公报任记者的范长江先生化身为一名公司职员,只身深入战略要地西蒙额济纳旗,以给图王送礼的名义刺探日军入侵西蒙的动向,后将此行经历写成了长篇通讯《忆西蒙》。可见,隐性采访的运用由来已久,时至今日,仍有大量的调查记者采用隐性采访的方式进行调查采访。

隐性采访在新闻实践中可分为两类:一类是观察性质的隐性采访,就是记者以观察者和旁观者的角度不动声色地进行拍摄和记录整个新闻事件的发展过程,当然要注意的是这里旁观的记者是完全隐藏身份和意图的;另一类是使用较多的介入式隐性采访,也就是记者有意隐瞒或者改变身份,以当事人的身份直接介入新闻事件中,并在此过程中暗自记录和拍摄。通过隐性采访,记者获取的材料更加真实且具有可信度,也是受众较为认可的新闻材料,其"揭秘"式的手法极大地满足了受众的好奇心,也能够充分展示新闻报道的感染力,尤其是一些纪录形式的镜头让观看者有一种身在现场的真实感。再者,隐性采访往往报道的都是些不为人知的内幕或秘密以及批评性报道,更容易引起社会的广泛关注,充分发挥舆论监督作用的同时加速推进了社会问题的解决。

在我国通过隐性采访发出新闻报道进而揭露社会问题和推进问题解决的案例有很多。例如,以隐性采访而闻名的涂俏,先后供职于《深圳晚报》和《文汇报》,新闻生涯十八载,有过非常多的精彩报道。入住十元店;客串啤酒女郎;黑店访"婚托";与精神病人共处;追踪神秘"医托";潜伏"二奶村";记录一位艾滋病人的悲喜人生;隐性采访活熊取胆⋯⋯这些都是常人难以想象的经历,涂俏也被中央电视台《半边天》栏目评选为"中国最精彩女性"。

另一个以"卧底记者"身份走进大众视野的是记者崔松旺。2011年,崔松旺得知电视台最近多次接到群众举报电话,声称有人是从黑砖窑跑出来的,每天被强制干活,不听话就遭到毒打。为了揭开黑砖窑的内幕,解救无辜的受害者,他曾连续四天在火车站假扮智障人,拣烟头、抢食地摊上吃剩的凉皮,最终"如愿"以500元的价格被卖进黑窑厂干活,卧底期间多次被打,趁喝水之机上演逃亡,历经艰险终于逃出。后协助警方,控制了八名黑窑厂老板和招募人,并成功解救智障奴工30名。自此,记者崔松旺也成了很多

链接:河南电视台记者崔松旺扮智障人卧底黑窑厂

---

① 蓝鸿文.新闻采访学[M].北京:中国人民大学出版社,2011:377.
② 牛静.新闻传播伦理与法规[M].上海:复旦大学出版社,2021:60-63.

老百姓心中的人民英雄。扫码观看视频"河南电视台记者崔松旺扮智障人卧底黑窑厂"。

2021年4月,在某视频网站关于这条新闻视频的留言板上,崔松旺写的内容,如图4-4所示。

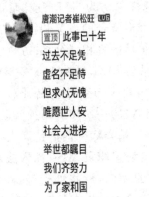

图4-4 记者崔松旺社交平台截图

虽说隐性采访有显性采访不可替代的优势,但也不能因此滥用。隐性采访首先要注意的就是法律问题,记者不能以身份做挡箭牌,以采访做借口侵犯公民的隐私权、名誉权等,拍哪些是法律范围内允许的,哪些是禁止的,记者一定要明确并且慎重;再者,很多记者想要"介入"犯罪团伙去获取证据,却不能很好地把握自己的职责界限,比如记者到贩毒集团卧底,为了获取其信任去刺探其内幕参与到了犯罪活动中,本以为这只是调查取证,结果却是犯罪。因为公安人员打入犯罪团伙是其职业的特殊性,是职务的需要,但这些对于记者来说并不是,虽然记者的主观愿望是好的,但如果不清楚法律的界限,就会"赔了夫人又折兵"。除此之外,记者进行隐性采访的过程中还存在一定的风险,尤其是面对一些危险性较大的采访时,记者要先向自己所在的新闻机构领导说明情况,研究对策,制订周密的策略和计划,最好争取到有关部门的配合和保护,如公安部门或消防部门等。记者只有在保证自己的人身安全不受威胁的前提下,才能让采集到的新闻见于天下。

五、新媒介技术融入

科学技术日新月异,极大地加速了新闻采编的形式变革,让今天的新闻有了全新的理解方向,不仅是内容新、时间新,更是媒介新、技术新。对于记者来讲,除了基础的实地采访、电话采访等方式,还有今天大家所熟知的利用智能手机、互联网、社交媒体平台所进行的采访。看似记者所需的设备无非就是手机、计算机、摄录机器等大家习以为常的媒介,实则远不止此,在今天的新闻实践活动中记者的采编设备早已是满满的科技感。

(一)大数据

前文已经提到过数据对于记者的重要性,随着新闻媒体对数据新闻报道的需求量增加,用数据说话不仅弥补了单方面叙述的片面性,还使新闻的呈现更加多样和立体。信息时代,整个社会逐渐实现数据化。越来越多数据库的建立和公共数据的公开让一切事物都有章可循,公共数据开放程度加强也让数据更能变成"新闻素材",而这部分素材开始逐渐成为新闻记者的主战场,尤其是面临重大社会活动和社会事件的发生时,不同的数据解读和应用方式让人们看到了数据新闻更多的可能性。简而言之,"大数据+数据库"新闻,是基于自建数据库深度发掘的新闻产品。例如,在人民日报媒体技术公司和中国网合作的游戏类 H5《谁能代表我?》中,后台就涉及一个独家的通过"机器+人工"方法建立的全国人大代表信息库,涵盖了 2000 多名全国人大代表的姓名、性别、所属代表团、出生年月、党派、籍贯、学历、毕业院校、现职工作等多维度资料。媒体对数据库的储备,将是数据新闻未来的趋势。自建数据库能针对热点话题和焦点指标进行编码和资料收集,能直接回答受众和媒体最关心的问题,在未来的报道中将必不可少。①

(二) VR

将 VR 技术应用在新闻传播领域已不再是什么新鲜事,比如新华社的 VR/AR 频道、央视网的 VR 浸新闻都是非常成熟的 VR 新闻平台,疫情期间,央视网更是推出了《"中医国家队"江夏方舱医院硬核上线》《建雷神山医院看中国速度》《有一种胜利叫"关门大吉"》《我不停 武汉行!记江城外卖小哥的一天》《这个春天,在荆楚大地播种希望》等 20 余篇独家 VR 全景报道。将 VR 技术与新闻相结合,不仅改变了新闻的呈现方式,让受众有了沉浸式的全新体验和强大的参与感,也让受众对新闻事件的发生和发展有了新的认知方式。扫码进入央视网 VR 频道。

链接:央视网 VR 频道

2013 年,美国最大的报业集团——甘内特报业集团旗下的《得梅因纪事报》打造了首个解释性新闻项目"Harvest of Change",这被认为是首次在新闻报道中运用 VR 技术,标志着 VR 技术开始在美国新闻界真正兴起。2015 年,《纽约时报》推出了"NYT VR"虚拟现实 APP,并为《纽约时报》的订阅用户免费提供了 100 多万个由谷歌开发的"Cardboard"纸盒眼罩,这一项目被认为是"VR+新闻"的正式起步。在国内,"VR+新闻"大致起步于 2015 年,《人民日报》制作了"9.3"大阅兵 VR 全景视频,新华社制作了《带你"亲临"深圳滑坡救援现场》的"VR 新闻"。在 2016 年,比较有代表性的"VR+新闻"应用,如央视网运用了可实时拼接 10 个高清全景摄像头的 4K 全景摄像机,全景直播了体坛风云人物颁奖典礼。央视新闻频道在 2016 年 9 月 15 日直播了天宫二号发射特别节目《筑梦天宫》,在介绍神舟十一号的时候,演播室让虚拟的神舟飞船从屏幕里"飞"了出来;在介绍飞行器的内部构造时,主持人更是"穿越"到它的内部,让观众对飞行器的构造有了更直观、更生动、更具体的认知。②

(三) AI

2022 年 3 月,随着两会序幕的拉开,网络、视频、云端、AI 等多样化的采访新形式也凸显出了运用媒体融合带来的新技术优势。例如,《工人日报》的原创视频栏目依托百度 AIGC(AI Generated Content,人工智能创造内容)的技术能力呈现的《两会晓晓说》非常引人关注。其实,人工智能技术在新闻的采集编写以及分发过程中的应用已经非常成熟,

---

① 叶蓁蓁,关玉霞,戴玉,等. 人民日报中央厨房:"大数据+"模式推动媒体供给侧改革[J]. 新闻战线,2016(13):10-13.

② 张瑞峰."VR+新闻":新媒体时代的新探索[J]. 视听,2017(10):14-15.

这里提到的数字人主播度晓晓不仅参与了两会期间的"报道",而且在中华全国总工会召开的2022年庆祝"五一"国际劳动节暨全国五一劳动奖和全国工人先锋号表彰大会上再度作为《工人日报》的特派"AI记者"上岗,采访获表彰劳动模范代表,对其先进事迹进行报道。这些仅仅是人工智能技术在新闻领域应用的一个小小的缩影。

除了"AI主播""AI记者",AI新闻写作近几年在新闻行业受到热捧。清华大学新闻与传播学院的陈昌凤教授在其文章《价值引领,让AI新闻业有能更有智》中有这样一段阐述:在美国,美联社于2014年开始使用写稿软件Wordsmith平台撰写财报文章,产量达到人工同类报道的14倍。在中国,2015年腾讯开始用Dreamwriter撰写新闻稿,新华社很快也发布了"快笔小新"自动写稿软件。智能新闻最初主要是体育、财经等领域的报道,之后扩展到了地震灾害、犯罪新闻的报道。微软研发的写稿机器人"小冰"在国内颇受关注,带动一串"小"字辈的写稿机器人程序:"小南"(《南方都市报》)、"小明"(云南昆明报业传媒集团)、"小封"(封面新闻)、"小特"(深圳特区报业集团)等出现。机器人写稿在简单类型新闻的写作效率、抓取和整合信息的能力方面,能够胜出人类同行。但是智能化在新闻业领域的应用还相当初级,多数机器人还处于"有能"而"无智"的状态,所从事的也基本上是无智式劳动——不具备价值判断的能力。新闻的专业性,尤其是人类的判断力、价值判断体现出来的力量,机器新闻尚难以企及。人可以超越计算机进行复杂的价值判断,新闻"去掉"价值判断是建立在普遍性基础上的价值断定,时新性、重要性、显著性、接近性、人情味已经成为新闻价值判断的原则,而除了这些标准化的内涵,新闻价值中更包含了人对重要性的认知、对美和丑的分辨、对正义和善良等美德的坚守、对信念信仰的追求等,这是机器人难以企及的。①

本章小结

本章主要从新闻采访与写作的中期活动进行展开,主要阐述新闻采访的素材与过程,对新闻采访过程中的素材进行整理与分析,并对新闻事实的性质做出判断,从而使记者在新闻采访过程中掌握新闻事实,对新闻事实进行分析,为后期的新闻采访做好铺垫。

思考与练习

1. 新闻采访的中期活动有哪些?
2. 新闻采访的中期活动需要注意哪些环节?
3. 新闻采访的中期活动对新闻采访活动的整体性有怎样的助推作用?

---

① 陈昌凤. 价值引领,让AI新闻业有能更有智[J]. 新闻与写作,2017(11):1.

全媒体新闻采访的后期活动

第五章

本章导言

采访资料的整理与归纳既是整个新闻采访活动的终期环节,也是新闻报道组稿的衔接环节。要想整理和归纳数量庞大的各类资料,再删选重组成稿绝非易事,有时因版面限制,几万字的资料只能出千字内的稿件,这就要求记者在这个环节中掌握一定的规律,把握具体的方法。首先,记者要在采访结束的第一时间整理采访资料,同时要谨慎审视验证采访资料,尤其是对于采访细节的核实问题,要掌握核实的基本方法,并在新闻实践活动中学以致用。其次,记者要熟悉采访稿件的形成过程,将每一个部分做好整理、归纳和核实、验证,为后续的新闻写作做好充足的准备。对于采访资料而言,整理和归纳是一个方面,记者还要有善于积累和终身学习的理念,新媒体时代要求记者不论在横向还是纵向的知识层面都有一定的把握和积累,这样才能在前期的采访活动中和后期的资料重组中游刃有余地进行发挥,最终形成精彩的新闻报道。

学习目标

1. 理解新闻采访素材整理与归纳的重要性。
2. 理解新闻核实的重要性。
3. 掌握新闻核实的方法。
4. 掌握新闻稿件的形成过程。

第一节 新闻采访资料的整理与归纳

在第四章中提到了记者进行采访工作后往往会形成大量的事实材料,但这些原始的采访资料不等同于新闻素材,还需要记者对其进行整理、分析、归纳和筛选,这是一项绝不可忽视的工作。如果采访内容简单,过程清晰且事实本身并不复杂,记者凭借自己较好的记忆力即可完成小篇幅的写作，但大部分情况下，记者需要从大量纷繁复杂的采访资料和积累资料中理出头绪，有些时间跨度较大、资料较多的事实更需要记者花费大量的时间和精力，这种情况光靠记忆力是行不通的，及时有效地整理采访资料不仅有助于记者对整体的新闻事实形成初步的判断，进而确定写作的主题和方向，还能在整理归纳的过程中去伪存真，查缺补漏，防止报道失实。

一、新闻采访资料的整理与归纳方法

要想从新闻采访资料中获得更多的线索和价值，最重要的就是细心整理与归纳，记者在整理与归纳采访资料的过程中，不仅要仔细查看其中的错漏之处，还要对已有素材细心感悟。面对各种类型的素材都要逐一观察，见微知著，并且在整理中要对已有的资料进行价值判断，只有这样才能发现采访中一些被忽略的事实或者挖掘出更大的新闻价值。但有时年轻的记者面对大量的采访资料会手忙脚乱、无从下手。在初期，记者对素材的把控还没有丰富的经验，不清楚该如何有效地筛选和整理，这时可以先将已有的采访资料按背景、事实和意义三个模块进行初始分类。

背景模块：采访资料中能够反映和说明事实发生的历史条件和环境条件的，能够对事实起到补充说明或衬托辅助的，或其他有利于帮助受众了解事实来龙去脉的信息材料。

事实模块：采访资料中能够准确反映和说明客观情况的，表现事物本来面貌的，尤其是新近发生的和采访对象有直接联系或利害关系的信息材料。

意义模块：采访资料中能够准确反映和说明事实将来发展方向或存在方式的，能够凸显需求或价值的，能够体现某种典型情况或现象的信息材料。

假设根据线索"一地村民集资修路"进行采访，背景模块的资料就集中在村民为什么要修路？修路又为什么要集资？那么对于地理位置、生产条件和经济情况之类的信息材料就要筛选和整理出来，并加以应用。事实模块的资料则集中在已经集了多少钱？修路的事实进展到了哪一步？有多少村民参与？大家都是什么想法？这些都是记者可以在采访中直接验证的信息材料，也是记者后期整理的重点。意义模块的资料可以是这条路计划何时修完？想修成什么样子？对这个村长远发展的意义如何？是否能达到村民的预期？等。

综上所述，如果记者在"零经验"或时间紧迫的情况下，可以采用这样的分类整理方法帮助自己快速理清写作的结构和思路。但是，这只是粗略的分类整理方法，记者要想将自己所得的采访资料最大限度地开发和使用，还需要注意多个方面。

二、新闻采访资料整理与归纳的注意事项

（一）要第一时间整理与归纳新闻采访资料

新闻采访不仅要求记者有高度的观察力，对其记忆力的要求也很高，但采访场景和过程的多样复杂，使得记者不能每一次都稳定地把握良好的记忆状态，所以每次采访活动告

一段落后,记者不管有多么疲累,都应当尽力克服,并在第一时间将自己的采访资料进行归纳整理。为了防止错记漏记或者遗忘,记者要对自己在采访过程中的一切看、听、录、想进行梳理,并在必要的部分进行相应的加工。在整理与归纳采访资料的过程中,还可能出现这样的情况,即记者发现自己对部分笔记内容不清楚、不理解,或者发现一些重要的信息尚未获取,也可能出现录音材料意外损失等情况,这时就需要记者针对这些疏漏,及时进行补充采访。

记者不要觉得自己的笔记记得很全就疏忽了这项工作,有时尽管记录中都是自己的笔迹,但因记得匆忙,加上识记不深,时间一过,恐怕有些字句连自己也难以辨认。因此,记者应当自觉地在采访活动后的第一时间,迅速将所得资料中的录音、笔记、心记,或对其修订或补充的部分按照自己所需进行分门别类。

采访资料的整理与归纳既是一项复杂的工作,又是一项有序的工作,这其中不仅包含着记者对采访资料的查看、标记、分析和补充,还要记者对资料进行筛选、取舍和核实。大致可分以下几个步骤。

(1) 浏览所有材料。听录音,读笔记,回顾整个采访过程,将心记的内容迅速记录到同类的笔记材料旁,仔细核对基本信息,并纠正、修订难以清晰辨认的笔记内容。

(2) 将录音记录整理成文字材料。这里注意要一字不漏,并标出页码,在可能用的材料旁做上自己熟悉的标记,要明确各种材料所在的具体位置以及相关的数量和内容。

(3) 及时补充、补录。查看有无现场没有及时记录的内容,或者漏掉未采访的问题以及未获取的其他材料。若有,应及时联系采访对象进行补采、补录等工作。另外,包括记者自己在归纳整理材料过程中的心得体会以及对写作有用的二手资料,都应在此过程中及时补充。

(4) 根据需要,对材料进行筛选分类,这也是对采访资料进行取舍的过程。记者要对自己的采访资料形成非常清晰的认识,要结合新闻选题和报道方向对材料进行取舍,取其精华,选出最有价值的部分进行"深加工"。

(二) 要谨慎审视验证新闻采访资料

记者面对采访对象所提供的信息不能全然不信,也不能毫无保留地全部相信,要用辩证的眼光看待采访资料。在整理与归纳资料的过程中,就可根据采访对象给出的观点进行分类,将相同或相似的观点归结到一起,做进一步的核实验证,将不同或对立的观点进行总结并找出各自的立足点。

记者在验证某些材料时,有些可能需要采访对象配合验证或者直接通过采访对象进行验证,面对这种情况,记者可以在采访现场直接进行或者提前做好联系,和采访对象沟通好验证的缘由和目的;但有些可能无法直接向采访对象进行验证,面对这种情况,初期可以通过记者的逻辑推理,凭借以往积累的知识与经验,对有关材料做出合乎规律和实情的检验,除此之外,就需要记者去查找权威可信的信息源,并对信息的真实性作进一步的考察和核实,以保证新闻的真实、准确和客观性。即便是对于同一事实情况,记者从不同的渠道获得的信息往往也会有较大的出入,记者采访不同的人得到的信息确实不同的,或者事实的知情人较少,得到的信息是片面的,这些都是采访实践中的常见情况。因此,验证核实采访资料是整理与归纳新闻采访资料中的必备环节,具体如何查验核实,后面的本章第二节会详细介绍。

（三）要厚积薄发积累新闻采访资料

要形成一篇优秀的新闻报道，除了从采访中获得材料，记者自身的积累也是必不可少的一部分。记者每次采访所得的资料真正用进新闻报道的往往只是部分甚至是少部分，更多的则是在"版面"上派不上用场，但这并不意味着这些多余的材料就没有用途，可以丢弃或删除。记者要在工作中养成积累材料的习惯，善于把这些暂时不用的材料进行归类并积累、储藏起来，以供日后在撰写同类题材的报道时能够为自己所用，尤其是对一些系列报道而言，手中现成的资料有利于记者在采写同类新闻时，了解过去、指导现在和预测将来，让自己的新闻报道更有新意和深度，甚至可以帮助记者从已有资料中产生联想，进而获取新闻线索。在记者经历一些重大时刻、关键节点或者有过一些新体验和新感悟时，这些归纳积累的采访资料还能够成为记者除了新闻报道之外的副产品，如采访手记或者回忆录，在这些副产品中记者可以利用这些资源再次还原一些采访场景，讲述自己的采访感受和心路历程。例如，新华社高级记者刘卫兵所著的《回望20年：一位新华社记者的采访手记》中就详细描述了当时作者经历的一些历史重大时刻，包括1997年香港回归、1998年特大洪水、2001年阿富汗战争等；有的反映了老百姓日常生活中的各种新鲜事和新变化，如中国大陆第一个试管婴儿两岁、北京胡同的消失等。

除了对剩余采访资料的保存和积累，记者的平时积累也十分重要。有些记者会认为，只要每次采访前几天去做好资料的搜集和准备就可以保质保量地完成采访任务，或者有时候记者采访的某篇稿件因为不能发表，就认为这些采访资料毫无用处，这种想法是不可取的。记者要惯于积累、善于积累，不仅要积累材料，还要积累知识和思想，这样才能撰写出有深度、有见地的新闻报道。针对自己既往的采访资料，记者也要养成经常查阅的习惯，当发现自己在某些方面的理解还不够清楚明白时，要及时积累、补充相关知识，要将资料带在脑子里而不是本子里。

光明日报社社长兼总编辑王慧敏曾在人民日报新疆记者站做记者工作，在到达新疆站后，他用了一个多月的时间到兵团图书馆系统查阅了兵团的史志、年鉴和回忆文章。后来，在其他媒体都用一则简讯报道新疆生产建设兵团在3座城市建市的新闻时，王慧敏发了一个头版头条《新疆生产建设兵团实现历史性跨越》。其实，那时的自治区方面给所有媒体都提供了相关消息，但只有王慧敏记者做出了新疆建设兵团发生"历史性跨越"这样的正确判断，没有历史方面的知识积累就没有对重大历史性事件的把握。最后连《新疆日报》和新疆生产建设兵团自己的日报都反过来转载王慧敏记者的这篇精彩报道。在《人民日报》记者部编辑组，王慧敏被评为"免检记者"，大家都乐意编他的稿子，这源自他多年来孜孜不倦地滋养笔头。尽管是史学、法学双学士，文学硕士，法学博士，但在他的办公室里，有一份堪能与高三学生相媲美的日程表，每天何时起床、何时读书、何时写作，都安排得紧张有序。为了下笔有神，他曾经每天风雨无阻地在下班后跑到图书馆系统摘抄《人民日报》的相关文章，然后反复诵读。3年7个月，光笔记本就装满了整整3个箱子。如今，不惑之年的他还坚持每天背两小时美文。扫码查看《做人民的记

做人民的记者——记人民日报驻新疆记者站王慧敏

者——记人民日报驻新疆记者站王慧敏》全文。

"不要做一棵才长了半尺就想结穗的谷子,那样,尽管穗形看上去也很风致,但谷粒终究是瘪塌塌的。只有不断增加学养,新闻之树才能葳蕤常青。"①

优秀记者,在采访刚刚结束的时候,就可以拿出出色的报道;蹩脚的记者,在采访结束后的很长时间,还在消化材料、补充材料,甚至埋在材料堆里爬不出来。这很像管理仓库,好的保管员在货物进库的时候,就做了各种加工,把它们分类,做好标号,需要包装的做好包装,需要洗刷的进行清洗,易腐的装入冰箱……一旦要用,各样材料伸手可得。那些不负责任的或无经验的保管员,进货时只管进货,各种东西,不论是日用百货,还是粮油副食,统统胡乱堆放在一起,仓库成了大杂烩、一锅粥,有时要用个什么材料,找起来比现进货还要难。②

第二节 新闻采访细节的核实

新闻采访后期活动除了要对采访资料进行整理与归纳,还要对采访内容的真实性进行核实,这样才能进入后续的写作与传播环节。

一、新闻采访细节核实的重要性

部分新闻记者在盲目追求"网速"的情况下,对网络及社交媒体提供的新闻线索只做简单的访谈沟通,采访对象提供什么就报道什么,而不做翔实的资料核实,也因此放任,甚至是主导了虚假新闻的传播。以下通过两则真实案例来理解新闻采访细节核实与研判的重要性。

从1月23日开始,不少人在微信群或朋友圈内看到这样一条消息:"今晚9时30分,央视新闻频道(13频道),白岩松主持'新型冠状病毒肺炎'专题现场直播,邀请钟南山院士介绍疫情,请届时收看。"1月26日18:04,这则在微信朋友圈广泛流传的"收视提醒"被青海卫视的微博官方账号@青海卫视报道:"今晚(1月26日)21时30分,央视新闻频道(CCTV-13)将播出由白岩松主持的《防范新型冠状病毒肺炎》专题节目,钟南山院士受邀讲解相关知识,敬请收看。"当一些微博用户在@青海卫视的这则虚假消息下留言,要求其先核实再转发、注意消息的真实性时,@青海卫视的回复居然是:"您又从哪核实了张口就来?""谁告诉你这个不具备真实性呢?张口就来!""您咋就知道我们没求证?"

1月25日夜,山东省微山县教体局对该县某学校进行了通报批评,因为该校一些教师将这一虚假收视提醒"转发到教体系统部分微信群,又由部分教师转发到各学校钉钉群",认为这些教师"不加甄别转发一些不实信息,在教师和学生、家长中造成舆情混乱,对我县

---

① http://www.chinadaily.com.cn/hqgj/2007-11/06/content_6235045.htm.
② 艾丰.新闻采访方法论[M].北京:人民日报出版社,2020:102.

防控工作大局造成了严重不良影响"。1月26日19时许,红星新闻记者通过短信向白岩松本人核实这一"收视安排"。白岩松表示,"今天是周日,根本没有新闻1+1节目","我1月20号连线钟院士之后根本不舍得再打扰他,有可能过两天再打扰他"。

资料来源:https://new.qq.com/rain/a/20210128A0FLJV00.

这是2020年年初的一则假新闻,彼时正值疫情紧要关头,大家对权威信息迫切需求,也正是在这样的情况下,让这则假新闻在社会上迅速地广泛传播,造成了十分恶劣的影响。而值得注意的是,青海卫视的微博官方账号面对网友质疑时的回复,令人汗颜,但对于这则消息想要核实其实是非常容易的,只要到央视的官网查一下节目表或者私信官方微博做个求证即可,但一句"您又从哪核实了张口就来?"不但违背了自身的职业操守,同时也丧失了媒体在群众中的公信力。

1月4日14:30,澎湃新闻发布消息称:2016年01月04日14时30分03秒,江西省九江市浔阳区发生6.9级地震;震中经度:115.52,震中纬度:29.51,震源深度:10千米,震级:6.9。随后,人民日报客户端、网易新闻客户端、一点资讯等也纷纷开始推送这个消息。1月4日14:43,澎湃新闻发文《更正:中国地震台网称江西九江地震消息不实》:中国地震台网发布最新消息:江西省九江市浔阳区发生地震,消息不实。其微博也发布消息称:此前澎湃客户端今日推送新闻称,江西九江浔阳区发生6.9级地震。此信息为地震台网自动后台录入信息,后经编辑人工核实,此信息不实,向各位用户致歉。

2016年4月22日,国家新闻出版广电总局公开通报《财经》杂志微信公众号等15家媒体发布虚假失实报道的查办情况。指出:2016年1月4日,上海报业集团所属的澎湃新闻网发布虚假新闻"江西九江浔阳区发生6.9级地震"。经查,该新闻为中国地震台网的测试信息,澎湃新闻网未经核实进行报道,导致虚假新闻传播,造成严重的负面影响。对此,上海报业集团对相关责任人做出停职检查、扣罚奖金等行政处理。

资料来源:http://world.people.com.cn/n1/2017/0103/c1002-28995895.html.

这是2016年影响颇大的一条假新闻,在材料中也能看到不同于其他假新闻的致歉,这里的相关涉事人员均受到了处分或处罚,因为根据《地震预报管理条例》第十四条规定:新闻媒体刊登或者播发地震预报消息,必须依照本条例的规定:以国务院或者省、自治区、直辖市人民政府发布的地震预报为准。新闻宣传部门应当实事求是地进行地震知识和防震工作的宣传报道。涉及地震短期和临震预报水平的宣传报道,在发表前应征得国家或省级地震部门的同意。新闻媒体如果得到民间与地震有关的异常情况反映时,首先应当与所在地政府及地震部门联系,而不应抢先报道。在地震发生后,应当从政府及地震部门取得可靠信息进行震情和灾情的报道。对有关地震的谣言,应与地震部门配合积极辟谣。[①]

上述两个案例一个不经核实,还去反问提出质疑的网友;一个不顾法律、法规,不经核实进行新闻抢发,最终都造成了严重的负面影响。真实是新闻的生命,新闻报道永远是寻求权威信源和认定事实的过程,纵观近年来各式各样的虚假新闻,虽然花样百出,手法也各不相同,但归根结底大多是记者对采访对象提供的内容听之任之,不去核实的结果。而

---

① http://www.gov.cn/bumenfuwu/2012-11/08/content_2599919.htm.

网络时代,记者最重要的职责就是去伪存真,不断地、反复地核实信息的真实性和可靠性。如果记者思想懒惰、盲目轻信或者抱有侥幸心理,而忽略材料核实这一关键步骤,那么哪怕只有微小的情节失真,也会让新闻变成谎言。

二、新闻采访细节核实的方法

核实新闻采访细节是新闻实践活动中必不可少的一个环节,如果这一环节把握不好,整个采访活动就可能前功尽弃。记者核实采访细节材料的方式和途径有很多,比如可以将整理好的采访记录和初始稿件拿给被访者看一看是否和事实有出入;可以寻找不同的采访对象做多元求证,不轻信一家之言;对于非一手资料要进行追根溯源,尤其在面对记者不熟知的领域时一定要寻求权威的信息源;坚持"三审三校"程序,各环节都要认真审查核实。实际情况中,因需要核实的具体材料不同,其核实的方式方法也各不相同,但万变不离其宗,基本的核实方法如下。

(1) 当面印证。记者在采访过程中,如果对采访对象传递的信息不清楚或不理解,要在现场及时和对象进行核实印证,对于特别重要的事实,要在现场再三和采访对象确认,对于后期整理过程中出现的疑问部分,要第一时间联系采访对象进行补录和核实。

(2) 溯本求源。有时记者在采访中获得的材料并非第一手的,而是间接材料或几经转手的材料。为了核实这些材料,记者要尽量找到它的源头。比如,引文要看原书、原件等原始材料;要尽量找到具有第一手材料的人,核实几经传递的信息;如果可以,最好的办法是记者直接到现场去观察和验证一番,这也是最有效的核实方法。

(3) 寻求物证。就一般情况而论,口头材料的可靠性不如文字材料,文字材料的可靠性不如物证材料。因此,如果有可能,记者就要寻求物证材料,用物证材料核实其他材料。当然,物证材料也存在真伪问题,有时核实工作还要包括对物证材料的考据工作。例如,用仓库里的实物核实会计的账目,用城市里新起的建筑核实该市领导关于城建的报告,都属于这种方法。

(4) 多方证实。记者核实材料要善于比较和分析,有时记者没法及时到达现场或者现场已经无法寻求物证,又或者事实已经过去很久,没有留下足以说明问题的物证,这时就需要采取多方证实的方法。各种事件的材料、各种人的材料、各种时间的材料在某一事实上,说法是否一致。若一致,基本上就算得到了证实。几条不同的线相交于一点,这些材料就是比较准确的了;当然,要注意这种证实中的假象,如证实的各方互相串通,"多方"实为"一方",证实者受到外界压力,不敢按照事实本来面貌说话等,在某些特殊情况下,多数人讲了假话也是有的。

(5) 常识和逻辑判断。记者在整理材料的同时也是一个核实的过程,这个过程中,记者运用丰富的常识和严密的逻辑进行判断是必不可少的。记者对于材料中一些违反基本常识或者逻辑难以自洽的材料可以进行初步的真实性判断,之后可重点核验。

(6) 技术检验。对于材料中记者无法独立完成核验的,包括对物证材料的化验,成果的鉴定,权威人物的品评等等,可寻求有关部门或专业人员的协助进行核实和检验。

(7) 自审和送审。记者对于自己完成的报道要进行初步的自我审查,查验报道中的材料使用是否得当,是否有失实或自相矛盾的地方,是否符合新闻主题和事实本身;对于一些政策性较强的报道,记者应该送给有关党政机关或主管部门审阅,以免发生新闻失实,从而损害社会效益。

三、新闻采访细节核实不力的危害

新闻采访细节的核实既是对新闻素材的核实,也是对新闻事实的核实,是保障新闻报道真实有效的关键步骤和必要环节。缺少这一核实环节不仅会损伤公众情感,影响媒体信誉,更严重的还会引发法律纠纷,甚至扰乱社会秩序。与此同时,新闻采访细节核实不力也是导致虚假新闻泛滥的直接原因之一。下面是几个因新闻采访细节核实工作不到位而导致新闻失实的具体案例。

2006年1月13日,《南国早报》第34版"市民之声"刊登一读者来信《这家粉店"亏本"经营?》,署名为"南宁市民黄先生"。

该文说,在南宁市南铁北四区有间粉店(无字号),生意特别兴旺,无论肉粉、杂粉、老友粉、叉烧粉、干捞粉、牛腩粉等,一律2元一碗。不管你吃二两、三两甚至四两,同样是2元一碗,使不少同行甘拜下风。按正常的成本计算,像他这样经营只有一个"亏"字。

该文在算了各项成本之后,指出该店用的是私宰肉,每个消毒碗都反复使用三四次,"我估计他们将用过的碗拿到厨房里趁人少,或没有人的时候,再用抹布抹一下,然后马上装粉摆好。这个老板的心真够黑的了,每天少用200多个消毒碗,少开支30多元钱左右,连水费都节约,只此一项,每月赚取的黑心钱就有上千元。"该文见报后,该粉店老板说这是同行诬陷他,报社没有派记者去调查就刊登出来,对他的生意、名誉造成了影响。他多次到报社讨说法。由于这封来信未经编辑核实,报社没有证据,无以反驳,遂以编辑的名义刊文致歉。但老板并未罢休,他认为这封读者来信影响了他的生意,难以经营,以致4月份不得不将粉店以7000元的价格转让出去。他在其他地方找不到店铺经营,以致生计无着。于是他又多次来报社索赔,开价从5万元、3万元降到6000元。相关编辑多次接待,均未能化解。

7月3日,老板挂着一个大牌子到广西日报社门口,以极端方式索赔,惊动了广西日报社领导。分管《南国早报》副总编出面接待,7月28日经向编前会汇报后,报社同意赔偿3000元。后经过多次磋商,老板终于同意这一赔偿方案。

【评析】

读者来信内容写得很细,编辑未经核实就刊登,潜藏着极大的风险。当事的粉店老板家庭经济情况并不好,全家老小靠他一人开粉店养家,很不容易。一篇未经核实的稿件伤害了这样的人,教训深刻。同时,随着《南国早报》在读者中的影响逐渐扩大,一些别有用心之人,便把早报当"枪"使,以达到自己的某种目的。

都市类报纸要反映民声,不管是读者来信还是来电记录,都是民声。这类民声,大多都是反映问题的,具有投诉性质,编辑若不加以核实,不加辨别地"直播",不仅可能伤害被投诉的当事人,也可能会失去新闻的真实、客观、公正。

资料来源:李启瑞.我们错了[M].北京:商务印书馆,2011:10-11.

2008年12月16日,《当代生活报》以《摩托车2009年度交通规费开始征收》为题,独家报道广西开征摩托车2009年度交通规费的消息。消息见报后,第二天还被同城其他媒体刊播,引来摩托车主们的一片质疑。此前国内媒体已经报道,2009年我国将实施成品油税费改革,取消以前在成品油价外征收的公路养路费、公路运输管理费等六项收费。在这种情况下,广西还开征2009年度摩托车交通规费,岂不是双重收费?带着这些疑问,读者纷纷打电话向交通部门咨询。南宁市交通部门也来电对报道的真实性提出质疑,因为如果自治区交通厅决定开征2009年度摩托车交通规费,肯定会先于媒体通知各地交通局,如今却从未收到交通厅的通知,岂不蹊跷?

这篇报道刊发才两天,12月18日,国务院印发通知,决定从2009年1月1日起实施成品油税费改革。这证实了这是一则失实新闻。经核实,这则消息是广西交通厅信息中心的一位通讯员提供的。为了抢新闻,记者在未经进一步核实的情况下,便署名刊发,导致了失实新闻的出笼。有关开征2009年摩托车交通规费的通知是早就拟好了的,因有新政策,广西交通厅并未形成正式文件下发。通讯员不承认消息是由其提供的,不愿更正致歉,报社最终以编辑部的名义更正道歉。

【评析】

这是一篇不折不扣的失实报道。其性质已属假新闻范畴,教训极为深刻。

教训一:记者不能存在"等、靠、要"的思想,不能过分依赖通讯员。得到通讯员提供的稿件后,首先,要以高度的责任感审核稿件;其次,要做深入细致的调查核实;最后,未经核实的通讯员稿件,千万不要贸然刊发。

教训二:过去,通讯员提供的纸质稿件上盖有所在单位的公章,白纸黑字,假如出了问题,责任清晰。如今,通讯员提供的往往是电子稿件,没有签署所在单位意见和公章,如果出了问题,很难查清谁是责任人。这条失实新闻的出炉表明,记者缺乏政策敏感性。此前,国内媒体已经报道,2009年我国将实施成品油税费改革,取消在成品油价外征收的公路养路费等六项收费。在这个时候收到与国家政策背道而驰的通讯员来稿,记者理应再向通讯员进一步求证。

资料来源:李启瑞.我们错了[M].北京:商务印书馆,2011:107-108.

2002年4月,一篇有关使用微波炉对人体有很大危害、微波炉烹饪会破坏食品营养的《莫忽视微波炉的危害》报道横空出世后,迅即被不明真相的全国近600家媒体刊登。受该文影响,许多消费者认为微波炉不再是厨房帮手而是恐怖杀手,因此不愿购买,这也使得微波炉这个有着70年生产发展历史的行业陷入困境,五、六两个月全国微波炉销售同比下滑了40%。全国家电标准委员会副主任王世和在接受记者采访时说:"微波炉工作所产生的辐射比手机还要小。"我国微波炉的测试方法和国际上采用的方法是一致的,而且我国微波炉泄漏"每平方厘米不超过1毫瓦"的标准比"每平方厘米不超过5毫瓦"的国际标准还要严格。另据中国预防医学会的何教授介绍,微波是一种高频波,以每秒24亿次的速度变换引起水分子的高速度运动、互相摩擦产生热量,以此加热和烹饪食品,是不会破坏食品营养的。而来自食品卫生监督部门检测的资料也表明,卷心菜经微波炉烹饪,维生素C的损耗率为4.76%,而传统烹饪方式为19.04%,"微波炉烹饪破坏食品营养纯属无稽之谈"。据悉,全国微波炉行业的老大格兰仕已找到相关证据,向假新闻的制造厂家递交了律师函,要上法庭讨个说法。

【评析】

在此案例中,新闻工作者犯了和之前几个案例一样的错误——对于自己不太了解的知识没有进行询问、调查、核实,而盲目地听信一面之词,将其发表出来。随着中国进入小康社会,人们对健康越来越关注,虚假的卫生新闻和伪科学普及文章也会越来越多。微波炉是否是人们健康的"恐怖杀手"?通过各位专家的解释和事实证明,微波炉释放出的辐射很小,对人体的影响不大,并且"微波炉烹饪破坏食品营养纯属无稽之谈"。新闻工作者在此新闻播报的过程中起到了推波助澜的作用,在不明白微波炉相关知识的情况下,竟然"不懂装懂",发布危言耸听的言论。更加夸张的是,在第一家媒体首发了该报道后,全国竟然有高达600家媒体相继报道和刊登。其中无一人对记者没有科学依据的新闻进行查证和核实,导致看过该报道的受众的恐慌,称微波炉不再是"厨房帮手"而变成了"厨房杀手",最终引起了微波炉销量的急剧下滑。记者的一系列做法最终引起了微波炉行业"老大哥"格兰仕的抗议,用法律途径维护自己的合法权益。可见记者的行为已经对企业的名誉和经济利益带来了侵害,破坏了市场经济的正常秩序,而且误导了受众,从而在社会上引起了大规模的恐慌,是一种缺乏职业道德和职业素养的行为。其实,像"微波炉有害健康"之类的伪科学,在中国早已不是第一次出现,如"无线路由器的辐射导致附近植物不发芽""饮隔夜茶容易得癌症""变频空调危害人们身体健康""用铝制品盛食物会得老年痴呆症"等等。新闻工作者必须具备一定的科学知识,面对不懂的知识要不耻下问,虚心向专业人士请教。同时要防范自己成为某些利益集团恶性竞争的"枪手"。

资料来源:http://media-ethic.ccnu.edu.cn/info/1196/2738.htm#.

2020年2月15日11:16,微博@贵州综合广播发布"快讯",称"中央纪委国家监委网站2月15日发布:中国疾病预防控制中心主任高福涉嫌严重违纪违法,目前正在接受中央纪律检查委员会纪律审查和国家监察委员会监察调查。"《广州日报》网站、微博@黑龙江卫视等也发布了这个消息。

2020年2月15日11:55,微博@贵州综合广播发布"致歉信",指出:"2020年2月15日综合广播官方微博发布了一篇内容,此信息在未经认真核实的情况下发出,我们已经及时删除了原文,尽管采取了措施,但已经对大家造成不良影响。在此,诚恳地向大家致以歉意并希望大家删除!"13:50,又发布一则"致歉信":"我们于2月15日11:16发布的有关机构查处中国疾控中心相关人员的消息为谣言。我们对个别工作人员未经核实予以转发再次深表歉意。"当天12:14,微博@侠客岛发布消息:高福被调查?目前中纪委国家监委网站并无官方消息。当晚19:51,微信公众号"科学网"发布推送《高福:正与世卫专家一同研讨沟通疫情防控》称,"针对2月15日'贵州综合广播'等网络上散布的不实消息,《中国科学报》记者采访了中国疾控中心主任高福。高福表示,他现在正接待从世界各地赶来的世卫组织专家,研讨、沟通新冠肺炎的防治工作。"

【评析】

作为官方媒体,微博@贵州综合广播没有去中纪委官网进行核实,就将臆想或传闻的内容作为新闻发布,大量媒体在转发这一假新闻时也未做过认真的核实工作,要么注明消息源是"中央纪委国家监委网站",要么不注明转载来源。实际上,这些媒体根本没有去官网进行核实,而是直接将其他媒体报道的内容移植过来,照搬照抄。这则假新闻之所以能够在短时间内成为微博热门内容,与它反映出的"民意"有关,前述两条虚假新闻案例也体现出相同的特质。面对新冠疫情这样重大的公共卫生事件,在紧张恐慌情绪下,民众一方面有强烈的信息需求,希望获得权威信息,另一方面又对疫情中一些不如意现象怀有不满,于是承载了这些"民意"的假新闻"应运而生"。应该说,疫情期间流传大量的网络谣言并不令人意外,当下的媒介生态又助长了这一现象,帮助它们实现从"谣言"到"新闻"跨越的则是那些传播虚假新闻的媒体。虽然只是在媒体的官方微博上发布,而官微同样具有媒体的权威性,但是有些媒体人在潜意识里并没有像对待报纸版面、电视画面那样严肃认真,因而失范失误失守也就不奇怪了。

资料来源:https://new.qq.com/rain/a/20210128A0FLJV00.

综合以上案例,新闻采访细节核实不利的危害主要有以下几个方面。

1. 误导社会公众

新闻消息的获取是社会公众获得信息用以指导生活和工作的重要途径,新闻采访细节核实不利必然会导致新闻消息失实,而不真实、不准确的新闻报道则会误导社会公众,直接影响社会公众进行下一步的决策和判断。

2. 影响社会秩序

新闻采访细节核实不到位,会把错误的信息价值和情绪传递给社会公众,尤其是面对公众普遍关注的或是突发性的社会话题时,错误的价值导向和情绪引导会引发社会的不安情绪,形成负面舆情,严重影响社会的和谐与稳定。

3. 削弱媒体公信力

媒体公信力是对媒体权威性、影响力进行衡量的重要因素,只有确保媒体具有高度的公信力才可以获得受众的支持和肯定,这是媒体重要的能力和资源。近年来,由于新闻采访细节核实不利而导致的失实新闻和反转新闻屡见不鲜,使部分媒体多年累积的声誉和形象毁于一旦,不仅削弱了媒体的公信力,更阻碍了媒体的长远发展。

4. 引发法律纠纷

报道未经核实的新闻采访细节可能会引发新闻侵权,对新闻当事人的权益造成侵犯,影响其形象、心理和经济等。除此之外,公开报道未经核实的新闻采访细节还有可能涉及隐私权、著作权、名誉权等其他多项相关权益,引发不必要的法律纠纷,新闻记者及新闻媒体机构将会面临法律诉讼和赔偿责任。

延伸阅读

美国新闻界传奇记者迈克.华莱士(Mike Wallanc)和美国福特汉姆大学新闻学教授、记者贝丝.诺伯尔(Beth Knobel)整理的记者工具箱之核对清单,供大家在新闻实践中参考学习。

1. 纸媒清单
- 我的文章里是否有错别字?我的标点符号用得正确吗?
- 我有没有查过我所在新闻机构的写作手册以确保我用词准确?
- 我写的导语清楚有力吗?
- 我写的硬新闻中,在读了头两三句后,能明白这篇报道是关于什么的吗?
- 我写的硬新闻中,有没有把最重要的点放到开头两三段?
- 我有没有用倒金字塔结构写这篇硬新闻,把最重要的信息放在最开头?

- 我有没有在文章的第3、4或5段里使用直接引语?如果没有,文章是不是因此更有力?
- 我使用的直接引语有没有为文章增色,加强了情感,增添了幽默感?
- 我的文章是否通篇逻辑清晰?
- 我是不是把所有名字都写对了?
- 我是否核实了文章中每个人的头衔?
- 我有没有复核过我文中的各个事实?
- 我有没有复核过所用引语,确保它们完全正确?
- 我有没有在文中臆断某些可能不属实的事情?
- 我的文章读来是否像报刊文章,还是像随笔或学期论文?
- 我的用句是否简短明了?我写的段落是否已相对简洁?
- 我是否删去了不需要的词语?
- 我是否使用了主动态?
- 我有没有把自己的观点带入文章?
- 我有没有在文中使用判断性字词?
- 我是否对所有采访过的人做到公平?
- 我有没有以公正平衡的方式解释这则新闻的本质?

2. 广播清单

- 报道是否清晰,是否包含了最重要的材料?
- 我有没有同时用了自然声和采访片段?
- 我用的声音有没有帮助阐述新闻?
- 我是不是在报道现场录下的这些声音?如果不是,它们可能不适于用在此处。
- 我有没有在报道中用上我最好的声音材料和最好的采访片段?
- 那些听众看不到的事物,我有没有用文字创造出画面?
- 我的导语是否言简意赅?
- 我的导语是否能吸引听众?
- 我是否有效地引介了每一段采访?
- 我使用的直接引语有没有为报道增色,加强了情感,增添了幽默感?
- 我有没有在每个采访片段前介绍说话人(或者假如我在长采访片段前用了一个短采访片段,有没有立即在短采访后介绍说话人)?
- 我有没有在首次介绍人物时给出他们的头衔?在第二、三次提到某个人物时,我的指称是否正确?我是否核实过报道中每个人的头衔?
- 我的报道是否通篇逻辑清晰?
- 我的报道是否有一个合理的结尾?
- 我有没有复核过报道中所有的事实?
- 我有没有复核过所用的引语,确保它们完全符合上下文?
- 我有没有在文中臆断某些可能不属实的事情?
- 我的用句是否简洁明了?
- 我是否删去了不需要的字词?我是否使用了主动态?

- 我有没有把自己的观点带入报道中？
- 我有没有在文中使用判断性词语？
- 我对所有采访过的人是否都做到了公平？
- 我有没有以公正平衡的方式解释这则新闻的本质？
- 播报新闻时我是否不急不缓、精神十足，重读了重要的字词？

3. 电视清单
- 报道是否清晰，是否包含了最重要的材料？
- 我报道中的文字和影像是否对应？
- 我的文字是否为影像增加了信息而非重复了画面信息？
- 我是否将最好的影像、声音和采访片段放到了报道中？
- 我的导语是否言简意赅？
- 我的导语是否能吸引观众？
- 我是否有效地引介了每一段采访？
- 我使用的直接引语有没有为报道增色，加强了情感，增添了幽默？
- 我的报道有没有记者站立出镜的片段以增加可信度？
- 我的报道是否通篇逻辑清晰？
- 我有没有核查过所有出现在屏幕上的名字书写正确？
- 我是否核查过报道中每个人的头衔？
- 我有没有介绍所有引语来源者的头衔，无论是在叙述中还是在屏幕标示上？
- 在第二、第三次提到某个人物时，我的指称是否正确？
- 我有没有复核过报道中所有的事实？
- 我有没有复核过所用的引语，确保它们完全符合上下文？
- 我的报道是否有一个合理的结尾？
- 我有没有在文中臆断某些可能不属实的事情？
- 我的用句是否简洁明了？
- 我是否删去了不需要的字词？
- 我是否使用了主动态？
- 我有没有把自己的观点带入报道？
- 我有没有在文中使用判断性词语？
- 我对所有采访过的人是否都做到了公平？
- 我有没有以公正平衡的方式解释这则新闻的本质？
- 播报新闻时我是否不急不缓、精神十足，重读了重要的字词？

4. 互联网清单
- 我能不能制作出图表——无论是否能与读者互动，以帮助整篇报道？
- 我能不能在网站上加上纸媒刊出的文章？
- 我能不能加上电视报道？
- 我能不能加上广播报道？
- 我能不能加上播客？

- 我能不能加上幻灯片？
- 我能不能加上时间轴？
- 我能不能以某种方式放上带个人色彩的故事？
- 我能不能就这个话题提供对读者有帮助的其他网站的链接？
- 我的读者能不能在网上留下评论或添加信息？

第三节　新闻采访稿件的形成过程

新闻就是用事实说话，但是说什么、怎么说也有门道的，同样一件事，有的说法人们就爱听爱看，有的说法就不受人喜欢，尤其是在多种媒介技术飞速发展，新闻传播渠道日新月异的今天，更要求新闻既有发现力，又有表现力，要讲"好故事"，更要讲好"中国故事"，还要契合主题讲故事，讲能够让受众喜闻乐见的故事。原人民日报经济社会部主任曾说过这样一番话："不管媒体格局怎么变，'内容为王'不会变，专业部门是内容制作的专业团队，传播渠道越多，越显示出内容的稀缺性。经济社会部的编辑记者要敢于负责，勇于担当，在做好自己分担工作的基础上，努力实现'三能三抓'：'能抢先、抓热点'；'能思考、抓深度'；'能包装、抓鲜活'。"好的内容离不开好的采编过程，纵观历届中国新闻奖获奖作品，每一个采编、成稿过程都有其自身的点睛之处。

下面来看第三十一届中国新闻奖文字消息一等奖获奖作品《我国最后一个不通公路的建制村车路双通　滴滴！阿布洛哈村来车了》，在作品参评推荐里获得的评价如表5-1所示。

表 5-1　推荐表

社会效果	四川日报对阿布洛哈村通村公路建设的率先报道，打响全国关注"最后一路"的第一枪。四川日报发挥地方媒体的下沉优势，派出骨干采编团队长期驻守大凉山，将十几年来对阿布洛哈蹲点调研所积累的丰富素材，与新技术手段充分结合，多平台、多形态的全媒体报道，既生动及时，又富有历史厚重感。 报道为阿布洛哈村的通车留下了历史性的纪录，也为中国脱贫答卷的完成添加了鲜活一笔，受到党政领导、脱贫一线干部群众和广大读者的好评。
初评评价	本文在写作上有三点匠心独运。 1. 写一条路又不止写一条路。通过一条公路建设，带出了全省通村公路建设全貌，凸显出"最后一路"的历史性成就。 2. 写当下事又不止写当下事。在车路双通的报道中，通过回溯村庄特殊历史背景，凸显建设艰辛，让作品显得更为厚重。 3. 写村里人又不止写村里人。报道中，既有村民的欣喜，也有帮扶村里17年的林强的期盼，还有建设者的如释重负，通过不同人的视角，展现出阿布洛哈的今日之喜和明日之愿。

从表 5-1 推荐表中能看到,这短短 900 多字的文字稿件却浓缩了记者的数年心血,从选题到立意再到搜集采访资料,最后形成报道,以小见大凸显中国社会发展的历史性成就,既有事实又有价值,是一篇非常值得大家学习的好作品。扫码查看《我国最后一个不通公路的建制村车路双通 滴滴!阿布洛哈村来车了》全文。

我国最后一个不通公路的建制村车路双通滴滴!阿布洛哈村来车了

那么,怎么将自己的采访资料形成稿件,又怎样最大化利用采访资料能够保质保量的完成报道呢?将从以下几个方面进行解析。

一、精炼新闻主题

新闻主题是新闻报道的中心思想及基本观点,是记者对客观事实的看法、态度和通过事实的报道所表达的主观意图,是形成报道的第一步。

新闻主题是新闻事实的统帅,对凸显新闻价值起着决定性的作用,也对新闻报道的整体起着统帅作用,一篇好的新闻作品,至少也应该说明其主题是拥护什么、反对什么、肯定什么、否定什么、要解决或说明的主要问题是什么等事实核心。对于新闻主题的提炼,每位记者有着自己独特的方法,比如原经济日报总编辑就生动形象地总结了主题提炼的三种方法:凤凰落在梧桐树;绿叶衬的红花美;玩味再三意更疏。

【记者训练营】新闻报道的主题要这样提炼出来

除此之外,还有一些业界常用的基本方法。

(1)追根溯源法:一件平凡事情的背后却有大智慧,事物的本质不是一下子就能看得清楚的,往往要经过由此及彼、由表及里地分析。新闻主题的确定也往往要经历这样的过程,它需要记者像剥洋葱一样,把新闻表面一层一层地剥开,才能看到最耐人寻味的主题。

(2)比较分析法:通过相关、相类似的事件做横向、纵向的对比,可以发现它的不同特征,深化提炼新闻主题。比如说面对同一个新闻事件,不同人的正反看法。把一个新闻事件放在历史环境里面,比较它在新环境下与以前有什么不同的主题。

(3)联系实际法:一个新闻主题的确立要考虑很多因素。首先是要吃透两头、把握党和国家的政策、关注关系百姓利益的事情。在选择和确定主题时,及时、准确地把握住体现党和国家在新的历史时期制定的方针、政策,要抓住政治上具有方向性、决策性的问题。选择受众普遍关注的事实,才能做出引起受众共鸣的报道。

(4)见微知著法:在现实生活中,每个从事新闻报道的人,想要经常碰到重大典型、重大事件是不大可能的。大量的是平凡的人、平凡的事,这就要求大家善于见微知著、以小见大,从平凡中发现伟大,提炼出不同凡响的报道主题。

二、构建新闻材料

材料是事物和事实的各种形态、各种性质、各种来源的表象、表现、反映和记载的总称。既包括事物的直接表象,比如物证材料,也包括事实的叙述转述等;比如文字材料,记者必然要通过材料去了解事实,但材料不等于事实。新闻材料是新闻报道中记者通过各种途径搜集的用以认识和表述新闻事实的各种情况的记载的总称,新闻记者通过材料认识事实真相,也通过材料表述事实真相。这是形成新闻报道的第二步。就如前文提到的,这里所说的新闻材料,不仅指用于具体报道中的材料,也是指记者在写作前积累和搜集的材料。

在记者构建新闻材料的过程中,要注意新闻材料的选择首先应当围绕新闻主题,材料和主题要有直接的相关性;其次要尊重客观规律和新闻规律,力保材料的真实性和准确性;再者,新闻材料的构建要凸显典型性,典型人物、典型事迹、典型案例等,要通过新闻材料呈现新闻价值;最后,新闻材料可以有感性的,也可以有理性的,可以是物证、人证、口头或文字呈现的多种形态的,构建新闻材料要不拘一格尽可能的新颖生动。

三、选取新闻角度

新闻角度就是记者挖掘和表现新闻事实的角度,是新闻报道中的价值诉求和目标指向。从哪一个角度切入才能让新闻带来更广泛的影响,是每一个记者在写作前都会冥思苦想的问题,新闻角度能够直接影响受众对于这条新闻事实的认知和感悟。选对角度,即使是常见的事实或是过时的题材都能发展出一篇生动有趣且传播广泛的报道,与此同时,再重大的新闻线索,如果没有选好切入角度,也会使这则新闻"石沉大海"。新闻实践活动中,能够影响记者选取新闻角度的因素有很多,比如政策的革新,媒体的性质或要求,受众的认知和需求等等,当然还包括记者自身的能力和经验。

打开今天的各大新闻平台会发现一个奇怪的现象,就是新闻内容同质化严重,一个新闻事件发酵之后,各大平台纷纷转发,很多都是直接开启了"复制＋粘贴"模式,完全没有了"再思考"的步骤。有些记者会认为同一题材已经多次报道过了,再去做报道本身就已经很难了,更何况还要做出"好报道",有这种想法的记者就是思想懒惰的体现。前文提到的时任人民日报社驻新疆记者站站长王慧敏就有这样的体悟:要在突出新闻的"异质"上下功夫,文章有"异质",才有新意。这里所说的求"异",不是追求怪异,更不是为了吸引人的眼球而去强扭角度硬做文章。党报的特质决定了任何时候都必须坚持宏观真实和微观真实的统一。

新疆油气开发,早已不是一个新话题。作为我国的重要战略资源后备区,这些年,随着石油工业"稳定东部、开发西部"方针的实施,随着油气与人民的生活越来越密切,人们对油气开发的关注度也越来越高,有关新疆油气开发的新闻在各类媒体上几乎都是"常流水"。本人到新疆驻站以来,就写了有几十篇之多。有关"西气东输新进展""勘探开发新突破""石油工人艰苦奋斗""科技人员建功立业"等题材,可以说早就写滥了,很难再吸引眼球……

不能否认这一事实:随着传媒业的迅猛发展,信息资源共享的局面已经形成,独家发现新闻、垄断新闻的时代已基本不复存在,无论什么级别的媒体恐怕都概莫能外。而视听媒体和网络媒体的出现,使传统党报面临又一严峻局面:无论是求新还是求快,都没有了绝对优势!通过采写《油气开发给南疆少数民族送来"福气"》一文,我的体会是:恐怕应在突出新闻的"异质"上下些功夫。文章有"异质",才有新意。

资料来源:https://news.sohu.com/20060909/n245243805.shtml。

四、追寻新闻背景

新闻的报道和传播并不是直通受众的,而是在传播过程中会受到各方面的限制,比如时效的限制、字数的限制及受众认知的限制等,受众查阅新闻的时间也是有限的,这种情况下对新闻事实的认知就和记者产生一定的信息差,因此记者经过长时间的采访和信息的收集已经对事实有了全面的了解,而受众往往对信息的了解相对贫乏,要想减少这种信息差让新闻作品传播最大化,就要求记者了解新闻背景材料的类型和形态,进而合乎报道意图地使用新闻背景材料。

新闻背景是指新闻事件发生的历史、环境和原因的说明用以补充和解释事件发生或人物成长的主客观条件及其实际意义,为烘托和发挥新闻主题服务,是新闻中与新闻主体密切相关的历史情况、地理特征、社会环境、科学知识以及新闻产生的原因和注释性方面的材料。

新闻背景既可作为材料的背景也可作为解释系统的背景。作为材料的背景在一些科学技术、医疗生物等领域的硬新闻报道中尤为重要,因为在这类专业性非常强的新闻中,受众所感受到的信息不对称会更加强烈,为了能够让受众更好地阅读和理解最新的科技成果或生物技术等知识性内容,记者必然要通过为其提供必要的背景材料来降低阅读理解的门槛,而这种背景的交代方式可以是多种多样的,记者可以根据受众的喜好和需求去进行选择;作为解释系统的背景则可以为受众构建和再现一个事情从发生到发展的拟态环境。任何事实的存在都伴有一定的因果关系,存在于一定的社会环境之中,运用新闻背景正是为了更好地向受众呈现事实的来龙去脉和关联影响,尤其是对于一些较为复杂的新闻事实,背景材料的交代和理清对新闻的报道和传播也起着决定性的作用。

五、明确新闻语言

新闻语言是指适合新闻报道要求、体现新闻特性的语言,是新闻写作的规范化语言,是通过新闻媒介向人们报道最新、最近发生的事实,传播具有新闻价值的信息时所使用的一种语言,具有客观、确切、简练、朴实和通俗等特点。记者在撰写新闻报道时要字斟句酌,要冷静客观简洁地描述事实,少用或不用夸张的形容或修饰类词汇;早年间,《南国早报》报道了一篇广西壮族自治区高级人民法院执行的一起经济合同纠纷案的报道。报道内容属实,案情也交代得清楚明白,但却引起了纠纷。纠纷源于文中一个词语,即兴安县一名领导面对法官"气势汹汹"。这名县领导认为,他面对法官时没有气势汹汹,这有电视台的现场录像为证。如果他有这样的表现,等于说他是法盲,藐视法官。他认为该报道侵害了他的名誉权,要求报社赔偿其名誉损失费10万元。后经调取电视台的录像查看,这名县领导当时的语气的确是平和的,面对法官也是恭敬的,不能说是"气势汹汹"。一个用词不当闹出了纠纷不说,还损害了媒体的公信力,可谓得不偿失。所以,在新闻报道中,记者应该把重心放在描写事实上面,慎用情绪化词语。

与此同时,记者要牢记自己的采访报道是写给人民群众看的,不能把新闻当成自己的语言游戏,去盲目地追求华丽、深奥,新闻语言要通俗易懂,源于生活。

在《天津日报》评论专栏"津门凭阑"的一篇作品《向群众汇报》中"汇报"一词用得尤其好。

"面对来访群众,我认真倾听,主动向他们汇报了解决问题的思路和举措,赢得了支持和理解。"这是天津市委领导同志深入社区指导第二批"不忘初心、牢记使命"主题教育时,一位干部在座谈中所说的话,也是评论《向群众汇报》的开篇。

天津市委领导同志当即为那位干部点赞。评论员受到极大启发,敏锐地从这次座谈对话中提炼出"向群众汇报"这一核心观点。如何"向群众汇报"?"关键要抓住'汇报'二字,这不是'通知',更不是上级对下级的'通报'。做到做好'汇报',意味着党员干部要牢牢抓住'为民'这一出发点。"该评论在党员干部中引起强烈反响,随后,天津日报又策划推出"向群众汇报、让人民满意"系列评论,持续有力地引导舆论。

从去年10月到现在,"向群众汇报"成为天津党员干部践行初心使命的展示窗口。党员干部利用8小时之外,走出机关大院,走进街头巷尾、百姓家中,和群众交朋友、唠家常、听意见。正如该评论所言,"向群众汇报",就是要走出机关、"走出"文件和书本,接上地气、摸透情况,从而有针对性地创新工作方式方法,拿出破解难题的实招硬招,真正让群众见到行动、感到变化。[①]

本章小结

本章主要从新闻采访后期的实践活动做了学理上的梳理,从对新闻采访素材的整理与分析方法入手,对新闻采访要素做了分析,新闻采访的后期准备工作是对新闻采访前期及中期活动的收口,学生需要在新闻实践活动中对新闻采访素材进行分析与整理。

思考与练习

1. 新闻采访后期工作有哪些?
2. 新闻采访素材的整理过程有哪些?
3. 新闻采访后期的素材分析需要注意什么?
4. 新闻采访后期的整理对新闻采访活动起什么作用?

---

① http://www.zgjx.cn/2021-07/30/c_1310097566.htm.

第三篇　写作实践

新闻写作是新闻采访的表现形式,也是新闻传播过程中的关键环节,决定着新闻信息传播的质量和效果,是新闻记者必须掌握的重要技能。在本篇中,将以新闻写作的形式为划分标准,分为消息写作、通讯写作、特写写作、深度报道、融合新闻报道五个章节,通过理论结合案例的方式展开叙述。

第六章 消息写作

■ 本章导言

消息是各类新闻媒体中应用最多、最广泛的新闻体裁,在新闻报道中占有重要的位置,其具有篇幅短、时效强等突出特点,在新闻报道中占有绝对的优势地位,所以学好消息写作,是对媒体从业者尤其是新闻记者最基本的要求。本章将按照消息的构成元素——标题、导语、主体、结尾和背景展开叙述,通过案例讲解消息的写作方法。

■ 学习目标

1. 理解消息的定义与特点。
2. 掌握消息的构成要件。
3. 掌握消息标题、导语、主体和结尾的写作要求和技巧。
4. 掌握消息背景的应用方法。

第一节 消息写作概说

学习消息写作前,必须理解消息的基本概念与特征,才能更好地学习消息的创作方式与写作要求。

一、消息的特点与定义

(一)篇幅短小

在新闻媒体中,消息的主要任务是简洁、概括性地报道新闻事实,所以决定了消息的根本特点是篇幅短小,这也是消息与其他新闻体裁的最大区别。比如通过下面的两条新闻,就能够清晰地看出这一特点。

第六章 消息写作

第二十四届冬奥会开幕式 4 日晚在北京举行 习近平将出席开幕式并宣布冬奥会开幕

新华社北京 2 月 3 日电 第二十四届冬季奥林匹克运动会开幕式 2 月 4 日晚在国家体育场举行。中共中央总书记、国家主席、中央军委主席习近平将出席开幕式并宣布本届冬奥会开幕。

届时,中央广播电视总台将进行现场直播,新华网进行图文直播。

资料来源:https://www.gov.cn/xinwen/2022-02/03/content_5671816.htm.

同赴冰雪之约 书写崭新篇章——北京 2022 年冬奥会的世界期待

在匈牙利,一辆绘满当地儿童描画北京冬奥会愿景的电车,穿梭于首都布达佩斯市中心多个著名景点,向当地民众发出北京冬奥"一起向未来"的邀约。

在俄罗斯,退休军医弗拉基米尔·沃罗比约夫专门为北京冬奥会创作歌曲,"洁白的雪覆盖着广袤大地,北京期待奥运健儿踏上征途……"

在埃及,中、英、阿三种语言的"北京冬奥会""北京 2022"以及北京冬奥会会徽等文字和图案投映在高 187 米的开罗塔上。

2 月 4 日,第二十四届冬季奥林匹克运动会将在北京开幕。历经 6 年多筹办,中国以开放自信的态度向全世界发出热情邀请。

多国及国际组织政要、民众期待,象征着光明、团结、友谊、和平、正义的奥林匹克火种再次在北京点燃,属于中国、也属于奥林匹克的冰雪故事将谱写崭新篇章。

如期安全举办赢得世界信任

新冠肺炎疫情目前仍在全球肆虐,北京冬奥会面临的挑战显而易见。北京通过出台一系列精准防疫举措,提供周到的志愿服务和专业的医疗保障,如期举办冬奥会,赢得世界的信任与支持。

俄罗斯总统普京说,中国同俄罗斯一样,在组织大型国际活动方面拥有丰富经验,相信无论在赛事举办过程中,还是在参赛者停留期间,或是在运动员和观众的健康安全方面,中方都会给予一切必要保障。

尼日利亚总统布哈里发表声明说,中国是尼日利亚的好朋友、好兄弟,尼政府和人民坚定支持中国办好本届冬奥会。北京是世界首个举办夏季奥运会和冬季奥运会的"双奥之城",相信北京冬奥会将是一届精彩、非凡、卓越的奥运盛会。

非洲国家奥委会联合会主席穆斯塔法·贝拉夫说,凭借丰富的经验和人才储备,北京冬奥会将再次让全世界为之赞叹。

乌克兰青年和体育部副部长契斯诺科夫表示,中方积极推进筹备工作,全力保障北京冬奥会如期顺利举办,相信北京冬奥会必将取得圆满成功,再创辉煌。

践行奥运精神促进文明交流

北京冬奥会吸引约 90 个国家和地区近 3000 名运动员参加,一些国家将首次派团出席冬奥会,各国以实际行动践行奥林匹克精神,携手"一起向未来"。

"奥运会和残奥会向世界传达了一个重要信息——那是一种和平的信息,同时也是所有文化、所有文明和所有种族之间相互尊重的信息。"将出席北京冬奥会开幕式的联合国秘书长古特雷斯这样表达自己对冬奥会的期待。

阿根廷总统费尔南德斯说,作为一项体育赛事,北京冬奥会对于世界的重要性不言而喻,有助于冬季运动项目的发展。少数国家企图将北京冬奥会政治化,夹带"政治私货",这是毫无意义之举,因为冬奥会属于来自世界各地的运动员。阿根廷将派出6名运动员参加北京冬奥会4个项目的比赛,他希望阿根廷运动员尽情享受比赛的快乐。

肯尼亚国家奥委会主席保罗·特加特向北京冬奥组委会致亲笔贺信,表达对北京冬奥会成功举办的信心,并希望以北京冬奥会为契机,推动肯中体育交流与合作进一步发展,期待双方携手弘扬奥林匹克精神,为促进各国团结与合作而努力。

中非共和国总统图瓦德拉对北京冬奥会表达最坚定的支持,他说,奥运会是全人类的体育盛会,应避免被政治化。只有坚持"更快、更高、更强——更团结"的奥林匹克精神,才能让世界更团结。

三亿人书写冰雪运动新篇章

据国家统计局发布数据显示,自2015年北京成功申办冬奥会以来,3.46亿人参与了冰雪运动,筹办时提出的"带动3亿人参与冰雪运动"的目标,已经从愿景变为现实。这项目标的实现,是中国为奥林匹克运动奉上的一份珍贵礼物。北京冬奥会、冬残奥会成为推动中国冰雪运动跨越式发展的契机,冰雪运动"飞入寻常百姓家"。

国际奥委会主席巴赫表示,中国实现了超过3亿人参与冰雪运动目标,这是前所未见的伟大成就,是本届冬奥会为中国人民和国际奥林匹克运动作出的重大贡献,也将从此开启全球冰雪运动的新时代。

巴基斯坦总理伊姆兰·汗说,中国为推动包括冬季运动在内的全民健身和体育事业的发展投入巨大资源,付出诸多努力,体育健儿在历届奥运会赛场上取得了骄人成绩。巴方愿同中方加强两国体育领域的合作,推动冰雪运动长远发展。

资料来源:http://www.xinhuanet.com/politics/2022-02/03/c_1211553013.htm.

在上述的两则新闻报道中,第一篇为消息,第二篇为通讯。虽然两篇报道的写作目的都是在预告2022北京冬奥会即将开幕的消息,但是第一篇新闻的篇幅要短小得多。由此可知,短小是消息的最大特点,也是消息能够成为众多新闻媒体首选报道题材的重要原因。

(二)概括性高

篇幅短小是消息在形式上的特点,而概括性高则是针对消息的内容而言。消息中往往以新闻的六要素5W1H展开,即在新闻中快速地说明何人(who)、何时(when)、何地(where)、何事(what)、为何(why)和怎样(how)等关键信息,而非新闻述评、新闻素描等冗余信息,让读者能够快速了解新闻事实。例如下面这条消息,就清楚地交代了事件发生的时间、地点及状态,概括性高,没有任何冗余信息。

东航一架波音737飞机坠毁 民航局已启动应急机制

人民网北京3月21日电(记者刘佳)据中国民航局消息,2022年3月21日,东航一架波音737客机在执行昆明——广州航班任务时,于梧州上空失联。目前,已确认该飞机坠毁。机上人员共132人,其中旅客123人、机组9人。

民航局已启动应急机制,派出工作组赶赴现场。

资料来源:http://ent.people.com.cn/n1/2022/0321/c1012-32380203.html.

（三）时效性强

篇幅较短、概括性强的特点也决定了消息能够快速被媒体传播给受众。在突发事件发生时，新闻记者要在第一时间将新闻事实传递给受众，而为了快速地传递信息，同时方便受众阅读和理解，没有过多细节描写和评述的消息成为首选，这也决定了消息时效性强的特点。

（四）有特殊结构

消息有别于其他新闻体裁的又一突出特点是其拥有特殊的结构——倒金字塔结构。倒金字塔结构诞生于美国南北战争时期，当时世界上的新闻主要采用电报传输，而此时发报技术并不成熟，经常在发稿过程中突发故障，为了节约时间和成本，新闻记者在发稿时往往将最重要的信息放在前面，即使设备出现故障，也能将已经传递的重要信息形成一篇新闻报道。这一特点延续至今，就形成了倒金字塔结构，也决定了消息中标题、导语、主体、背景和结尾这五个元素的写作顺序（图6-1），成为消息这一新闻体裁的突出特征。

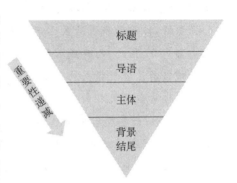

图 6-1　倒金字塔结构示意图

综上所述，消息是一种篇幅短小、时效性强、概括性高，有特定结构的新闻体裁。

二、消息的优势

（一）使用范围宽泛

首先在内容上，消息的内容简练，着重传递关键信息，也决定了其宽泛的使用范围，例如各类会议、晚会，各类突发事件及各行各业的最新信息都可以用消息形式进行传递，不受内容的限制。

其次在形式上，由于消息独特的文体形式，使其不仅在传统的报纸、广播电视媒体中有较高的使用频率，而且在各个新媒体平台中依旧是最主流的新闻写作形式，消息逐渐成为信息时代中人们接受新闻最主要的方式之一。

（二）受众接受度高

正如前文所述，消息靠事实说话，相比于其他形式而言，没有细节描写和评议部分，客观性更强，所传递的情感信息也较少，即使是不同文化背景、不同宗教信仰、甚至不同国家的受众都能快速、准确地理解消息中传递的信息，这是消息能够被各国媒体广泛使用的重要原因，也是消息的优势之一。

（三）冲击力更强烈

相比于其他新闻形式，消息的篇幅最短，在写作中突出新闻事实中的关键要素，而在此过程中，就能够过滤一系列冗余信息，可以让核心信息一目了然地进入受众视野，带来强烈的心理冲击力。① 例如下面这则消息,报道了 2023 年西藏自治区计划实施乡村振兴项目的基本情况。在文段中,记者用简洁的文字交代事实,并不夹带感情色彩,而是通过一系列数据,向受众展现西藏自治区乡村振兴项目的执行情况和未来计划,增强人们对于乡村振兴的信心。

西藏今年计划实施 1337 个乡村振兴项目

新华社拉萨电(记者王泽昊)记者从西藏自治区乡村振兴局获悉,2023 年,西藏计划实施 1337 个乡村振兴项目,投资估算 146.73 亿元。

据了解,目前西藏自治区已下达第一批中央衔接资金 68.57 亿元;已开工项目 84 个,涉及资金 7.01 亿元;已完成前期工作和进入招标程序项目 809 个,涉及资金 91.31 亿元。

西藏自治区乡村振兴局主要负责人介绍,今年 3 月 1 日前将完成中央和西藏自治区提前下达衔接资金项目招标工作;4 月 1 日前开工率达到 100%(海拔 4000 米以上的地区 5 月 20 日前);一季度中央衔接资金支出进度达到 30%。此外,西藏各市地将强化资金项目管理,尽快完成脱贫县涉农统筹整合资金实施方案和项目实施方案,中央和西藏自治区衔接资金用于产业比重应不低于 60%。

资料来源:http://www.news.cn/mrdx/2023-02/20/c_1310698807.htm.

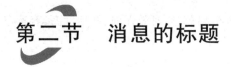

第二节 消息的标题

消息的标题即消息的题目,位于篇首,是整篇文章中最显眼的部分,往往用来交代一篇消息中最重要的内容。尤其在当今快节奏的生活中,"读文先读题"成为新媒体时代下人们主流的阅读习惯,新闻标题的重要性被进一步提升,所以在消息写作中新闻记者往往花费较多时间提炼标题。

一、消息标题的作用

(一)提炼内容

消息标题是对于新闻主要内容的凝练与总结,核心作用是将新闻中最新鲜、最重要的内容传递给受众,帮助受众理解新闻中的主要内容、核心宗旨与价值倾向,让受众看过后就能对新闻主题与内容略知一二。

(二)吸引关注

在当今快节奏的生活环境下,受众在选择新闻时往往用标题内容决定是否阅读该篇

---

① 刘明华,徐泓,张征. 新闻写作教程[M]. 北京:中国人民大学出版社,2002:148.

消息,所以消息标题的另一个重要作用就是在揭示文段主要内容的基础上,吸引目标受众的关注与阅读。

(三)活跃版面

消息标题除了在内容上发挥点明文章主题、吸引受众关注的作用,还要在形式上起到活跃和美化版面的作用。在当今的报纸、电视、新媒体等可视化媒体中,往往用较大字号编排标题,一目了然的让受众能够将本条消息与其他内容相区分。

下面通过两则新闻标题(图 6-2 和图 6-3)来更好地理解消息标题的作用。

图 6-2 《人民日报》版面截图

考试重启!2022年黑龙江省公务员笔试时间定了

2022-06-15 09:59 新浪黑龙江 评论(0人参与)

图 6-3 新浪网版面截图

第一则新闻标题(图 6-2)凝练了新闻的主要内容,且让受众在阅读标题时会产生疑问,在文化和自然遗产日中各地到底举行了何种类型的宣传活动,引发了受众的好奇。同时,这则消息标题也在《人民日报》中采用了大字号加粗标题,起到了活跃版面的作用。第二则新闻标题(图 6-3)是典型的互联网式标题,主要向受众传递了黑龙江省公务员考试笔试即将开始的核心内容,但是具体时间为何时,还要受众点击查看,有利于提升新闻的浏览量。同时,这则消息标题以异于正文的字体和加粗形式,与其他新闻标题同时出现于网页导航中,起到吸引用户,美化版面的作用。

二、消息标题的类型

(一)单行题

单行题是消息写作中最常见的标题形式之一,近些年的互联网新闻使用这种标题较多,其优势是在标题中简洁交代中心主旨,让受众一目了然。例如:

栗战书同圭亚那议长纳迪尔举行会谈①
沈阳故宫集中展出清宫动物造型文物②

（二）双行题

双行题是在单行题的基础上发展而来，表现为两行不同字号和字体的标题，以上下关系排列。双行题的两种形式为："主题＋副题"和"引题＋主题"，在传统媒体中的使用频率较高。

在这里需要重点理解引题、主题与副题的概念，才能更好地创作双行题。引题又称肩题，出现在主题的正上方，目的是引导、说明、烘托主题，往往交代的是新闻事件的背景、原因等内容；主题又称主标题，是标题中的核心部分，传递的也是新闻的核心内容，往往用突出的大字号加粗呈现；副题又称次题、子题，出现在主题正下方，目的是补充主题内容或起到解释作用。引题和副题又统称为辅题。

1. 主题＋副题（图6-4）

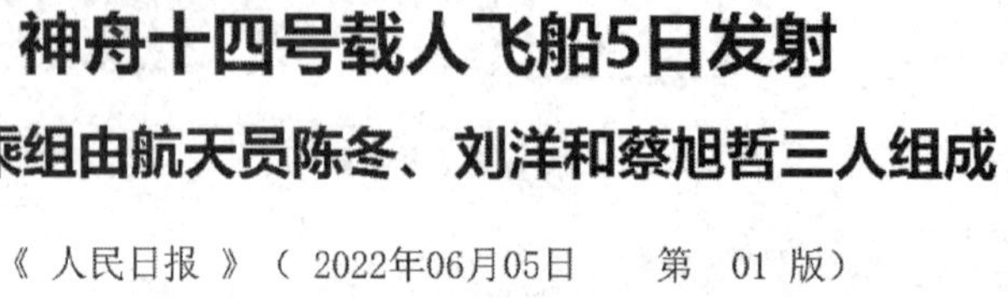

神舟十四号载人飞船5日发射 （主题）

飞行乘组由航天员陈冬、刘洋和蔡旭哲三人组成 （副题）

《 人民日报 》（ 2022年06月05日　　第　01　版）

图6-4 《人民日报》电子版截图

2. 引题＋主题（图6-5）

商务部：今年1至5月全国实际使用外资金额5642亿元 （引题）

前5个月我国吸收外资同比增17.3% （主题）

新华社北京6月14日电（记者谢希瑶 潘洁）商务部14日发布数据显示，2022年1至5月，全国实际使用外资金额5642亿元人民币，同比增长17.3%，折合877.7亿美元，同比增长22.6%。

从行业看，服务业实际使用外资金额4233亿元人民币，同比增长10.8%。高技术产业实际使用外资同比增长42.7%，其中高技术制造业增长32.9%，高技术服务业增长45.4%。

从来源地看，韩国、美国、德国实际对华投资分别增长52.8%、27.1%、21.4%（含通过自由港投资数据）。

从区域分布看，我国东部、中部、西部地区实际使用外资同比分别增长16.1%、35.6%和17.9%。

图6-5 《文汇报》电子版截图

（三）多行题

多行题又称复合题，往往由引题、主题和副题三部分组成，适用于内容较为重要、篇幅较长的消息，在党报中使用频率较高，在互联网新闻中的使用频率较低，例如图6-6所示新闻标题。

---

① http://www.npc.gov.cn/npc/c2/kgfb/202206/t20220615_318090.html.
② https://www.chinanews.com.cn/cul/2022/06-15/9780620.shtml.

山西省总十项实招硬招助小微企业稳发展稳就业（引题）

"全额返还工会经费，不需申报主动返还"（主题）

为职工发放消费券、稳岗促复工专项送温暖等措施，让企业和职工都享受"真金白银"（副题）

《工人日报》（2022年06月15日 01版）

图 6-6　《工人日报》电子版截图

在多行题中，还有一个特殊的形式，即"主题＋提要题"，用于十分重要的新闻内容。提要题是指在标题中提示新闻的主要内容，往往字数较多，篇幅较长，例如图 6-7 所示新闻标题。

李克强主持召开国务院常务会议（主题）

部署加快稳经济一揽子政策措施落地生效，让市场主体和人民群众应知尽知应享尽享；安排进一步加大困难群众救助帮扶力度，兜牢基本民生底线（提要题）

《 人民日报 》（ 2022年06月02日　 第　01 版）

图 6-7　《人民日报》电子版截图

（四）插题

插题也是消息标题的主要形式之一，即在一些篇幅较长的消息中，为了展现段落之间的逻辑关系，方便受众理解、接受，将消息分为几个部分，并分别拟定小标题。插题的拟定要求与消息标题一样，同样要提炼核心、吸引受众、引导受众阅读并易为受众接受。例如下面这条消息在文段中使用了三个插题，让消息结构更加清晰明了，由新华社主办的《新华每日电讯》在消息标题创作时经常采用这种形式，读者可作为学习中的参考。

项目数投资额创新高，三大产业齐发力（插题1）
疫情不改长远投资信心（插题2）
抢抓新赛道，外拓"朋友圈"共建"生态圈"（插题3）

扫码查看《超 7000 亿元重大项目亮相 上海按下恢复和重振经济"加速键"》全文。

超 7000 亿元重大项目亮相 上海按下恢复和重振经济"加速键"

三、消息标题的写作要求

（一）准确生动

准确是对消息标题写作的根本要求，在标题创作的过程中要根据消息的内容拟定标题,决不能出现文不对题的现象。另外,当下的一些网络媒体中依旧存在"标题党"现象,用带有煽动性、刺激性、夸张性的标题吸引受众阅读,实际上却与文章内容毫无关联,这同样是消息标题创作中的大忌。

(二) 简洁凝练

简洁凝练是消息写作的基本要求,也是消息标题写作的基本要求。在标题创作过程中新闻记者要学会删减,删掉描写、议论和抒情的部分,只保留事实的核心部分。与此同时,还要学会精炼文字、同义转换,力求用最简短的形式表现消息的主要内容,方便受众理解。

(三) 巧用修辞

修辞在新闻标题创作中的使用,可以帮助受众更加方便地理解消息内容,避免传统的说教式新闻。在新闻标题中常常用到的修辞方式有比喻、拟人、同义、对偶等多种形式。[①]但需要注意的是,夸张作为一种修辞手法,绝对不能应用于消息标题的创作中。例如:

民营经济走向更加广阔的舞台[②]
辽宁紧盯"第一责任人"抓牢安全生产"牛鼻子"[③]

第三节 消息头与消息导语

消息头与导语是标题之后,在消息开头主要呈现的内容。消息头是在消息中交代新闻来源部分的文字,是消息的典型标志;导语指消息的先导,凝练新闻中最精彩和最核心的,而且是发挥导读作用的部分。值得注意的是,消息头和导语都是消息这一体裁所特有的形式。

一、消息头的写作

(一) 消息头有独特的表现形式

在新闻消息的第一自然段开头,往往会出现"本报讯/本台消息"或"××报××地××月××日电(记者××)"等字样,这些文字统称为"消息头"。其主要目的是标志新闻来源、说明发稿的时间和地点、声明原创等,是消息中不可缺少的一部分,例如下面这则消息。

本报讯(记者刘建林 通讯员李彦斌)"简化程序全额返还小微企业工会经费,不需企业申报,县级工会主动负责返还""半个多月,已有3.41万名职工领到餐饮电子消费券"……6月上旬,山西省总工会发布的帮助小微企业稳发展稳就业10项工作举措,受到社会广泛

[①] 白贵,彭焕萍.当代新闻写作[M].北京:中国人民大学出版社,2018:48-49.
[②] https://paper.people.com.cn/rmrb/html/2022-06/14/nw.D110000renmrb_20220614_3-01.htm.
[③] http://ln.people.com.cn/n2/2022/0526/c378315-35287548.html.

关注。①

（二）消息头是消息文体的代表

消息头除了有交代新闻来源的作用外，它还是消息文体的典型代表，在近些年的消息写作中，往往出现消息头之后衔接的不是消息，而是其他新闻体裁或者广告信息，这是不符合新闻写作规范的。

二、消息导语的写作

（一）导语的历史与概念

导语的发展经历了三代的变迁，梳理其历史能够帮助大家更好地理解导语的概念。

第一代导语讲求六要素俱全，时间从19世纪美国南北战争一直延续到20世纪二三十年代。

第二代导语讲求部分要素提炼，即将新闻的六要素中最精彩、最能够引人入胜的部分放在导语中，其他的要素放在主体部分叙述，时间从20世纪30年代到21世纪初期，延续时间较长；进入21世纪之后，第三代导语在第二代的基础上发展而来，继承了第二代导语的部分要素提炼，但是在创作中更讲求个性化、趣味化和戏剧化。

第三代导语也与当代新闻界中导语的定义更为贴合，即导语是凝练新闻中最精彩和最核心的内容，是发挥导读作用的部分。

（二）导语的作用

导语在消息中的首要作用为传递新闻的主要内容，勾勒事件全貌。开门见山的导语是互联网时代提示阅读的最好方式。导语的第二个作用为吸引读者，用个性化、趣味化的方式交代受众最为关注的信息，最大限度地吸引受众注意。导语的第三个作用是为消息确定基调，确定消息中哪些内容和方面是在消息主体部分重点展示给受众的。请看下面这则新闻导语。

新华社北京6月15日电（记者魏玉坤、王悦阳）国家统计局15日发布数据显示，5月份，我国经济逐步克服疫情不利影响，生产需求逐步恢复，就业物价总体稳定，主要指标边际改善，国民经济呈现恢复势头。（扫码查看全文）

资料来源：http://www.xinhuanet.com/finance/2022-06/15/c_1128742629.htm.

新华全媒+｜国家统计局：5月份国民经济运行呈现恢复势头

在本条消息的导语中，开门见山地表达了新闻的主要内容，即2022年5月国民经济的整体情况是向好发展的。受众在阅读到这条导语时会产生诸多思考，具体有哪些方面发展较快？这种发展趋势能够对生活带来何种影响？这些疑问会使受众产生浓厚的阅读兴趣。最后，该条导语也规定了后续的消息主体、背景与结尾要传递的关键信息都要和本次国民经济的数据有关，确定了整篇消息的基调。

---

① https://www.workercn.cn/papers/grrb/2022/06/15/1/news-2.html.

三、消息导语的类型

消息导语依表达形式、新闻要素等标准的划分方法各异,为了方便学习和实践,本书中按照导语的表达形式进行划分,通过案例介绍不同类型导语的风格与写作方式。

(一)概括型导语

概括型导语是在众多导语的写作类型中最常见,也是最简单的。这类导语往往以直接陈述的方式,凝练新闻的主要内容,方便受众理解,在广播电视的新闻消息中使用较多。在概括型导语中,新闻记者要锻炼凝练事实和具体概括的能力,能够将新闻事实以最简单、最直白、最朴实的方式表达出来,例如:

新华社联合国6月10日电(记者尚绪谦)第76届联合国大会10日改选经济及社会理事会(经社理事会)部分成员,中国成功连任。①

(二)描述型导语

描述型导语是通过对新闻现场画面进行描写和讲述相结合的方式,让新闻变得生动可感。值得注意的是,描述型导语在写作过程中,主要集中对新闻事件中的某一个具有代表性的现场画面进行描述,通过有趣的画面和具有渲染性的真实情境吸引受众阅读,例如:

楚天都市报极目新闻讯(首席记者 曹磊)晴空万里,江水温柔,3万余尾珍稀鱼种在武汉放流。6月6日,第八个全国"放鱼日"水生生物增殖放流主会场活动在武汉举行,包括中华鲟、胭脂鱼、长吻鮠等保护动物在内的3万余尾珍稀鱼种,从武汉渔政码头游入长江。②

本报讯(记者 任天宝)111岁的上海轮渡正式迎来无人售票时代。上午8时20分,位于虹口区的秦皇岛路码头渡口一派忙碌景象,原先的售票窗口已关闭,渡口的广播以及张贴的公告,不断提醒市民采用公共交通卡、手机移动支付以及直接投币等方式进站过江。③

在这两则新闻消息的导语中,第一则描述了全国第八个"放鱼日"当天,武汉渔政码头放生的场面;第二则描述了上海轮渡第一天迎来无人售票的场面,用描述性的文字,更加生动、立体地还原了现场画面。

(三)评述型导语

评述型导语是使用夹叙夹议的语言,揭示事物的主要矛盾及其解决方法。评述型导语能够加深新闻的深度,揭示新闻事件的意义,还能够潜移默化地影响受众,使读者受到思想启迪,最终起到引导舆论、影响舆论的作用。

评述型导语在使用时应格外注意评论的"度",切不可长篇大论地发表新闻记者主观的观点,而应该坚持点到为止和少而精的原则,使用客观的事实或新闻引语潜在地表达新

---

① http://www.news.cn/2022-06/11/c_1128732314.htm.
② https://baijiahao.baidu.com/s?id=17348802132951084358&wfr=spider&for=pc.
③ https://paper.xinmin.cn/html/xmwb/2022-03-01/1/131079.html.

闻记者或所在媒体的观点,请看下面这则新闻导语。

人民网沈阳6月11日电(王斯文)海绵城市建设是一个系统工程,又与居民生活息息相关。本网从沈阳市城乡建设局获悉,日前,2022年国家系统化全域推进海绵城市建设示范评审结果公示结束,沈阳市入选"十四五"第二批国家系统化全域推进海绵城市建设示范城市,成为辽宁省唯一获此殊荣的城市。①

在本条消息中,重点阐述了沈阳入选海绵城市示范城市的信息。在导语交代事实之前,新闻记者用简短的评述,点明海绵城市建设的重要性,引起受众对于海绵城市建设的重视,有助于启迪受众。

(四)橱窗式导语

橱窗式导语是延迟式导语的一种,西方的新闻记者较为偏爱这种写作形式。橱窗式导语打破了传统的概述和描述形式,用讲故事的方式吸引读者。通过在消息导语中讲述故事或者典型事例,让读者能够对整篇消息形成具体的印象和感性的认识。但是需要强调的是,在此类导语中讲述的故事必须是真实的、有趣的和典型的,例如下面这则导语,通过苏州市民郭女士的经历展开报道,提示读者在网购时要提高警惕。

本报讯(记者黄洪涛 通讯员张思初)"6·18"将至,网络购物将迎来高峰,市民对冒充网购平台客服类诈骗务必提高警惕。近日,江苏省苏州市民郭女士就接到了这样的诈骗电话,前后被骗63.9万元,所幸民警及时发现,成功挽回了20万元损失。②

在本条导语中,通过苏州市民郭女士网购险被诈骗的故事作为引子,让受众不禁思考,郭女士为什么被骗?民警又是怎么找到她的?再激发起受众的好奇心与阅读兴趣,吸引受众能够继续阅读消息主体部分。

四、消息导语的写作要求

(一)言之有物

在新闻导语写作中,首先应该做到的是言之有物,即在导语中必须开门见山地传递实质性的内容,说清到底发生了什么事,切记虚无缥缈、过多铺垫、语言空泛或用大量的形容词和虚词进行场景描述,通过下面两个案例的对比可以发现言之有物的重要性。

本报讯 伴随着一辆试乘列车缓缓驶入巫山站,在站台上我们可以看到试乘的人们脸上都挂着笑脸,纷纷拿起手机拍照。

本报讯 伴随着郑渝高铁重庆至巫山段试乘列车在巫山站停靠。6月下旬,郑渝高铁将全线开通,重庆至郑州的乘车时间将从8小时缩短为4小时。郑渝高铁将结束重庆市巫山县、奉节县、云阳县不通高铁的历史。

上述两条消息主要都在传递一辆试乘列车驶入巫山站的信息,第一条导语在交代内

---

① http://ln.people.com.cn/n2/2022/0611/c378489-35310450.html.
② https://www.workercn.cn/papers/grrb/2022/06/16/4/news-7.html.

容时没有抓住重点,将关注点放在了对于试乘人员的描写上;而第二条导语则关注到了其背后郑渝高铁通车的意义,传递出了整条新闻的主要内容。

(二)突出重点

在做到言之有物的基础上,还要注意导语中重点的突出,这也是前文所说第二代和第三代导语的做法,即把新闻的六要素中最重要、最新鲜、最有趣、最能够引起受众关注的要素写在导语中,而不是胡子眉毛一把抓,让受众在阅读新闻导语时一头雾水。例如下面这则导语,在写作时只突出了会议的名称、召开时间及主要出席领导,关于会议的具体内容、讲话精神、指导思想则没有在导语中展现,而是放在了主体中详细叙述。

团中央书记处理论学习中心组专题学习党领导下中国青年运动的百年历程

本报讯(中青报·中青网记者 杜沂蒙) 3月30日上午,团中央书记处理论学习中心组举行"党领导下中国青年运动的百年历程"专题学习。团中央书记处第一书记贺军科主持学习并讲话。①(扫码查看全文)

(三)语言精炼

语言简短精炼是消息导语创作中的高阶要求,如果导语过长,就会埋没重点,让受众失去阅读耐心。所以,这就要求新闻记者在导语创作的过程中,要逐句逐字思考,这个字或者这句话删掉,对导语的准确性是否有改变?如果不影响表达、不改变意思,那么就可以删掉,例如下面这则导语,只有不到30个字,却清楚地交代了新闻的主要内容。

新华社北京6月15日电 国家主席习近平6月15日下午同俄罗斯总统普京通电话。②

第四节 消息的主体

主体是消息导语之后的内容,又称消息正文或主干,是消息中新闻事实的具体展开部分,其内容比导语更翔实,篇幅也更长。

一、消息主体的作用

(一)展开导语

在导语写作中,往往为了简洁凝练、突出重点而省略新闻事实的部分信息,就要在主体中进行具体的展开。将导语具体化,才能让受众能够更加清晰准确地了解新闻事件,这也是主体的第一个重要作用,即解释和深化导语。例如下面这则消息。

---

① http://zqb.cyol.com/html/2022-04/01/nw.D110000zgqnb_20220401_5-01.htm.
② http://www.qstheory.cn/yaowen/2022-06/15/c_1128744584.htm.

四川上线消费投诉信息公示系统[①]

华西都市报讯(记者 吴冰清)记者从四川省市场监管局获悉,四川省市场监管消费投诉信息公示系统已于3月13日正式上线运行。

在本条消息的导语中交代了四川市场监管消费投诉信息公式系统即将上线的最新消息,但是关于这个系统有何作用?如何使用?则没有具体交代,而是放在主体部分进行展开说明,使受众更好地了解新闻事件全貌。以下是本条消息的主体部分。

消费投诉信息公示系统与全国12315平台数据实时同步,自动、全量汇集省域内各企业近一年的被投诉情况,打通了消费投诉数据内网到外网的展示途径,实现公示全过程自动化,通过国家企业信用公示信息系统(四川)地方频道、省市场监督管理局门户网站向广大消费者公示,保障了公示结果的权威性和实时性。

除国家企业信用公示信息系统(四川)地方频道、省市场监督管理局门户网站外,大家也可通过直接访问网址进入公示系统,分别查询省、市、县三级域内经营者的被投诉量、解决成功率、投诉增量和投诉增长率等情况。

(二)补充导语

正如前文所述,在第二代导语和第三代导语中,已经不再强调六要素俱全,而是要提炼六要素中最关键的信息。而在此情况下,就要求主体在消息中承担起补足新闻要素的任务,使整篇新闻报道更加完整,细节更加完善,解释更加生动,例如下面这则新闻。

32岁的"高工"笑了 甘肃214人通过"绿色通道"晋升高级职称[②]

新甘肃客户端讯(新甘肃·每日甘肃网记者魏娟 见习记者王梓懿)对于酒钢集团职工梁克韬来说,这是十分厚重的肯定——近日,年仅32岁的他顺利通过甘肃省人社厅组织的专家评审,成为集团最年轻的正高级工程师。

在本条消息导语中,交代了新闻事实发生的时间、人物、事件三个关键要素,是新闻中最关键的部分。而在主体部分,则以小见大,对于这一事件背后的深层原因、具体做法以及开展此项工作的意义进行了补充说明,使新闻要素更加完整,满足受众欲知未知的心理。以下是本条消息的主体部分。

梁克韬职称评审的"绿色通道",是甘肃省于2018年在全国率先启动的一项人才工程——甘肃省特殊人才职称特殊评价体系。截至目前,全省已有214人通过这一政策获得高级职称。

梁克韬毕业于东北大学,2011年进入酒钢集团牙买加阿尔帕特氧化铝公司。参加工作9年来,他和团队不断致力于生产技术的创新,累计创造产值5000余万元,实现利税700余万元,曾获省级专利奖二等奖。"我们集团3万多名员工中,正高级工程师只有五十多人,能够晋升正高级职称,我感到非常荣幸,今后我一定会继续加强学习,为企业多作贡献。"

为全面释放人才活力,甘肃以开放的"胸襟"和敢为人先的魄力,在职称评审上打破常

[①] https://www.wccdaily.com.cn/shtml/hxdsb/20220315/170131.shtml.
[②] http://gansu.gscn.com.cn/system/2020/12/06/012506480.shtml.

规,面向省内作出重大贡献的人才、从国内外引进的高层次人才、急需紧缺人才、少数民族地区引进的人才、新兴产业人才以及"身怀绝技"的特殊人才等,在政策上实行"全破",不受学历、资历、台阶、论文、身份等方面的限制,且不占单位高级职称岗位限额,支持优秀人才将"论文"写在陇原大地上,把成果用在社会经济发展中。

"英雄不问出处"。这一政策发挥了人才评价"指挥棒"的作用,树立了西部欠发达地区鲜明的人才评价导向。今年以来,全省已引进8555名高层次人才和急需紧缺人才。

(三) 解答疑惑

在导语写作的过程中,往往会将新闻事实中非常规的、变动性大的部分提炼到导语中,吸引受众的注意力,或在导语中抛出一些问题引发用户思考。而在主体的写作中就要进行全面的补充与解答,消解受众阅读导语时产生的疑问和疑惑,让受众明白消息中传递的中心内容。例如下面这则消息。

失业后如何方便快捷申领失业保险有关待遇?[①]

南都讯 记者王凡 发自北京 失业保险是为保生活、防失业、促就业而设计的一项重要社会保障制度,其中保生活是失业保险最重要的基本功能。劳动者在失业之后,可以从失业保险中得到哪些保障?如何方便快捷地申领失业保险的有关待遇?

在本条的消息导语中帮助受众快速将关键词定位为"失业保险",并抛出了一系列与之相关的问题,引发相关用户的关注,而在其主体部分就着重对这些问题进行了回答与解释。以下是本条消息的主体部分。

6月17日,国务院政策例行吹风会上,人力资源和社会保障部副部长李忠回应南都记者提问时称,今年人社部在全面落实常规性保生活的政策基础上,继续实施失业保险的扩围政策,可以总结为"三项常规性政策保生活,两项阶段性政策扩范围。"

什么是三项常规性政策保生活?李忠表示,一是对参保满1年且非因本人意愿中断就业的失业人员,发放失业保险金;二是对领金期满且距法定退休年龄不足1年的大龄失业人员,继续发放失业保险金至法定退休年龄;三是对参保满1年的失业农民工,发放一次性生活补助。

阶段性政策扩范围包括两项:一项是对领取失业保险金期满仍未就业的失业人员、不符合领取失业保险金条件的参保失业人员,发放失业补助金。另一项是对参保不满1年的失业农民工,发放临时生活补助。

为了方便失业人员申领,确保应发尽发、应保尽保,人社部开展了失业保险待遇"畅通领、安全办"行动,全面推广经办新模式,免跑即领、免申即领、免证即领,线上线下并行,急事急办,特事特办。重点是进一步完善政策、打通堵点,全面取消证明材料、申领时限、捆绑条件和附加义务。

此外,人社部通过后台数据比对等方式,可先发放失业保险待遇后办理失业登记,最大限度减材料、优流程。同时,大力推广网上办,减少经办接触,降低聚集风险,符合条件的失业人员可以登录国家社会保险公共服务平台网站,或者各地人社部门的网站申领。

---

① https://www.sohu.com/a/558238197_161795.

也可以在手机上通过电子社保卡、掌上12333等渠道进行申领。

二、消息主体的结构

在新闻消息的写作中,主体部分的写作难度较大,许多初学者会觉得无从下手,但是掌握了消息主体的结构之后,就可以更好地进行消息写作。本书主要介绍三种消息主体的结构,即按事件重要性顺序、按时间先后顺序、按逻辑顺序安排消息主体的结构。

(一)按事件重要性顺序安排结构

按照事件重要性顺序安排结构和本章第一节中论述的倒金字塔结构类似。顾名思义,是在消息主体的写作中,将新闻事件中最重要的部分安排在最前面,按照重要性递减的顺序依次安排结构,形成"头重脚轻的"倒三角,这种形式能够帮助新闻记者理清创作思路,更好地呈现新闻内容,也更方便受众阅读,比如下面这则消息。

上海举办全球投资促进大会 322 个重大项目签约,总投资 5658 亿元

本报上海 6 月 16 日电(记者谢卫群、沈文敏) 2022 上海全球投资促进大会暨"潮涌浦江"投资上海全球分享季启动仪式 16 日举行。会上,总投资 5658 亿元的 322 个重大产业项目签约,项目数与总投资额均高于 2021 上海全球投资促进大会。

三大先导产业共签约 90 个,总投资 2049 亿元,其中集成电路项目 28 个、生物医药项目 42 个、人工智能项目 20 个。涉及高端装备、先进材料等 6 个重点领域的项目 247 个,总投资 3935 亿元。

会上还宣布了总投资 1627 亿元的 48 个重大产业项目集中开工,涵盖生命健康、新材料、新能源、高端装备等多个领域。

在"潮涌浦江"投资上海全球分享季启动仪式上,上海发布了数字经济、绿色低碳、元宇宙、智能终端 4 个"新赛道"行动方案。预计到 2025 年,全市绿色低碳、元宇宙、智能终端的产业规模分别突破 5000 亿元、3500 亿元、7000 亿元。

"潮涌浦江"投资上海全球分享季将在 6 月中旬到 8 月中旬开展 10 项系列活动,包括推出第三批特色产业园区、开工一批重大产业项目、举办央企对接合作签约、向 5 个新城导入重大功能性项目、推进重大项目与金融机构对接、加强国家重点战略区域开发推介等。

资料来源:https://paper.people.com.cn/rmrb/html/2022-06/17/nw.D110000renmrb_20220617_3-02.htm.

本条消息的主体中,按照重要性递减的顺序,首先介绍了全球投资促进大会中的签约项目数量和总投资额,这往往是最能够体现投资大会成果的数据,也是读者最关心的,之后介绍了重大项目开工情况及上海全球分享季启动仪式的相关内容,内容的重要性依次递减,是典型的"倒金字塔"结构。

(二)按时间先后顺序安排结构

在这类消息主体的创作结构中,是按照事件发展时间的先后来安排结构,可以反映新闻事件发展的全过程,让读者了解事件的前因后果。这种结构有两种形式,一种是顺叙,即按照事件发生发展的顺序,层层推进;另一种是倒叙,即先交代结果,后延时间线逐步倒推。例如下面这则消息的主体,就是典型的顺叙模式。

复兴号奔向"未来之城"(节选)

本报雄安12月27日电(记者李蓉) 12月27日10时38分,时速350公里复兴号高速动车组从北京西站开出,奔向"未来之城"雄安新区。几乎同时,雄安站也向北京开出首发列车。这标志着京雄城际铁路全线开通,京津冀协同发展再添新动能。

11时09分,列车抵达大兴机场站。在这里,列车穿过一条长11公里的地下隧道。为最大限度减少震动,建设者们在航站楼下方安装了1232个减震垫。

"雄安站到了!"11时28分,列车抵达终点。尽管已为雄安站拍摄了10万多张照片,摄影师任双欢此时仍难掩兴奋,边抓拍边说:"从高空俯瞰,毗邻白洋淀的雄安站形似荷叶上的一滴露珠,美极了!"据了解,雄安站巨大的椭圆形屋顶,本身就是光伏电站,每年能为这座亚洲最大的高铁站提供30%的绿色能源。(扫码查看全文)

复兴号奔向"未来之城"

资料来源:https://m.thepaper.cn/baijiahao_10575883。

本条消息是第三十一届中国新闻奖二等奖作品,消息以京雄城际铁路开通为主题,在主体中出现了10时38分复兴号列车从北京西站首发、11时09分列车到达大兴机场站、11时28分列车到达雄安站的三个时间关键词,是典型的按照时间顺序行文结构的方式。

(三)按逻辑顺序安排结构

此类结构要求新闻记者在消息主体创作过程中,理清事物之间的内在联系,按照新闻事件的因果关系、主次关系、点面关系、递进关系等安排行文结构。

因果关系,是在消息主体写作中,按照从原因到结果的逻辑顺序进行;主次关系,是在消息写作中找到叙述的主体,再由主体展开,填充次级关系或次级事件;点面关系,即从个体到一般,通过典型案例的讲述,扩展到事件的全貌,是按照逻辑顺序安排主体结构中最常见的写作模式。

请看下面一则消息,并思考其行文结构。

昔日围着锅台转 今天握上方向盘 墨玉县一村庄95名妇女考驾照

本报墨玉12月25日讯 全媒体记者刘东莱报道:25日上午,在墨玉县扎瓦镇托格拉亚村,村民穆乃外尔·如则瓦柯熟练地发动五菱小货车,拉着客户订做的馕坑,一溜烟向远处驶去。"我们村共有565户村民,现在拿到和正考取驾照的妇女有95人。从以前不能抛头露面,到过上现代生活,这些年我们女同胞的面貌发生了难以想象的变化!"村妇联主席阿依古丽·米热布都拉说。

墨玉县地处塔克拉玛干沙漠南端,一度暴恐活动多发,宗教极端思想氛围浓厚,女性深受其害。"曾经托格拉亚村就是这样,女人一结婚就被要求待在家里干各种家务,很少有机会出门。"村党支部书记吾布力·尤努斯说,"早先动员妇女走出家门很难,宗教极端思想不但绑住了妇女的脚,还锁住了她们的心。"

这些年,随着宗教极端思想被逐步祛除,过上现代文明生活成为村民的共同愿望。"以前女人围着锅台转,不能外出工作。"目光明亮的穆乃外尔一扬头说,"2017年,我在全村妇女中第一个考上驾照,别提有多自豪了。"

"那时会开车的妇女太少了,更别说开货车,好多男的都夸我厉害。"穆乃外尔说,"我家做馕坑生意,现在每天要去很多地方送货,如果没车就没有远处的业务。"

村民布再娜甫·依沙米丁也很快考了驾照。"拿上驾照后我开餐车,又经营小吃店,现在两处都雇了人。明年,我打算边做电商边去县城跑出租。"布再娜甫一袭火红的风衣,脚穿高筒靴,时髦利落。说话间,她手机微信收款的提示音不停响起。

今年3月,在村里一家合作社当出纳的凯丽比努尔·艾力也拿到了驾照。她的白色轿车里放着化妆包,眉笔、口红、面霜等化妆品一应俱全。"现在女性考驾照太正常了。穆乃外尔说和她一起考驾照的大部分是男性,可到我时,那一组15个学员全是女的。"凯丽比努尔笑着说。

2016年,托格拉亚村妇女劳动力就业率仅为20%,今年就业率达到95%。今年8月,这个贫困人口曾占总人口49%的村子退出贫困村序列。

"妇女们走出家门就业创业,这是我们村实现脱贫的重要因素。"吾布力感慨道,"妇女就是半边天啊!"

资料来源:https://xjrb.ts.cn/xjrb/20201226/167417.html。

这则消息以墨玉县一个村庄95名妇女考驾照的典型事例开头,但是在消息主体中却没有拘泥于墨玉县妇女考驾照的事件本身,而是由点及面,透过现象看本质,从乡村中微小的变化折射出农村思想禁锢被打破,基层妇女追求美好生活,是典型的按照点面关系这一逻辑结构进行的消息主体写作。

三、消息主体的写作要求

(一)紧扣主题

在消息主体的写作过程中,最重要的是根据新闻事实为文章确定一个明确的主题,即在消息中主要表达的内容是什么?在主体创作的过程中就要围绕这一中心主题来组织材料,考虑新闻事实的哪些方面必须要受众知道?哪些信息应该放在前面?哪些信息应该放在后面?或者哪些部分可以省略?最终的目的是让受众能够把握消息的中心,对事件有全面地了解。

(二)逻辑严谨

主体是整篇新闻消息中篇幅最长的部分,所以在写作中要求新闻记者能够做到文段层次分明、逻辑衔接紧密,不然就会变成写散文、记流水账。为了达到主体部分的逻辑严谨,就要在写作过程中,按照消息的主题计划各段落的写作内容,同时注重阐释事物、人物、环境之间的内在关系、因果关系、外部关系等,用简洁的、科学的、便于受众接受的思维方式安排行文结构,才能让消息的主体部分做到有理有据,叙述充分。

(三)生动表达

消息主体的写作除了主题明确和逻辑严谨,还要在用词遣句上下功夫,才能让文章更有可读性。如何让主体的语言更生动?在遣词造句时,要选择通俗、直接、易懂的词语和句子,避免晦涩难懂的专有名词和难以理解的长难句,要让受众能够读通读懂;除此之外,要在文章中创新写作模式,避免一成不变的叙述模式,可以使用比喻、拟人、排比、设问等修辞手法和渲染、悬念、议论等写作手法创新消息主体的表达方式,让语言更富有感染力。

以下用一个案例,总结消息写作的要求。

河北:全国首部反对餐饮浪费地方性法规今起实施

长城网11月1日讯(记者 赵娇莹 张登峰 曹青 王日成)今天凌晨4时,位于保定市隆兴路上的"油条哥"快餐店,全国道德模范刘洪安开始了新一天的忙碌。因是周末,来吃早餐的市民少了很多,"我们根据客流量准备食材,今天就比平时少一半,为的就是从源头避免浪费。"

作为河北省第十二届人大代表,刘洪安曾多次就制止餐饮浪费提出建议并在自家店里积极践行。"我注意到今天是河北省反对餐饮浪费的法规实施的日子,相信通过法律约束,会有更多人养成厉行节约、反对浪费的好习惯。"

刘洪安提到的法规是《河北省人民代表大会常务委员会关于厉行节约、反对餐饮浪费的规定》(以下简称《规定》),这是全国第一部聚焦治理餐饮浪费的省级地方性法规,今日起正式施行。

河北省人大常委会法工委主任周英介绍,《规定》共37条,内容涵盖政府部门职责、餐饮主体行为规范、监督检查和法律责任等方面,对加强宣传教育、促进社会自律、规范公务用餐、加强学校管理、强化消费监管、加强网络管理等问题作出明确要求。"它最大的特点就是具有很强的针对性和可操作性,为破解餐饮浪费焦点难点问题提供了法治方案。"

近年来,和全国各地一样,河北省治理餐饮浪费成效显著,但讲排场、比阔气等不文明的消费现象仍屡见不鲜,有关部门在治理过程中也常常面临"于法无据"的尴尬。河北省人大常委会专门成立立法工作专班,展开充分调研,广泛征求意见,不断修改完善,最终,《规定》在今年9月24日省十三届人大常委会第十九次会议上获表决通过。

这之后一个多月,记者曾到省内多家餐饮单位、机关及高校食堂走访调查,发现通过多种形式的宣传,《规定》有了广泛的社会知晓度,对制止餐饮浪费起到了积极作用。

记者今天在石家庄学院食堂看到,各个档口均有小份菜、半份菜售卖,学校还开展"光盘送水果"活动,倡导学生节约。"现在每餐剩饭量已从过去一桶多降为小半桶,主要还是汤汁。"食堂管理员田小坤高兴地说。

但在石家庄市建华大街一家自助餐厅,记者看到仍有顾客剩下了不少食物,一些顾客对服务员的劝导置若罔闻。

"《规定》开了一个好头,接下来还需在落实上下功夫。"河北省商务厅副厅长安静介绍,目前,省商务厅正在会同有关部门按照检查指导、专项整改、评估验收的程序,分领域、分行业、分阶段在全省开展治理餐饮浪费专项行动。

资料来源:http://edu.hebei.com.cn/system/2021/09/06/100760146.shtml.

本条消息是第三十一届中国新闻奖的获奖作品,消息主体部分主题明确,围绕河北省反对餐饮浪费的地方性法规展开,从"餐饮名人"、监管部门等视角深化主题,并以小见大,生动的串联各方面案例,交代此规定的执行情况,凸显了新闻的背景和意义,主体部分行文逻辑严密,语言生动,段落安排合理。

第六章 消息写作

第五节 消息的结尾

消息结尾同样是消息中的重要组成部分,"编筐织篓全在收口,慎终如始则无败事",新闻消息的写作和做人做事一样,越到最后,越要坚持不懈。一条新闻消息不仅要将导语和主体部分写得尽善尽美,让受众产生了浓厚的阅读兴趣,还要在收口处做到掷地有声,避免在文章收口时让读者产生失望情绪。

一、消息结尾的定义

消息的结尾是整篇消息的最后一句话或一段话,该句或者该段对整条消息能够起到凝合、收束作用。结尾写得好,利于深化消息的主题,增强报道效果。

但是需要注意的是,并不是所有的消息都需要有结尾部分,在主体部分以事件发展为主线的消息、故事性强的消息、总结和归纳性较强的消息是需要添加消息结尾的。而多数时效性较强、篇幅较短的动态消息可以省略结尾部分,应根据消息的类型和写作需要进行具体地分析。

二、消息结尾的写作方式

(一)总结式结尾

总结式导语在消息结尾中使用频率较高,又称概括式结尾,即在新闻结尾处对消息中所交代的事实、表现的思想、讲述的道理进行总结、归纳。这种方式的结尾不仅能够帮助读者阅读和把握新闻事件,还能够让新闻事件在受众心中留下更深刻的印象。

极兔速递起网巴西 持续深耕拉美市场(节选)

(结尾)至此,J&T极兔速递的快递网络覆盖中国、印度尼西亚、越南、马来西亚、泰国、菲律宾、柬埔寨、新加坡、沙特阿拉伯、阿联酋、墨西哥和巴西12个国家,服务全球逾20亿人口。(扫码查看全文)

资料来源:https://cn.chinadaily.com.cn/a/202205/25/WS628dd0d1a3101c3ee7ad71d1.html。

极兔速递起网巴西 持续深耕拉美市场

在这则消息中,主要报道了极兔快递在巴西的起网运营及其近年来在国际快递市场的发展,在消息最后采用了总结式结尾总结近年来极兔快递在全球的服务国家和服务人口,有助于受众把握新闻主体的全貌。

(二)背景式结尾

背景式结尾是指在结尾处补充新闻背景,对新闻事实起到补充、解释和说明的作用,让受众对于新闻事件有更加全面地理解与把握,例如下面这则消息的结尾。

人身损害赔偿的"城乡同案不同判"正式终结（节选）

（结尾）2019 年 4 月 15 日，中共中央、国务院公布《关于建立健全城乡融合发展体制机制和政策体系的意见》，明确提出"改革人身损害赔偿制度，统一城乡居民赔偿标准"的要求。（扫码查看全文）

资料来源：http://mrdx.cn/content/20220518/Page01DK.htm.

人身损害赔偿的"城乡同案不同判"正式终结

这则消息以典型案例展开，主要报道了关于《最高人民法院关于修改〈最高人民法院关于审理人身损害赔偿案件适用法律若干问题的解释〉的决定》的执行情况，在结尾收束时采用了背景式结尾，交代了文中所述人身损害赔偿的"城乡同案不同判"改革的背景性文件，有助于读者更好地理解文意。

（三）展望式结尾

展望式结尾又称预见式结尾，是在消息结尾处展示新闻事实的前景并预测未来发展趋势，给受众以激励鼓舞。值得注意的是，展望式结尾要求所预见的趋势必须是以事实为依据的，要具有科学性和权威性[①]。

开通试运营！哈尔滨地铁 2 号线来了（节选）

（结尾）哈尔滨地铁集团有关人员介绍，地铁 2 号线一期的如期开通载客试运营将掀开哈尔滨城市发展的新篇章。全线 19 座车站途经江北大学城、冰雪大世界、太阳岛公园、中央大街、哈尔滨火车站、省政府、东北农业大学等校区、景区、商业中心和交通枢纽，地铁经济赋能，江南江北将产生"同城效应"，将让快速发展的哈尔滨新区更具投资吸引力，必将为促进东北老工业基地振兴发挥重要作用。（扫码查看全文）

资料来源：https://heilongjiang.dbw.cn/system/2021/09/19/058725130.shtml.

开通试运营！哈尔滨地铁 2 号线来了

本则消息所使用的是典型的展望式结尾，在结尾处借新闻人物之口，展望了哈尔滨地铁 2 号线全面开通运营后，对于未来城市发展和区域发展的重要作用，起到了鼓舞人心的效果。

（四）预告式结尾

预告式结尾与展望式结尾较为相似，但是展望式结尾重在预测未来的发展趋势，具有一定的长远性和宏观性，但预告式结尾主要在结尾处预告新闻事实未来的发展动向，目的是让受众知晓媒体所报道的新闻事件下一步的具体进展如何，让整个事件有始有终。例如下面这则消息。

哈市水气热将全面实现网上报装（节选）

（结尾）供热报装将原来 5 个报装材料整合为 3 个报装材料，并建立获得用热小程序，以实现供热报装服务业务全程网上办理，目前正积极推进获得用热小程序开发工作，预计 6 月底前可投入使用。（扫码查看全文）

资料来源：http://epaper.hljnews.cn/shb/pc/layout/202206/06/node_02.html.

哈市水气热将全面实现网上报装

---

① 史为恒．编筐编篓 重在收口——消息结尾的十六种方法撷举[J]．应用写作，2018(1)．

这条消息主要报道了黑龙江省哈尔滨市供水、供暖、供电即将全面实现网上报告的消息,在消息结尾处预告了关于供热服务网上办理的小程序上线时间,满足了受众欲知未知的心理。

(五)提醒式结尾

提醒式结尾多出现于具有揭露、服务性的新闻消息中,旨在消息最后为受众提供善意的提醒。但需注意的是,提醒式结尾必须与消息主题一致,且不可出现牵强附会或者文不对题的现象。下面这则消息的结尾就是针对新闻消息中出现的借款合同类民事检查监督案件,为受众提供了几条检察机关提出的相关建议。

检察机关一季度办理借款合同类民事检察监督案件 4628 件(节选)

(结尾)针对以上风险点,检察机关建议:一要增强依法维权意识。掌握相关法律知识,借款前后注意收集、保留证据,防止因证据不足导致承担败诉风险。二要树立正确风险意识。在确定借款相关事项、出具借款有关凭证、设定担保责任等方面,做到"慎之又慎",借条欠条要分清,利息约定要合法,提供担保要慎重。三要增强理性投资意识。树立科学理性的负债观、消费观和投资理财观,不轻信通过非正规渠道推介的投资产品,防范过度借贷、诱导贷款、"超前消费",不参与"套路贷""高利贷"等非法借贷行为。(扫码查看全文)

检察机关一季度办理借款合同类民事检察监督案件 4628 件

资料来源:https://cn.chinadaily.com.cn/a/202204/26/WS6267f16fa3101c3ee7ad2a26.html.

三、消息结尾的写作要求

(一)简单明了,画龙点睛

简单明了是对于消息所有要素的基本要求,也同样适用于消息结尾的写作。消息的结尾作为整篇新闻的最后一句或最后一段,要做到自然明快,顺理成章,突出重点,画龙点睛,以提升受众阅读体验为终极目的,用最短的篇幅对整篇消息进行总结,切不可为了结尾而刻意编撰。

(二)首尾呼应,突出主题

正如前文所述,一篇好的消息要有一个明确的主题。在消息结尾的写作中,同样要有主题意识,在结尾处能够做到首尾呼应,贴近主题,巧妙的回应、补充和总结导语及主体中涉及的内容。只有这样,才能增强一篇新闻消息的逻辑关系,让受众对事件有更加完整的把握。[1]

(三)留下思考,体现韵味

消息结尾的方式十分多元,但是在不同种类的结尾写作中都应该为受众留有思考的空间,无论是提出建议、总结全文还是展望预见,都要通过精心的设计,体现出文章的韵味

---

[1] 白贵,彭焕萍. 当代新闻写作[M]. 2 版. 北京:中国人民大学出版社,2018:72-73.

所在,方便受众更好地回味和感受新闻。

下面一则消息是第三十一届中国新闻奖的获奖作品,通过这条消息中可以更好地理解消息结尾的写作要求。

62.8万建档立卡贫困人口全部脱贫
西藏历史性消除绝对贫困(节选)

（结尾）今年起,西藏脱贫攻坚工作从集中攻坚阶段全面转入巩固提升阶段,将从严格落实"四不摘"要求、完善防止返贫监测和帮扶机制、大力发展产业、开展就业培训、推进基础设施和公共服务均等化、促进脱贫攻坚与乡村振兴有效衔接等六个方面,探索建立解决相对贫困的长效机制,全力巩固提升脱贫攻坚成果。

资料来源：http://epaper.chinatibetnews.com/xzrb/202010/16/content_51462.html.

显而易见,这条消息的结尾属于前文所述的预告式结尾,文章用简短的文字介绍了西藏自治区在全面脱贫之后的未来发展之路,不仅与整篇新闻报道的主题相呼应,而且在最后向受众说明了西藏如何巩固脱贫成果以及具体的做法有哪些,让受众对新闻事件有更加全面的把握,也起到了加油鼓劲的作用。

第六节　消息的背景

在消息中,如果孤立地传递新闻事件,不交代其发生的背景,会使读者产生阅读障碍。因此在消息写作的过程中要通过背景反映出事件所处的环境、与其他事物的联系,才能使读者了解新闻事件的来龙去脉,理解其背后的价值、意义和影响。所以一篇好的新闻消息离不开新闻背景,本节将重点讲述消息背景的写作与应用。

一、消息背景的定义

消息背景的定义比较宽泛,有广义和狭义之分。广义的消息背景是指新闻报道的宏观背景,包含消息写作的时代背景、新闻事件相关背景和消息提供者背景三个部分;狭义的消息指除了新闻事实之外,对于新闻事实或者其中某一部分进行阐述、解释和烘托得相关材料[1]。以下通过一则案例更好地理解消息背景。

南宁交警部门持续强化交通秩序整治

南国早报南宁讯（记者卢荻　通讯员苏铮列）6月16日,南宁交警部门在全市范围内开展新一轮交通秩序整治行动,严查骑乘电动自行车未佩戴头盔、机动车不礼让斑马线等违

---

[1] 李军. 全媒体新闻采访写作教程[M]. 北京：北京大学出版社,2020：107-108.

法行为。其中,在朝阳路民权路口整治点,民警在一个小时内相继查处60多起交通违法行为。

当天上午,南宁市交警支队四大队民警和辅警在朝阳路民权路口开展整治,发现一名电动自行车女骑手只戴太阳帽遮阳、未戴安全头盔。她称,因着急外出办事,忘记戴头盔。"交通安全很重要,任何时候都不要忘记了。"民警对该女子进行严肃批评后,依法开出罚单。

当天上午10时许,又有一名只戴着太阳帽、未戴安全头盔的电动自行车男骑手被拦了下来,民警依法开出罚单。记者在采访中发现,由于天气炎热,有不少电动自行车骑手戴太阳帽遮阳、未戴安全头盔,存在很大的交通安全隐患。

当天,民警还对机动车不礼让斑马线、闯红灯等交通违法行为进行整治。

<u>据介绍,连日来,南宁交警部门认真落实南宁市委、市政府召开的2022年全国文明城市创建工作推进会精神,迅速组织开展新一轮交通秩序大整治攻坚行动,举全警之力争创全国文明典范城市。</u>

资料来源:南宁交警部门持续强化交通秩序整治.南国早报,2022-6-17.

这是一则关于广西南宁市交警部门强化交通秩序整治的新闻,下划线标记部分为本条新闻的背景,交代了南宁交警部门为什么要强化交通秩序整治?让受众在阅读本条消息的过程中,能够明白新闻事件背后传递的信息,以及新闻事件的意义与影响。由此可见,背景在消息中是必不可少的,承担着补充、说明、解释,满足受众求知欲的作用。

二、消息背景的类型

理解了消息背景的定义及其存在的必要性,那么在写作过程中,哪些材料可以用作新闻背景呢?一般分为以下几个类型。

(一)历史背景

历史背景是最常见的新闻背景,主要交代与新闻事件相关的历史事件、历史观点和历史状态。但是,此处的"历史"并非几千几百年前,而是只要发生在本条新闻之前,与本条新闻相关的材料,都可以算是历史背景。其目的是展现事件全貌,帮助受众梳理事件的发展脉络。

例如下面这则消息主要介绍了近期希腊和土耳其的一次冲突,即双方相互指责对方不遵守国际条约。在消息的最后,为了让国内的读者了解希腊和土耳其的矛盾,附加了这样一段历史背景。

爱琴海上,希腊和土耳其矛盾再起(节选)

据报道,土耳其和希腊之间有很多争议问题:在海上边界和空域分界方面,在岛屿归属及塞浦路斯问题上。此外还有东地中海的油气资源及难民问题。(扫码查看全文)

资料来源:https://baijiahao.baidu.com/s?id=17363007606858716O8&wfr=spider&for=pc.

爱琴海上,希腊和土耳其矛盾再起

（二）社会背景

社会背景即与新闻事件相关的特定社会环境背景。很多时候，某一新闻事件的价值要与同类型的事件比较才能得来，或在一定的社会环境中才能够显现。此时在新闻消息中，就必须交代相关的社会背景，例如下面这则关于突尼斯"奶荒"的消息，就在新闻中补充了关于突尼斯牛奶市场供不应求的社会背景。

突尼斯"奶荒"持续困扰民众生活（节选）

新华社突尼斯电（记者许苏培、黄灵）　去年10月起，牛奶成为继面粉、白糖和矿泉水之后，突尼斯各大超市和商店里又一类限购日常消费品。近半年过去，"奶荒"没有缓解，甚至愈演愈烈。

"像大多数人一样，我家很难买到牛奶。为买牛奶，我们必须和附近商店搞好关系。"服装厂工人萨米娅·本·苏莱曼无奈地告诉记者。

工程师马尔万·穆拉德说："我们收到哪里买得到奶的信息后，一般会马上赶过去。临近斋月，家庭牛奶消耗量会大幅增加，所以我们尽量多囤一些。"

突尼斯牛奶市场长期供不应求，近期全国产奶量进一步下降。官方数据显示，目前市场牛奶需求为每天180万升，而单日供给量最高只有120万升。

受美联储收紧货币政策和乌克兰危机影响，突尼斯第纳尔持续贬值、进口饲料价格大幅上涨，无力面对成本激增的突尼斯奶农纷纷选择卖掉奶牛。（扫码查看全文）

突尼斯"奶荒"持续困扰民众生活

资料来源：http://www.news.cn/mrdx/2023-02-20/c_1310698813.htm。

（三）人物背景

新闻报道主要关注的是人的活动，所以当新闻中出现了某些受众不了解或者印象模糊的人物时，要进行背景的介绍，例如其主要经历、社会关系、人物事迹等相关背景材料，使受众对新闻人物和新闻事件有更深入的了解。例如下面这则消息，对新当选的匈牙利总统进行了人物背景的简要介绍。

诺瓦克当选匈牙利总统（节选）

诺瓦克将于5月10日就职，任期5年。匈牙利现任总统阿戴尔将于同日期满卸任。

诺瓦克1977年出生于匈牙利赛格德，2017年起担任青民盟副主席，2018年起担任青民盟国会议员。

资料来源：http://www.news.cn/photo/2022-03/10/c_1128459015_3.htm。

（四）知识背景

知识背景多出现于专业性较高的消息中，用于帮助受众理解某一专有名词或某项科技成果，主要用于开阔受众视野，增长见识，对新闻事件的展开和主题的深化起到补充和说明的作用。例如下面这则消息，就在背景中向受众介绍了什么是新型光免疫疗法，补充了知识背景。

光免疫疗法可"点亮"并清除癌细胞（节选）

新型光免疫疗法迫使癌细胞在黑暗中发光，与现有技术相比，可帮助外科医生切除更多的肿瘤，并在手术完成后几分钟内杀死剩余的细胞。他们首次对患有胶质母细胞瘤的小鼠进行了实验，扫描结果显示，这种新的治疗方法甚至可以"点亮"最微小的癌细胞，帮助医生准确发现它们。

资料来源：http://digitalpaper.stdaily.com/http_www.kjrb.com/kjrb/html/2022-06/22/content_537411.htm?div=-1.

（五）地理背景

地理背景是对新闻事件所发生的地理位置和地理环境进行介绍，多用于国际新闻中与政治、经济、军事相关的消息写作中。例如下面这则消息，报道了英吉利海峡的沉船事故，在其中就交代了事故发生地的地理背景，如横线处所示。

这起英吉利海峡的沉船事故，映射出一个悲惨现实（节选）

<u>邓杰内斯角位于英国东南海岸，与欧洲大陆的法国隔海相望</u>。11月24日，一艘移民船从法国出发，试图横渡海峡前往英国。这是一段凶险的旅途，船只中途沉没，27人死亡。

资料来源：https://baijiahao.baidu.com/s?id=1718756493408721011&wfr=spider&for=pc.

三、消息背景的运用

（一）蕴含于标题中

消息背景在文段中并没有固定的位置，在任何一个要素中都可以交代背景。首先就是在标题中，可以巧妙地将背景蕴含其中。值得注意的是，若在标题中添加背景，多将其放在多行题的引题中，例如下面两则案例，可以清晰地了解标题中所传递的新闻背景。

培育中药工匠　助推黔药出山　　（引题）
2022年贵州中药药剂师技能大赛在黔东南州举行　　（主题）

资料来源：http://www.gzqgw.cn/index.php?s=/admin/index/index/newsid/64855/forumId/10622.

推出财政补助、税费减免等多方面举措　　（引题）
广东精准发力为企业纾困解难　　（主题）

资料来源：http://paper.ce.cn/jjrb/html/2022-04/04/content_460601.htm.

第一则在引题中介绍了贵州中药药剂师技能大赛的举办目的是培育中药工匠，助推黔药出山；第二则在引题中交代了广东如何精准发力为企业纾困解难，即通过推出财政补助、税费减免等多方面举措，都将新闻背景蕴含在了标题中，便于受众阅读和理解。

（二）插入于导语中

除了在标题中，在新闻开头的导语中也可以简短地插入新闻背景，为新闻事件的开场鸣锣开道，便于主体部分详细展开。需要注意的是，导语中穿插的背景应是简短的、必要的、与新闻事实紧密契合的，例如下面这两则导语就简短的将新闻背景放置于定语中，用来交代人物背景。

新华社华盛顿 1 月 10 日电（记者高攀 熊茂伶）国际货币基金组织（IMF）总裁格奥尔基耶娃 10 日宣布任命美国加利福尼亚大学伯克利分校教授皮埃尔-奥利维耶·古兰沙为 IMF 新任首席经济学家，接替将出任 IMF 第一副总裁的戈皮纳特。

资料来源：http://www.news.cn/2022-01/11/c_1128253330.htm.

本报讯昨天 14 时，"共和国勋章"获得者、中国工程院院士、呼吸病学专家钟南山，如约在线上为南开大学青年学生讲授了题为"科学指导抗疫，勇攀医学高峰"的课程。这是南开大学本学期开设的"名师引领"通识选修课"医药前沿与挑战"中的一讲。

资料来源：青年科技工作者是创新的后备力量——钟南山院士与天津学子谈创新.天津日报，2022-04-09.

（三）分散于主体中

以往的消息写作中，向受众传递新闻背景往往要开辟专门的段落，但是实践证明，将新闻背景分散地穿插到主体的各个部分，能够让受众在阅读新闻的时候更流畅，也更容易接受新闻中所传递的信息。例如下面这则消息就将新闻背景像"天女散花"一样，穿插于主体的各个角落。

抢险中牺牲 大邑籍消防员汪磊被批准为烈士
其骨灰 11 日从云南被护送回家乡并安葬在烈士陵园

华西都市报讯（记者秦怡 杨霁月）6 月 11 日上午，经过 20 多个小时的千里跋涉，烈士汪磊的骨灰从云南省丘北县被护送回家乡成都市大邑县，在大邑县烈士陵园举行安葬仪式。汪磊的亲属、生前好友、同学及群众从四面八方赶来，用一朵朵菊花寄托追思和怀念，送英雄最后一程。

汪磊 1995 年出生于大邑，2014 年 9 月入伍，后随消防部队退出现役，生前系云南省文山州丘北县文秀路消防救援站装备技师、班长，三级消防士消防救援衔。（背景）

5 月 27 日，文山州多地遭遇暴雨袭击，丘北县平寨乡纸厂村有群众被困，汪磊主动请缨随队前往救援。救援过程中，由于黑纳河水持续上涨，造成混凝土桥突然坍塌，汪磊不幸被卷入洪水，壮烈牺牲。6 月 7 日，应急管理部批准汪磊同志为烈士。（背景）

"他是我们的英雄，也是大邑人民的英雄。"文山州消防救援支队政治部主任朱文功说，"我们将继承他的遗志，传承他的精神，完成他未竟的事业。"据统计，参加消防工作以来，汪磊共参与灭火救援战斗 900 多起，营救被困人员 50 余人，疏散转移群众 120 余人，先后 3 次被评为优秀士兵、优秀消防员，6 次受到嘉奖。

在母亲程学英眼中，汪磊是个独立、懂事的孩子。尽管喜欢旅游，但汪磊每逢休假都会带上礼物回家探亲。"回来也不出去耍，就在家陪我们看电视、摆龙门阵。"受汪磊影响，程学英也加入了大邑县萤火虫志愿者服务队。（背景）

白菊环绕，哀乐低回。离家是少年，归来是英雄。在社交平台上，有网友这样留言："人民记得你！山河记得你！"

资料来源：https://www.wccdaily.com.cn/shtml/hxdsb/20220612/175540.shtml.

在这则消息中，报道了抢险中牺牲的大邑籍消防员汪磊在牺牲后骨灰被护送回家乡安葬的消息，在报道中，新闻记者将背景分为人物生平、事件经历和亲人回忆几个部分串联于整篇报道中,使整篇消息更加真实可感。

(四) 安排于结尾中

在实际的消息写作中,最常见的背景安排模式就是将背景置于消息结尾中,这也符合消息写作的倒金字塔结构,通过将相关背景置于最后的方式,既保障受众在第一时间接触到新闻事实,又满足了一部分受众了解详细情况的需要,例如下面这则案例。

普京签署总统令:用卢布付外债(节选)

5月底,美国财政部宣布不打算延长俄罗斯以美元偿付外债的豁免权。俄罗斯外交部警告,美国政府的决定首先侵犯了外国投资者的权益,削弱了对西方金融基础设施的信任。

资料来源:https://baijiahao.baidu.com/s?id=1736398972273426019&wfr=spider&for=pc。

这则消息报道了2022年6月22日,俄罗斯总统普京当天签署了关于临时通过卢布Ⅰ类账户履行国家外债义务的命令。在结尾处补充了在5月底发生的历史事件作为背景,帮助受众回忆此前的报道内容和事态情形。

本章小结

任何一种媒体的新闻写作,消息都是最基本的表达样式,是新闻记者必须掌握的一项基本功。通过本章的学习,要精准掌握消息的概念、特点以及其标题、导语、主体、结尾和背景的表达方式,要牢记成功的消息包含精炼的标题、引人入胜的导语、充实的主体、干脆利落的结尾和恰到好处的背景。

力学如力耕,勤惰尔自知。但使书种多,会有岁稔时。要想写好消息,一定少不了大量的练习和修改,尝试以身边的新闻事实为基础,多多练习消息写作,定能快速进步。

思考与练习

1. 思考消息标题应该如何做到简练表达?
2. 思考消息导语和主体间的关系是怎样的?
3. 思考应该如何写好消息的背景?
4. 搜集来自不同媒体的5~10篇新闻消息,尝试对其各个结构要件进行分析。
5. 在采访的基础上,尝试写出一篇200字以内的新闻消息。

第七章 通讯写作

■ **本章导言**

同消息一样,通讯也是一种重要的新闻体裁,但两者在内容呈现和表现形式上区别较大。相对于消息,通讯虽然篇幅较长,但报道更为具体,能够满足受众的求知欲望;虽然时效性较差,但是故事性和可读性较强,能够满足受众的审美需求。因此,消息和通讯都有着不可取代的一面,两者相辅相成,丰富着新闻的报道形式。通讯的写作也是新闻记者的基本功,所以本章将重点围绕通讯的类型、主题、选材、结构四个方面展开,通过案例讲解通讯的写作方法。

■ **学习目标**

1. 理解通讯的定义与特点并掌握其写作要求。
2. 了解通讯写作的类型。
3. 掌握通讯主题的拟定方法。
4. 掌握通讯选题的类型和方法。
5. 掌握通讯写作的结构并能够应用于实际写作。

第一节 通讯写作概说

有了消息写作的基础,学习通讯写作会容易许多,但是两者之间存在一定的差异。在通讯写作之前应在了解其与新闻消息写作的区别之上理解通讯的基本概念与特征,才能更好地学习通讯的创作方式与写作要求。

一、通讯的定义与特点

通讯是一种常用的新闻体裁。狭义的通讯是指在描述和叙述的基础上,运用抒情、议论等多种表达方式,详细完整、生动形象地报道典型人物、事件或问题,充分展现新闻事实的发生、发展、变化、结果和影响的一种新闻体裁。①

而目前所见的通讯,逐步变成了一种广义的含义,用来指代除消息之外的所有新闻文体,包含各类特写、专访等具有深度的新闻体裁。

通讯具有以下特点。

(一) 新闻性强

通讯最根本的特点是其强烈的新闻性。通讯虽然在形式和内容表达上与消息有所不同,但是它同样是一种新闻体裁,所以在写作中也必须强调新闻性,即报道内容要具有真实性、时效性和新闻价值。

首先,通讯所报道的事实必须是真实存在的。虽然通讯的故事性和讲述感较强,但是所有的描述、对话、场景、人物活动都必须是真实存在的,容不得半点虚构。其次,通讯必须具有时效性。尽管通讯的写作周期长、故事性强,但是依旧要讲求时效性,必须是新近发生的事实,这也对新闻记者提出了更高的写作要求。最后,通讯必须具有新闻价值。即找到其存在的依据,在进行新闻采访和写作之前记者可以尝试向自己提出以下问题,这篇通讯是否传递了新的信息、新的观点或新的想法?是否能够吸引受众阅读?

(二) 详细完整

详细完整,是通讯在形式上的突出特点。如前文所述,在消息写作中,往往讲求简洁概括,要报道新闻事实中最关键的要素。相比之下,通讯是将新闻事件的前因后果、来龙去脉、深层原因,全方面、多层次、多角度地展现给受众,往往能够对消息起到补充说明的作用,所以更强调叙述的完整性。

(三) 形象生动

形象生动,是通讯在内容上的突出特点。通讯之所以更具有可读性,是因为其在写作过程中并不是简单地说教和枯燥地罗列事实,而是将事件发生发展的全流程,用描写、抒情、议论等方式,像讲故事一样形象生动地展现给受众。形象生动的通讯,具有强烈的感染力和可读性,使受众在阅读过程中能够保持高度的注意力,能潜移默化地被通讯内容影响。

(四) 主观性强

相比于消息而言,通讯的内容呈现方式多样,选题范围宽泛。在新闻通讯写作的过程中,报道哪些事情,不报道哪些事情,关注哪些细节,不关注哪些细节,都来自于新闻记者的主观选择,体现了记者的情感基调。另外,通讯的主观性还体现在作品中带有鲜明的个人风格,例如激情的文风、质朴的表达、细腻的讲述等都是新闻记者能够在通讯中使用的,这也是通讯吸引作者的重要法宝。

下面通过一则第三十一届中国新闻奖一等奖的作品,来更加深刻地理解通讯的定义和特点。

---

① 孙树松,林人. 中国现代编辑学辞典:[M].哈尔滨:黑龙江人民出版社,1991:25.

杨叔的脱贫日记

杨叔的屋里,那新刷的箱柜就在窗前,在冬日阳光的照射下,闪闪发亮,是杨叔最爱的红色。再过10天,就是2021年了。杨叔坐在炕上,慢慢翻看着之前的日记:"2020年农历三月十二,继宏放弃休假日,驱车亲临亲躬,自费(买来)床单,为我家整理了床铺;又腰系油布,以童年时初学之娴熟油漆活技术,执刷子刷新了垃圾堆似的两柜一箱,使之鲜红,焕然一新。"

在杨叔的眼里,这鲜红既是对贫困的作别,更是对焕然一新生活的迎接。

2016年农历三月初一 晴
帮扶干部来了,也重燃了希望

73岁的杨叔是宝鸡市金台区硖石镇车辙村五组村民杨思笃,宝鸡市金台区住建局扶贫干部朱继宏扶贫五年来,一直叫他杨叔。

杨叔身材单薄瘦小,但是腰板直挺,看着硬朗。他常着一身蓝色布衣,干农活时,手脚麻利,额头上的汗珠在黝黑皮肤的映衬下闪闪发光。只上过小学的杨叔还是个文学爱好者,村子里能沟通的人少,他就写日记。油盐酱醋、酸甜苦辣,都被他写进日记里,洋洋洒洒,竟也写了14本。

为了摆脱贫困,杨叔辛苦了一辈子:种粮食,他比别人流的汗多,每亩地总能多打一二百斤麦子,却卖不了几个钱;种苹果,他比别人精心,却遇到市场行情不好;养牛,辛辛苦苦养大一头牛,卖的时候却被贩子坑了;好不容易拉扯大两个儿子,大儿子在工地因工身亡,小儿子在打工时胳膊骨折……

"我的精神一下子垮了,别说脱贫了,一家人都养不活。"杨叔说。2014年12月,杨叔家被定为贫困户。

"2016年3月1日,帮扶干部朱继宏来到我家,先是核实家庭各项农副收入,后谈及脱贫措施……他拿起扫帚,清扫了庭院卫生。"这是杨叔的一页日记,他的生活从这一天开始改变。

初来乍到,如何帮扶杨叔,朱继宏心里也没底。但是,俩人喜欢文学和写作,能说到一块去,聊着聊着,朱继宏就说中了杨叔的心事:大儿子去世了,怎样才能尽到爷爷的责任把三个孙儿养大?

朱继宏受到触动,渐渐有了帮助杨叔发展产业来脱贫的想法。可是,杨叔夫妻年老体弱,能干什么呢?

"经过多次走访,我发现,车辙村耕地少、林地多,自然环境优美,经常有市民来郊游。杨叔老两口可以管护苗木、散养土鸡,向游客出售土特产。"朱继宏说。

杨叔采纳了这个建议。很快,帮扶项目启动,补助资金到位,仅个把月时间,他就在7亩地上种下了白皮松、花椒、核桃苗。金台区住建局还给车辙村每户贫困户赠送了20只乌鸡雏。

树苗和雏鸡让杨叔忙碌起来,他渐渐走出了老年丧子的悲痛和消沉,心中又燃起脱贫梦想。

不久,小儿子找到了稳定工作,村里安排大儿媳在公益性岗位就业,三个孙儿学费、保教费得到减免,全家入股了两个种植养殖合作社。

有了帮扶人,享受到好政策,杨叔的干劲越来越足。家里15亩地分散在8处,他不是种麦子就是栽树苗,没有一处撂荒;村里开展各种培训,他一场不落;只要听说哪里有活干,他和老伴都赶着去打零工。

人勤地不懒。杨叔家的地在全村务得最好:树苗下见不到杂草,花椒枝用小木棍撑开,接受光照多,长势好。夫妻俩精心饲养的乌鸡,一年多时间,光鸡蛋就卖了2000多元。

三年后,杨叔家的核桃、花椒已经挂果,1万多棵白皮松树苗翠绿一片,最高的也有1米多。"这是我的付出,我干了就有希望。"杨叔说。

2017年农历十一月十一 多云
请结束对我家的帮扶,改扶别人

翻开杨叔的日记,点点滴滴,都是感人的回忆:

金台区委书记来家里慰问,坐在炕上和他一笔一笔算收入账,随行人员还帮他理了发;

驻宝鸡某部队来村里扶贫,了解到他家的困难后,资助了杨叔大孙子5000元教育经费;

硖石镇第一盏路灯在车辙村亮了……

杨叔庆幸自己生活在好时代:"40多年前,我家5口人住十二三平方米的土坯危房……30多年前,扛着70多斤橡子,翻两架山,到县功镇集市只卖了3.5元……现在的精准扶贫,让我这个普通百姓感激涕零!"

2017年11月初,杨叔掐着指头算了一下,自己家庭人均收入已经达到了3406元。当年农历十一月十一,路过村委会时,见书记、村主任都在,杨叔就走进去说,家里人口多,得到经济、教育、健康等方面的扶助很大。"人常说,吃够了要知道摆碗,请结束对我家的帮扶,改扶别人。"

杨叔主动向村委会申请退出贫困户行列。然而,考虑到他家刚过贫困线,村委会没有通过他的申请。

在一个安静的夜晚,杨叔在日记里写道:"贫困户的扶持待遇,我已享受两年多,多种优惠项目,一项都没落下。我既感激又愧疚,无从报恩,只想有生之年,好好劳动,如遇公益事项,将奉献绵薄之力。"

从此,在村委会的大院、在村里的水泥路上,常会看到一个瘦弱的身影在清扫垃圾。

2018年,车辙村集体经济进一步发展壮大,杨叔家参与了光伏发电、中蜂养殖等6个产业项目,年底核算,人均收入7202元。杨叔再次提出脱贫申请,这次村委会通过了,他家从此摘掉了"穷帽子"。

为庆祝这一天,朱继宏和驻村工作队员把杨叔家盖了近30年的房屋墙壁粉刷一新,村里给他家赠送了沙发、茶几、电视机。朱继宏的妻子特意在网上买了一幅杨叔中意的山水画,挂在卧室墙上,整个房子窗明几净、生机勃勃。

杨叔难掩激动之情,将这一天写进日记,"如果老天眷恋我,不急于叫我离世,我倒衷心地还想再多活几年……"

2020年农历五月初九 小雨
希望子孙能记住历史,律己向上,感恩社会

杨叔的日子一天天好起来,他也见证了车辙村的变迁。

八百里秦川自古就是富庶之地,杨叔家所在的六川河边的车辙村依山傍水,村民们祖祖辈辈过得却是穷日子。2012年全村325户,三分之一是贫困户。

党的十八大以来,扶贫工作轰轰烈烈展开。金台区住建局包抓车辙村,帮扶干部来到村里,帮助开展移民搬迁工作,对全村环境面貌、产业布局进行规划设计。2015年起,宝鸡市委、市政府组织万名干部驻村帮扶,开展精准扶贫,朱继宏等14名干部帮扶车辙村54户贫困户。

村委会建了办公楼、休闲健身广场,村组互通硬化路,主街道装了电灯,山洪治理工程项目开工,河堤上栽了花种了树……杨叔高兴地把车辙村的变化写进了日记里。

5年扶贫经历,也影响着扶贫干部的人生。"山区家庭,没有劳动力,发展生产十分艰难。但是,杨叔没有被困难吓倒。他不畏艰难险阻,带领全家上阵,脱贫致富,是一位坚强的老人。"朱继宏说,"我帮扶了杨叔的物质生活,他'帮扶'了我的精神世界。"

和朱继宏一起参与帮扶的其他13名干部,在和贫困户打交道的过程中,也深受感动。他们有的是80后、有的是90后,多数是城里娃。刚驻村时,听不懂方言,和贫困户交流都成问题,几年下来,个个都成长起来了,帮助村民争取项目,发展产业,对扶贫工作充满激情。

在他们的真情帮扶下,车辙村把资源优势转化为产业优势,大力发展林木、林下经济,发展休闲旅游产业,全村成立蛋鸡养殖、中蜂养殖、黑土猪养殖、山羊养殖等6个合作社,把贫困户全部嵌入产业链。2019年底,车辙村除6户7人五保户外,111户410名建档立卡贫困群众全部脱贫摘帽。

对于车辙村的扶贫工作,帮扶干部还有更长远的计划:发展1500亩柴胡产业园和13个蔬菜大棚,巩固全村脱贫成果,小康路上,大家一起走。

今年,杨叔家的苗木有了效益,小儿子的工资涨了,大孙子考上了大学……燕子在杨叔家明亮的厅堂内筑起了窝,雏燕的叫声悦耳,杨叔全家的生活越来越有盼头。

忙碌了一天后,夜深人静时,杨叔坐在炕上,又一次专注地写着日记:"希望我的子孙日后偶然见此字迹,能记住历史,律己向上,感恩社会……"

资料来源:张辰,刁江岭.杨叔的脱贫日记[N].陕西日报,2020-12-22(1).

本篇通讯发表于2020年年末的《陕西日报》(图7-1),此时正值全面脱贫攻坚战的收尾时刻,当时国内许多媒体都将脱贫作为主要的报道方向,而单说脱贫成果是枯燥的,鲜活生动的故事更能打动人心。整篇通讯以宝鸡市硖石镇车辙村73岁杨思笃老人的日记为线索展开,记录了一个普通农民家庭的变迁,重点讲述了其近五年战胜贫困的经过,新闻性较强。整篇通讯近3000字,记者通过深入了解杨叔家的前后变化,并将这些新闻素材提炼归纳,详细完整地还原了杨叔战胜贫困的经过。同时还巧妙地将主人公的日记内容穿插于故事的叙述中,全文在表达上行云流水,形象生动,脉络清晰,风格独特,并以小见大,讲述脱贫户的奋斗精神、扶贫干部的真抓实干和脱贫攻坚的伟大壮举。这篇通讯在《陕西日报》及其新媒体平台一经刊发,便取得了较好的阅读表现,并荣获第三十一届中国新闻奖一等奖。

第七章 通讯写作

图 7-1 《陕西日报》版面截图

二、通讯的写作要求

（一）细化内容，展现细节

通讯的文体具有详细完整，形象生动的特点，这些特点也为通讯写作提出了更为具体的要求，即在写作过程中要不断地搜集素材，尽可能地挖掘事物的本质，并对通讯中可能涉及的人物、事件、景物和事物进行较为详细地叙述。同时注意挖掘新闻事件中的细节，满足受众欲知未知的心理，使其对新闻事实的全貌有更加深刻的了解，这是通讯写作中的最基本要求。

（二）明确主题，围绕中心

与消息一样，通讯同样需要有一个明确的主题统领全篇，如果篇幅较长的通讯没有主题则会导致文章结构松散，立意肤浅，无法提炼出核心思想。所以在通讯写作之前一定要围绕新闻事实确立一个主题，并在写作过程中围绕这一中心主题展开叙述。

需要注意的是，在通讯写作过程中的主题虽然在很大程度上是由新闻记者主观判断决定的，但是也必须要符合所在媒体的报道思想，不能脱离实际，违背伦理和事实，一定是记者通过观察、采访和反复的思考之后确定的。关于通讯主题的选择与确定，将在本章第二节中详述，以下先看一则案例。

灯亮了，农牧民的心也更亮了

灯亮了，农牧民的心也更亮了（节选）

天苍苍，野茫茫，风吹草低见牛羊。《敕勒歌》描绘了壮阔的草原美景。

随着时代的发展进步，电日益成为草原农牧民生活中须臾不可离开的重要能源：有电的地方，才有热气腾腾的新生活。

内蒙古电力（集团）有限责任公司（以下简称"内蒙古电力集团"）牢记"人民电业为人民"的宗旨，全力保障边境线上的用电安全和辖区内各族群

众生产生活用电需求,以优质服务架起民族团结"连心桥"。(扫码查看全文)

资料来源:http://210.12.104.26:81/epaper/.

这篇通讯的主题意识较强,作者围绕着内蒙古电力集团集中力量保障各族群众用电需求的中心进行展开,并使用三个案例深化表现主题,分别展示内蒙古电力集团热心服务、真情服务和厚植民族团结情的精神,表现其用光亮将各民族的情谊相连,为筑牢祖国北疆安全稳定的屏障贡献自身力量的企业宗旨。

(三)可读性强,会讲故事

很多初学者都会有疑问,为什么通讯的篇幅长,时效性稍差,在现代快节奏的生活下,为什么还会吸引那么多的受众阅读?根本原因是通讯具有其他文体无法比拟的可读性。可读性是受众在拿到一篇文章后,能够被其中的情节所吸引,不由自主地产生阅读的兴趣,并且能够在阅读之后提高思想认识水平,引发一系列的思考,使心灵得到洗礼。

既然可读性这么重要,那么应该如何提高通讯作品的可读性呢?核心是要学会讲故事,肯达尔·海文在著作《故事明证:科学背后故事的惊人力量》中写道:进化生物学家提供的证据表明,10万年的进化把人类大脑培养成用故事结构思考的器官,人们被设定为更偏爱故事。所以在通讯中要能够用清晰的逻辑、引人入胜的表达和跌宕起伏的情节,将枯燥的说教或科普转化成一个个故事,才能够满足人们喜欢听故事的心理。

数字人民币如何促消费(节选)

"我用抽中的数字人民币红包买了菜。"家住深圳市宝安区的赵敏是近两轮数字人民币红包活动中的"幸运儿"。第一轮活动,她抽中了128元数字人民币红包,在开通数字人民币钱包后,她马上到超市体验了数字人民币线下支付;第二轮活动,她又中了88元红包,这次她选择网上购物,在线下单了自己爱吃的蔬果……

不少深圳市民领到红包后,在线上线下尝鲜数字人民币支付。还有中签的深圳市民在社交平台上晒出自己的消费体验,"今天领到红包,在美宜佳买了10瓶饮料又点了4杯奈雪""数字人民币红包中了88元,在便利店买了娃哈哈犒劳自己"……

消费券的发放也激发了四川成都市民的消费热情。家住成都市锦江区的戴女士一家在6月12日当地首批消费券发放时,抢到了超市"满100元减30元"券和外卖"满50元减15元"券。当天中午,她就用刚到手的消费券点了外卖。"店面忙碌的日子又回来了。"成都高新区一家烧烤店的店主表示,近期,店里的外卖订单有所恢复,在消费券活动开始后,用消费券点外卖的顾客在增多。(扫码查看全文)

数字人民币如何促消费

资料来源:http://www.ce.cn/xwzx/gnsz/gdxw/202206/24/t20220624_37789431.shtml.

这则通讯重点讲述了数字人民币如何促进消费,在整篇新闻中通过典型案例的串联,讲述消费者如何使用数字人民币的红包优惠以及数字人民币的活动对个体小商户的影响,用故事串联加数据的方式,讲述了数字人民币的相关活动对消费的刺激作用和具体的应用场景,使整篇文章的可读性更强。

(四)多样表达,敢于创新

既然通讯在写作过程中要通过可读性和故事性来吸引受众,那么就必须要强调多样表达的重要性。在通讯写作中,要善于使用记叙、说明、议论、描写、抒情等多种表达方式让通讯变得可感。同时,还要敢于创新表达方式,例如将多种表达方法相互融合,或使用比喻、拟人、对仗、排比等多种修辞方法,以增强文章的可读性等。[①]

开向大山的临时巴士(节选)

5月前,每周末,北京都有100辆以上的大巴车驶向怀柔、门头沟和延庆等山区,车上人的年龄多在20岁到40岁之间。他们将要在没有台阶的碎石路上、狭窄的悬崖峭壁间,完成5公里以上路程和500米以上的爬升,然而有些人工作日的步数不超过3000步。他们用"极致虐,极致美""痛苦并快乐着"描述这项活动。

这些城市生活的"逃离者"从北京的犄角旮旯里涌出,坐在现代化的金属笼子里抵达某个地铁站,再被塞进座无虚席的大巴车,等待被撒向广阔无垠的山头。

6:30,比早高峰还早上半小时,北京地铁10号线就能陆续看到这些"逃离者"的身影。他们身穿鲜艳的冲锋衣,脚踩厚重登山鞋,有人沉浸在前天晚上加班的困意中,戴上蓝牙耳机闭着双眼补觉;有人打开手机软件,翻看最新款的户外服饰,琢磨要少喝几杯咖啡才能买得起。

走向大山的理由各不相同。有人形容在山上没信号的一天就像"强制下线",有了不接电话、不看微信的正当理由;有人一扫事业上的不如意,找到了体力至上的成就感;有人抛开围裙和尿布,感受到为自己而活的肆意痛快;有人远离职场的尔虞我诈,和陌生人吐露心扉,来一场纯粹的社交。

不用准备繁重的行李和详尽的攻略,不用费力约人,一个人坐上任意一辆大巴,只要两三个小时,就能来到一个截然不同的世界。为了更好地在城市生存,他们短暂地走出人流、走到城市的最远端,向自然寻求一副安神药方。(扫码查看全文)

开向大山的临时巴士

资料来源:http://zqb.cyol.com/html/2022-05/18/nw.D110000zgqnb_20220518_1-05.htm.

在这则通讯中,新闻记者讲述生活在北京的"逃离者"们的特殊生活方式,分为"孤独""自由""出路""回归"四个二级标题展开叙述,使用了记叙、描写、抒情等表达方式和拟人、比喻等修辞手法,并结合记者的访问与经历,用细腻的笔触记录这些城市"逃离者"的生活经历和背后故事,表述了他们内心的真实想法,同时也展现出了这个时代年轻人的无奈,在内容和形式上都做了大胆的创新。

第二节 通讯写作的类型

虽然所有的通讯具有共性的特点和写作要求,但是按照内容和表现形式的差异还可以细化成多种不同类型。了解通讯写作的类型,有助于后续学习通讯的主题、题材与结

[①] 新闻采访与写作编写组. 新闻采访与写作[M]. 北京:高等教育出版社,2019:244-250.

构。总的来说通讯的类型可分为叙述型、调查型和访谈型三种。

一、叙述型通讯

叙述型通讯以叙事记叙为主，也是通讯中最常见的类型，可以记人、记事、记场面，与其相对应的是以下三种通讯形式。

（一）人物通讯

人物通讯是以"人"为主线，记录专门的人物，是为了某个人而创作的通讯。在这类通讯中，主要关注的是具有新闻价值的人物，可以是先进典型，可以是新闻事件主人公，甚至可以是揭露性报道中的反面人物。通过详细叙述其主要事迹、人生经历、生活状态和工作经验，从而达到树立典型、启迪受众的作用，这类通讯可以说占领了通讯的半壁江山。

扫码查看人物通讯《杨勇：用自己的"辛苦指数"换来群众的"幸福指数"》全文。

杨勇：用自己的"辛苦指数"换来群众的"幸福指数"

（二）事件通讯

事件通讯是以"事"为主线，记录在社会中发生的具有新闻价值的事件，并对其发生、发展的全过程以及意义和影响进行全方位的展示，让受众能够更好地理解新闻事件，并能在其中获取一定的信息。事件通讯的关注范围较广，可以是社会生活中的各个领域、各行各业。从典型事件入手，能够更为详细生动地展现细节和事物的状态，所以它往往与消息搭配出现，是消息的一种补充形式。

扫码查看事件通讯《近百份判决书里的代孕纠纷：灰色产业里的罪与非罪》全文。

近百份判决书里的代孕纠纷：灰色产业里的罪与非罪

（三）风貌通讯

风貌通讯是以"场景"为主线，记录在某一个地域或地点上发生的事件，可以是某个地区的今夕变化，可以是某地的风土人情，可以是某个历史文化遗产的介绍。风貌通讯中经常以"游记"的方式进行，记录记者的所见所闻，能给受众一种强烈的现场感，并且在写景叙事的过程中说理、言情，是一种可读性极强的通讯形式。例如范长江的著作《中国的西北角》就是典型的风貌通讯，它记录了1935—1936年范长江作为《大公报》旅行记者时中国西南、西北地区的时局状况，同时加入了深入透彻的分析和独特的见解，揭示当时国内的民族矛盾和民族压迫，成为一部不朽的著作。

扫码查看风貌通讯《记者再走长征路：挥师南岭，蹚出西进路》全文。

记者再走长征路：挥师南岭，蹚出西进路

二、调查型通讯

调查型通讯主要是新闻记者通过深入的调查、并进行综合分析后所写的通讯，主要分为社会观察通讯和工作通讯两种形式。

（一）社会观察通讯

社会观察通讯是通过新闻记者对于社会现象、社会问题的观察采访，并通过深度分析后写成的通讯。这类通讯主要以揭露和批判为主，重点关注社会上存在的问题和一些不公平、不公正的现象，并通过深度的剖析、全面地分析与说理引发社会的广泛关注，能够充分发挥新闻媒体舆论监督职责。

例如下面一则通讯，以广州市新雅小学（和雅校区）成立已久，但是操场迟迟未建好的事件展开了一系列的观察与分析，在写作过程中记者通过调查、访问等多种形式了解真相，为当地百姓的需求发声，也督促了政府相关部门尽快解决民生问题，发挥了舆论监督的作用。

扫码查看社会观察通讯《广州一小学操场为何迟迟未完工？当地政府：正在协调相关部门解决》全文。

广州一小学操场为何迟迟未完工？当地政府：正在协调相关部门解决

（二）工作通讯

顾名思义，工作通讯是以"工作"为主线，记录在不同领域、不同行业中所发生的新动态、新情况、新发展、新矛盾、新问题，或者介绍在某一领域工作中取得的经验和成就等，从而发挥推广典型、指导工作和引领思想的作用。工作通讯在我国新闻媒介中的使用频率很高，但是在西方新闻界出现很少，可以算是一种专属于中国的通讯形式。

例如下面一则通讯，主要介绍了厦门大学在劳动教育中取得的新成就，介绍了厦门大学通过搭建教育平台、开设特色课程等形式开展劳动教育，不仅起到了宣传典型的效果，也为其他高校提供了参考，是一则典型的工作通讯。

厦门大学：将劳动教育开展在广袤大地上

扫码查看工作通讯《厦门大学：将劳动教育开展在广袤大地上》全文。

三、访谈型通讯

访谈型通讯是近些年在广播电视和网络媒体中较为流行的一种通讯形式，在这类通讯中，往往直接以问答的形式展开，将记者的问题和被访者的回答串联在一起，最大限度地还原了采访现场，给受众以真实的感觉。主要分为人物专访、问题专访和事件专访三种形式。

（一）人物专访

人物专访与人物通讯较为相似，都是以"人"为中心展开。但是两者之间也存在较大的区别：①人物通讯直接描写人物的故事或事迹，而人物专访主要以记者和访问对象的问答形式展现人物的事迹或观点。②人物通讯中的报道对象可以是名人，也可以是普通群众，而人物专访更强调"专"，报道对象一般都有较高的社会地位和知名度。③人物通讯在写作中可以灵活地转换形式、调整顺序，而人物专访更强调"访"，更多地保留被采访对象的原话，也必须按照一定的顺序进行呈现。通过两者之间的差异大家也能够更好地理解人物专访。

扫码查看人物专访《"一国两制"香港成功实践举世公认（紫荆绽放 人物专访）——访全国政协副主席梁振英》全文。

（二）问题专访

问题专访主要就社会上普遍关心和迫切需要解决的问题，访问特定的领导、专家、学者或权威人士，让他们就某一社会问题提出自己的观点和见解，为受众解决问题提供参考。需要区分的是，问题专访虽然也是对人物所进行的访问，但是核心在于受访人物对某一问题的看法，并不是讲述自身的经历和故事，访问对象也不再是唯一的。例如下面这则通讯，就受众关心的聊天机器人程序 ChatGPT，专访了中国信通院云计算与大数据研究所所长何宝宏，为受众答疑解惑，满足其求知欲，降低未知信息带来的恐惧感。

扫码查看问题专访《ChatGPT 爆火，如何防止 AI 作恶？我们会掉队吗？》全文。

（三）事件专访

事件专访着重介绍某个历史事件或现实事件。新闻记者通过访问事件的当事人或知情人，尝试还原事件原貌，让受众能够对某件事情有更加深刻的理解。和问题专访一样，事件专访在采访与写作中，为了还原事件原貌，通讯中除了一个主线人物外，还可能出现其他支线人物。例如下面这则通讯，就社会上普遍关注的"丰县生育八孩女子"事件，专访江苏省委省政府调查组负责人，对事件中的关键信息进行访问，为受众及时解答疑惑。

扫码查看事件专访《"丰县生育八孩女子"事件十三问 新华社记者访江苏省委省政府调查组负责人》全文。

"一国两制"香港成功实践举世公认（紫荆绽放 人物专访）——访全国政协副主席梁振英

ChatGPT 爆火，如何防止 AI 作恶？我们会掉队吗？

"丰县生育八孩女子"事件十三问

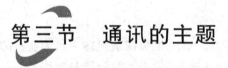

第三节　通讯的主题

主题是通讯的灵魂，也是通讯中所要表达的中心内容和思想，它所传递的是新闻记者对于客观世界的认知与看法。通讯的主题之所以重要，是因为整篇通讯的内容都是围绕其展开，它往往决定一篇通讯质量的高低，以及受众接受度和认可度的高低，所以主题是新闻记者在写作通讯前必须要考虑的首要问题。

一、通讯主题的要求

通讯的主题十分重要，因而在其主题提炼的过程中就有更高的要求。总的来说，必须要做到正确、鲜明、深刻。

(一)务必正确

正确,是对于通讯主题最基本的要求。

通讯的主题作为全文的统领,在提炼的过程中必须坚持内容正确,即必须与客观实际相符合。历史上很多通讯在写作过程中为了树立典型而导致夸大或扭曲人物事迹,或者想当然的对某件事物产生报道定式,这都是在主题提炼中的大忌,试想如果主题内容错误,必定会导致整篇通讯的失实,后果不堪设想。

另外,主题的正确还体现在导向正确,要符合党的宣传方针和相关法律法规,符合媒体的报道思想,对国家、社会和个人都能起到激励和鼓舞的作用。只有主题的导向正确,才能引导舆论,才能符合公众的利益,才能产生良好的社会效应。如果通讯的主题产生偏差,即使素材再丰富,写作方式再新颖、深刻,都不会产生理想的效果,甚至会产生负面的社会效应,影响媒体的公信力,所以导向正确对于通讯主题来说非常重要。①

(二)确保鲜明

主题鲜明是在准确的基础上提出的更高层次要求,同样可以分为两个层面。

(1)通讯的主题必须让受众一眼即懂,这也是通讯和文学写作的最大区别,文学写作有时讲求朦胧之美,与读者卖关子或为其留足想象的空间,但是通讯作为一种新闻文体,必须直截了当地交代中心主题,让受众能够一眼就识别出主题是什么,才能够产生引导舆论,影响受众的目的。

(2)力求个性和创新,在主题中必须表现出新闻记者的真知灼见,避免人云亦云,要敢于打破传统的思维定式,做出有独特见解的选题,才能在此基础上写出引人入胜的新闻通讯。

(三)力求深刻

通讯主题的最后一个要求是深刻,即提炼的主题要有深度,要透过现象看本质,反映出事物中所包含的深层意义,使文章更具穿透力和启发性,而不是流于事物表面。这对于新手记者来说往往是较为困难的,那么应该如何触及深层次的主题呢?

首先,在主题提炼过程中,不能孤立地看待报道对象,必须要把题材放到全局的高度去衡量,深入研究其在全局中所占有的位置,以及其对全局发展的促进作用。其次,是要有历史感,能够把新闻事件置于历史的长河中和时代的大背景下去考察,才能够更全面地认知与把握。最后,要关注"人"的心灵,抓住报道中人物的心理,通过素材的深度挖掘,让报道对象活灵活现,以感染受众、打动受众,让受众在阅读中产生共鸣。② 例如下面这则案例。

大山深处走出最美"古丽"(节选)

11月27日晚,广州白云机场。

帕夏古丽·克热木走出大厅,工友哈力切·孜亚等五六个姑娘捧着大束的百合、玫瑰

---

① 魏霞. 论通讯的主题及其提炼[J]. 咸阳师范专科学校学报,2001(3).
② 刘明华,徐泓,张征. 新闻写作教程[M]. 北京:中国人民大学出版社,2002:148.

迎上来。"古丽姐,我们在电视上看见你了,真漂亮!"哈力切说,你现在是大家心中的"爱豆"(偶像)!

南疆很多姑娘名字中都有"古丽",是"花朵"的意思。工友们口中的"古丽姐"——帕夏古丽来自克孜勒苏柯尔克孜自治州乌恰县。

古丽还是那个古丽——皮肤暗红,牙齿雪白,扎着马尾辫,走路带风,快言快语,一口夹杂着新疆口音的"广普"(广东口音普通话),是14年广东生活的印记。

11月24日,全国"最美职工"发布仪式在北京举行,包括帕夏古丽在内全国共有10人获"最美职工"殊荣。领奖台上,帕夏古丽身着柯尔克孜族传统民族服饰,笑靥如花,头饰上的白色羽毛,就像慕士塔格峰的皑皑白雪。

在颁奖现场,主持人这样定义"最美职工":他们立足本职、爱岗敬业、攻坚克难,在平凡岗位上做出不平凡的业绩。

而在乡亲们眼中,帕夏古丽的美更生动、更具体,她用行动让大家相信,只要努力奋斗,石头缝里也能开出美丽的花。(扫码查看全文)

大山深处走出最美"古丽"

资料来源:http://www.zgjx.cn/2021-10/25/c_1310261653_2.htm.

这是第三十一届新闻奖的获奖作品,整篇通讯以帕夏古丽获评全国"最美职工"的新闻为线索,以报道南疆地区人民生活改变为主题。虽然表面在进行典型人物的报道,但是其并没有拘泥于人物本身,而是在国际社会上以美国为首的西方反华势力污蔑新疆"强迫劳动"的背景下,充分展现出在新时代党的治疆方略指引下,南疆大地发生的巨大变化和少数民族群众思想深处发生的深刻变化,有力驳斥了美西方国家对新疆存在所谓"大规模强迫劳动现象"的污蔑。这充分地展现出了这条通讯主题所引领的正确舆论导向,也能看到这其中所传递出的时代精神是正确、鲜明且深刻的。

二、通讯主题的提炼方法

(一)从事实入手提炼主题

从事实出发,是提炼新闻主题的常见方法。通讯作为一种新闻体裁,必须要坚持真实性原则,这就说明了通讯的主题也离不开事实,不能像一些文学作品一样凭空想象。因而提炼通讯主题最基本的途径就是从真实发生的新闻事件出发,用实事求是的精神和科学的分析方法,从中发现新鲜的线索或深刻的意义。

在实际的写作过程中,新闻记者在提炼通讯主题之前要广泛地搜集素材,将大量的事实材料汇集在一起,了解事实全貌,再进行分析归类,理清事物之间的关联,从而选择事实中鲜明新颖的角度和侧面来提炼主题,这对于通讯创作来说非常重要。试想如果新闻记者没有了解真相,通过主观臆想确定主题,创作出来的通讯一定是违背新闻伦理的,甚至会引发负面效应。

(二)从身边入手提炼主题

对于新手来说,提炼通讯主题最简单的方式是从身边的小事入手,不要一味地强调大而全。其实通讯主题的凝练往往就在身边的小事或者平凡的人物中,关键是记者在写作时能不能在身边的小事和平凡的人物中找到亮点,能不能在普通受众的生活中找到其遇到的问题,从而与广大受众产生心理共鸣。比如下面这则通讯就是从身边的小事入手,来提炼主题。

当北京最大"菜篮子"突然摁下"暂停键"……
疫情来袭,新发地市场三位"经营大王"的奋斗和期待(节选)

自北京6月11日再度出现新冠肺炎本土病例以来,已有超过300人被确诊。由于确诊病例绝大多数与新发地批发市场有关,此次疫情也被定性为新发地聚集性疫情。

新发地批发市场是华北地区最大的农副产品批发市场。它成立于1988年,占地面积1680亩,相当于156个标准足球场大小,定点客户4000多家。市场培养出的100名单品"经营大王",不仅是这个市场最早的一批开拓者,更在行业中有着举足轻重的分量。

然而,随着疫情来袭,新发地市场被迫于6月13日3时暂时休市。当北京市最大的"菜篮子"突然摁下"暂停键",那些"经营大王"境遇如何?他们做着哪些努力?对未来又有哪些期待?新华每日电讯记者"走近"这些"大王",倾听他们的心声。

"蔬菜大王":我们要做的就是咬牙坚持住,什么都不能摧垮我们

在新发地批发市场打拼20年,"蔬菜大王"马勇第一次经历市场休市。在与记者的远程交流中,正处在医学观察期的马勇,不时接到各种催货电话。

"货源短缺、交通不畅……这些年还没遇到过这么大的麻烦。"电话那头,马勇的声音显得有些沙哑。

年近40岁的马勇,2000年和爱人从河南老家来到北京从事蔬菜批发生意,两口子一干就是20年。

"新发地批发市场给了我们改变命运的机会。"马勇说,"我们都是农村来的,在市场白手起家,生意越做越好。现在很多亲戚都跟着干,以前的外债都还清了。"

"我和蔬菜打了很多年交道,业务铺满了半个北京城。没想到会被疫情打乱阵脚。"交流中,"蔬菜大王"几度哽咽。

"休市让我们措手不及。货压在市场里运不出来,冷库里有货,路上也有货。想到客户催着要货,员工都在隔离,当时感觉太难了。"马勇说。

好在休市之后,有关部门在市场附近紧急设立蔬菜临时交易区,给了马勇一些周转的空间。

现在,虽然在医学观察,他每天都要打数十个乃至上百个电话,联系各地货源,随时调度补货。

巨大的经营压力下,很多商户坚持不住了,他们找马勇"哭鼻子",但是马勇一直给他们加油打气。

"有关部门一直想办法帮市场的货源找出路,协调各个供货商,不让我们的供应链断了。郊区设立了三个周转站,新发地市场周边还设置了临时周转区,免收进场费用。"马勇说。

"我们要做的就是咬牙坚持住,什么都不能摧垮我们。不能把客户丢了,也不能让货源断了。"马勇说,"刚开始感觉很难,但这几天临时交易区的人气儿上来了。"

如今,马勇的微信朋友圈变成了货物交易的展示平台:有装卸蔬果的短视频,还有不断滚动的"今天晚上继续到车,请拨打订货电话"的文字……

即使全力应对,但突如其来的疫情还是让运输成为最为跛脚的环节。

"各地大货司机现在进京都很困难,因为回去还要医学观察。如果客户、供应商有损失,我们两头都要赔偿,压力实在太大了!"马勇说,"希望有关方面能想办法解决农产品进京问题,让外地车主、货主安安全全进京、平平安安回家"。

疫情发生前,马勇每天批发70吨到80吨蔬菜,最近几天恢复到30吨。马勇还联系到大量水果产品,它们正"坐"着货车朝北京方向加速前进。

孩子过一段时间就要高考,这是马勇现在最牵挂的事。"孩子总是打电话问我生意的情况,但我不想说太多,希望他能够安心考试。今年对我们全家来说,都是不平凡的一年。"(扫码查看全文)

资料来源:http://www.zgjx.cn/2021-10/28/c_1310266801_2.htm.

当北京最大"菜篮子"突然摁下"暂停键"……疫情来袭,新发地市场三位"经营大王"的奋斗和期待

2020年6月,北京的"新发地"菜市场发生了规模较大的聚集性疫情,"新发地"菜市场作为华北地区的菜篮子,与受众的生活息息相关,所以聚焦了较多的关注,在疫情发生后,记者迅速采访到了菜市场中的三位主要产品经营者,讲述疫情和经营现状,及时地回应了社会的关心、关切,同时展现了疫情当下经营者的社会责任感,以小见大,为疫情防控创造了良好的舆论环境。

(三)从预设入手提炼主题

从预设入手提炼主题是凭借新闻记者长期以来对社会的观察思考和对于事实的敏锐判断,提前预设某个主题,然后选择能够表现这一主题的新闻事实。一些经验丰富的新闻记者经常使用这样的方法提炼主题,往往会取得比较好的效果。这种提炼主题的方法要求记者在进入新闻现场之前,就能够凭借自身的经验对新闻事实有一个大致的判断,之后再根据新闻现场的真实情况检验和印证自己预设的主题是否正确。但需要注意的是,预设的主题要讲求"度",不能一味地搞预设,这样会让新闻记者戴着有色眼镜进入现场,往往会错过一些具有新闻价值的事件。

例如,上海《新民晚报》在2022年疫情过后推出《漫长春天里,8000多人的悲与喜》《有多苦多难多累 他们就有多品》《守护上海之心》等多篇通讯,就是新闻记者带着"疫情防控期间定会有人默默付出很多"的预设进行通讯写作,并通过事实案例进行印证,展现了本轮疫情中默默奉献的医务工作者、社区工作者等人群的辛勤工作,收获了较好的社会反响。

由此可见,从预设入手的主题提炼方法能够准确、快速地帮助新闻记者确定选题方向。

第四节 通讯的选材

通讯主题确定后,下一步工作就是选材。

选材,即选择通讯写作的题材和素材。题材是指通讯中关注的某一领域,例如工业领域、医疗领域、教育领域等;素材是指支撑通讯写作的各类事实材料。通讯作为一种篇幅

较长,注重详细完整和细节描述的新闻体裁,在题材和素材的选取上必须真实且有说服力。只有这样才能够吸引受众阅读,并让受众在其中受到启发和影响。

一、通讯选材的要求

(一)必须围绕主题选材

通讯主题确立之后,就要围绕主题进行选材,搜寻能够突出主题的材料,这是通讯的基本要求。选材要为主题服务,通讯中所选择的材料与主题的契合性越高,越能够增强文章的精神力量,说服力和可读性就会更高。但是,如果材料与主题不符,就会影响通讯的逻辑关系,其可读性和说服力也不会太强,甚至会导致受众在阅读通讯的过程中产生疑惑和不解。

(二)必须选择典型材料

新闻通讯的写作要体现时代感、思想性和现实意义,让受众在阅读的过程中受到感触和影响,这就要求新闻记者在行文中要选准典型并善用典型。

典型材料,即有突出特点的,在社会上普遍存在的,具有代表性的事实材料,具体可以分为以下几种。

(1)选择具有示范引领作用的典型材料。通讯的写作目的在于引导和影响受众,而在此过程中只有选取先进人物事迹、典型的工作经验,才能让文段具有说服力,才能振奋人心,起到激励受众提升自我以赶超先进的目的。

(2)选择能引导问题解决的典型材料。社会上每天都会产生很多新问题,而这些问题如何解决往往是受众最关注的,新闻记者在选材的过程中就要针对这些新问题,选能够解决这些问题的典型方法和典型案例,以帮助受众解决疑惑。

(3)具有警示教育意义的典型材料。这类典型材料经常出现于负面报道中,通常选择一些诈骗、贪污、腐败等具有针对性典型事件,起到警示、教育受众的作用。[①]

需要强调的是,典型材料并非都是大而全的,只要能够突出通讯主题,具有特殊性或普遍性,就是典型材料,请看下面这则通讯。

你的"情感挽回导师"可能是个厨子(节选)

想要挽回一段感情,花钱在网络上请"专家"指导,能否达成所愿?

24岁的肖元(化名)失恋了,他在网上找到武汉一家公司的"情感挽回分析指导老师",缴纳了2400元定金后,收到了"量身定制"的挽回方案。他按方案操作,然而女友并没有与其复合。

对方继续找他收取了2400元尾款。交钱后,肖元发现,"情感导师"的态度"明显冷淡了许多",后期给出的方案也没什么价值。意识到可能被骗,他报了警。

根据武汉市公安局的通报,涉事公司所谓的情感导师,使用的心理咨询师证件系伪造,从客服接待到对外宣称的私人定制服务,背后均有一套统一话术。

你的"情感挽回导师"可能是个厨子

中青报·中青网记者采访了解到,近几年,一些青年在婚恋咨询方面有一定需求,有的选择在网络上购买情感挽回类咨询服务。然而目前在我国,该领域行业门

[①] 李桦.通讯写作要重视典型的选取与主题的提炼[J].应用写作,2021(9):29-32.

槛低,缺乏相应标准,亦未形成专门的监管机制,相关投诉高发。(扫码查看全文)

资料来源:http://zqb.cyol.com/html/2020-11/27/nw.D110000zgqnb_20201127_1-08.htm.

在这则通讯中,以当今互联网中经常出现的情感挽回服务为主题入手,引用了与主题密切相关的,且具有警示作用的典型材料,即主人公肖元在网上进行婚恋咨询被骗的事情经过,揭秘了情感客服的诈骗方法与背后存在的监管漏洞,警示受众要小心提防互联网上的婚恋咨询,也为相关的执法部门提出加强监管的建议。

二、通讯选材的类型

正如前文所述,通讯的选材要选择与主题契合的典型材料,在实际的写作工作中,这些素材可以细分为骨干材料、细节材料和叙述材料。

(一)骨干材料

骨干材料是支撑一篇新闻通讯的重要材料,即能够突出新闻主题、过程较完整、意义突出且具有代表性的典型事例。这类材料是新闻通讯中必不可少的组成部分,如果没有骨干材料进行支撑,那么一条新闻通讯的主题就难以成立,也难以对受众产生影响。例如,中国警察网的一则人物通讯《冷小东:用赤诚之心温暖身边人》中,以便民警务站民警冷小东在冬天时不畏严寒下水救人的故事作为骨干材料,塑造其舍己为人的形象。

"我是党员,必须去救人"(节选)

2020年11月,冷小东从河坝林警务站调岗到紧邻拉萨大桥的江苏东路便民警务站工作。2021年2月19日,冷小东在站里值班备勤。"拉萨大桥南桥头有人跳河轻生,请速出警!"即使事发地点不在江苏东路警务站的管辖区内,接到警令的冷小东还是第一时间作出应答,带上身边的一名辅警,以最快速度赶往现场。

冬季的拉萨河,寒风凛冽,冰冷刺骨。看到落水男子顺着水流慢慢向深处漂去,冷小东毫不犹豫地跳进河里,奋力游向落水男子,抓住其手臂、拖着其后颈,拼命往岸边游。最终在报警人和同事的帮助下,将已陷入昏迷的男子营救上岸。上岸后,他立即对落水男子实施心肺复苏,从死神手中抢救回一个生命。

回忆当时情景,冷小东说:"水冷得很,天黑又看不清楚,更何况不知道河底有没有暗流暗礁。当时什么也没想,我是党员必须去救人。"

"做一名合格的人民警察,不仅要有冲锋陷阵的勇士气概,更要有明察秋毫的慧眼,落实在侦查破案上就是要有沉稳干练的工作作风,对待百姓上要有亲民爱民的侠骨柔肠。"这是冷小东经常说的一句话,他始终如一践行着自己的诺言。

资料来源:http://gaym.cpd.com.cn/jxzyqzjgayx/yxmf/522/t_1032019.html.

(二)细节材料

细节材料是典型事例中具体的情节、现场画面或者人物对话及引语,这些是通讯中最能够吸引受众,最能够突出文章感染力与可读性的重要部分,但是,细节材料与骨干材料的区别为何呢?

骨干材料是通过简单地叙述,告诉受众某件事,从而加深受众对主题的理解。而细节材料则是通过细节描写、画面描述、人物访问等方式将事件再现给受众,让受众能够身临其境地沉浸于事件当中,从而令其过目难忘。要想在通讯写作中用好细节材料,就要求新闻记者必须会讲故事,能通过戏剧化的表现和细节化的呈现,让通讯更具可读性。

例如,第三十一届中国新闻奖作品,来自《都市时报》的《无主遗体的"摆渡人"》。在这篇通讯中,新闻记者用了四千多字的篇幅,通过五则感人至深的故事,详细讲述了一名普普通通的太平间管理员,在无主遗体面前,他和他所在的医院都做出了最有人文关怀的选择,也塑造了平凡人中的典型,反映出劳动者无私、奉献的美好品质,体现了社会主义核心价值观"敬业、诚信、友善"的感人事迹。

无主遗体的"摆渡人"(节选)

来到这个世界 31 天后,一个男婴停止了呼吸。小小的他静静地躺着,不知道家人已经悄悄离开了医院,再未出现。

这具小小的遗体没有被火化。从 2004 年 9 月到现在,他一直躺在昆明医科大学第一附属医院的太平间里,在零下 18℃的冷冻柜中度过了 16 个年头。和他一起在太平间长眠多年的,还有 20 多名逝者,其中有 86 岁的老妇,也有出生仅 1 天的弃婴。

家人或许已将他们彻底遗忘,但,在昆医大附一院,有人还在寻找他们的亲人,为他们的后事而奔忙。

壹

2020 年 12 月 12 日凌晨 5 点,一辆黑色的殡仪馆灵车悄悄驶入昆医大附一院,停在一栋白色小平房前。那里是医院的太平间。

灵车运走了一具遗体。遗体登记表上,姓名一栏写的是"未知名"。

这是一具存放了 9 个多月的遗体。医院记录显示,2020 年 3 月 5 日,保安在医院大厅发现一名昏迷的成年男子,迅速将他送往急诊室抢救,但最终无力回天。男子身上没有任何表明身份的信息。

2020 年 7 月,43 岁的四川人刘贤军接下了昆医大附一院的太平间工作。这具无名男子遗体,是他接手后处置的第一具无主遗体。11 月,按照《昆明市无主遗体管理办法》的规定,刘贤军先后在 3 家本地报纸上付费刊登了认尸公告。

15 天公告期满后,12 月 3 日下午,公安机关派来 5 名技术人员,花了近 5 个小时,对男子的遗体进行了尸检,他们拍照、取样,提取了指纹和个体基因样本检材。12 月 9 日,尸检报告出来后,公安机关出具了通知书,表示同意按"未知名尸体"处理该遗体。12 月 10 日,医院签字同意。

12 月 12 日,殡仪馆把遗体运走火化,并把遗体的相关信息提交给了民政部门。

刘贤军为这位素不相识的逝者准备了一个骨灰盒。遗体火化之后,骨灰装盒,送回了医院太平间——这是刘贤军自己的决定。其实无主遗体的骨灰也可以交给殡仪馆集中埋葬,但他觉得,要为未来可能发生的事考虑。"万一以后公安查明了他的身份,找到了他的家属,那他就能回家了。"

陪伴这个"未知名"男子骨灰盒的,只有一本深蓝色封皮的"云南省火化证"。(扫码查看全文)

无主遗体的"摆渡人"

资料来源:http://www.zgjx.cn/2021-10/28/c_1310261604_2.htm.

(三) 叙述材料

在一则通讯中，除了骨干材料、细节材料之外，叙述材料也是必不可少的一部分。这部分材料不够典型，也不够细节，但是可以对新闻事件、人物、地点的背景、状态进行简要地概括，让受众能对新闻事件有更加全面的认识。简单来说，叙述材料就是在通讯中呈现新闻背景，能让事实更加完整，帮助受众更好地理解典型材料和细节材料的相关素材。

依旧以中国警察网的通讯《冷小东：用赤诚之心温暖身边人》为例，在这篇通讯中，除了有塑造其舍己为人的骨干材料，还有一般性的叙述材料，例如下面这段背景性的文字，交代了冷小东的工作经历和现在的工作单位。

冷小东：用赤诚之心温暖身边人（节选）

4月18日一大早，经历了突如其来的雨雪，西藏拉萨显得格外寒冷。还没到交接班时间，冷小东便早早赶到了警务站，随后来到警务站旁边的拉鲁小学。今年1月，冷小东从拉萨市第一中学的驻校民警调整到拉萨市公安局城关分局功德林派出所拉鲁三组便民警务站担任副站长。职务调整了，但他每天早上到学校门口维持秩序的习惯却没变。

自2011年12月参加公安工作以来，冷小东先后获评拉萨市优秀政法干警、拉萨市城关区"两优一先"优秀党务工作者，2021年11月获得第八届全国道德模范见义勇为类提名奖。（扫码查看全文）

冷小东：用赤诚之心温暖身边人

资料来源：http://gaym.cpd.com.cn/jxzyqzjgayx/yxmf/522/t_1032019.html。

第五节 通讯的结构

通讯的结构，又称"骨架"，是一篇通讯的组织形式和内部构造，即围绕主题对题材进行组织的方式，是一种外在的直观表现形式。通讯结构相对消息而言更加自由开放，没有固定的格式和风格。但是由于篇幅较长，题材较多，其结构也更加复杂，创作起来更加困难，更考验记者的写作功力。

一、通讯的开头

通讯与消息一样，也需要有开头部分，但是两者之间的要求却大不相同。消息的开头即导语部分，形式较为固定，要求必须提炼中心内容，交代最关键信息。而通讯的开头则更加自由，往往用一些典型材料、精彩瞬间、关键信息来吸引受众阅读、启发受众思路。

(一) 直入正题

直入正题是通讯开头中较为常用的形式之一，即开门见山地交代通讯的中心内容。

优点是简单直接,不卖关子,方便受众更好地把握通讯中心,例如以下两则案例。

与"70后""80后"不同,"90后"和"00后"大学生群体对于生活有更多想法,对于那些已经想好要步入职场的人来说,更理智的选择显然是"别管好不好,先找到再说。"与此同时,也有很多人选择毕业后酌情调整人生规划,逐步完善职业目标。于是,出国留学、慢就业的比例进一步提升。

资料来源:http://www.chinanews.com.cn/sh/2022-06-28/9790263.shtml.

他,花甲入党,因为"身边有太多好党员熏陶";

他,总坐巷口,因为"担心居民找我不方便",被称为"巷子口的张主任"。

他,叫张安平,今年67岁,学院街道四方堰小区业委会主任。恰如其名,他正用全身心的力量,守护着这一方平安。

资料来源:https://sxwbepaper.hubeidaily.net/pc/content/202206/28/content_176891.html.

这两则通讯的开头均使用了直入正题的方式,第一则通讯在开头中便明确提出了文章的中心主旨,即90后和00后大学毕业生的"慢就业"现象。第二则通讯同样在开头处直接点明本则通讯即将讲述的是关于湖北宜昌学院街道四方堰小区业委会主任张安平的人物故事。

(二)抛出亮点

这类通讯的开头形式往往使用文章中最精彩的部分或者提出一个悬念,让受众在开头部分能够对本篇文章产生阅读兴趣,以继续阅读正文部分。这类开头的优势较为轻松自如,更加贴近受众,也更能吸引受众的注意力。

广场舞,让不少陌生的老年人变为好友、引为知己,但防人之心不可无——刚刚过上退休生活的张阿姨,就因为广场舞被骗走了大半辈子的积蓄。近日,海淀检察院通报了该案详情,提醒老年人提高警惕。

资料来源:https://baijiahao.baidu.com/s?id=1736789796666240723&wfr=spider&for=pc.

这则通讯在开头部分便讲述了一个引人注意的故事:张阿姨刚刚退休却因广场舞被骗走了大半辈子的积蓄。在阅读时,受众会产生疑问,张阿姨是如何被骗的?老年人应该如何提防诈骗?带着这些问题和悬念,受众会被开头所吸引,不得不阅读后文去寻找答案。

(三)使用引语

引语是记者在新闻写作的过程中对于当事人话语的引用,主要分为直接引语和间接引语两种方式,引语的使用能够让新闻的可读性和真实性更强。将引语放在通讯的开头,能在开篇吸引受众阅读,让受众对新闻事件或人物有更加立体的认知,例如下面这则案例。

"她处理矛盾纠纷公平公正,很为老百姓着想。"

"她说话的时候很爱笑,帮我们处理大事小情很有耐心。"

"她很凶,我前几天骑车没戴头盔被她批评了一顿。"

......

这个让贵州省黔西南布依族苗族自治州义龙新区郑屯镇大菁村村民们又喜又"恨"的"她"就是杨吉琴,现任大菁村警务助理兼村治保主任。

资料来源:https://www.chinanews.com.cn/sh/2022/06-28/9790467.shtml。

这则通讯报道了大菁村警务助理兼村治保主任杨吉琴的事迹,记者在开头处使用了直接引语,引用了三句当地百姓对于杨吉琴的评价,更加立体地呈现了主人公的形象,也增强了文章的可信性,让受众在开头就能对杨吉琴有一个初步的认知与了解。

(四)名言诗句

在通讯开头引用名言诗句、俗语谚语等,是通过受众熟悉的事物,引出通讯中的新事物,能够更加形象生动地呈现通讯主题,也是通讯开头的常用形式,例如下面这则案例。

岂食其鱼,必河之鲤。逢洞房花烛、金榜题名这样的人生喜事,山东宴席上"跃龙门"造型的糖醋鲤鱼是必点头牌菜。

资料来源:https://www.chinanews.com.cn/sh/2022/06-28/9790296.shtml。

这则通讯在开头处引用了《衡门》中的诗句"岂食其鱼,必河之鲤",引出了文中要讲述的山东宴席头牌菜糖醋鲫鱼,以较为轻松的方式吸引受众注意。

二、通讯的主体结构

主体是通讯中最长的部分,也是交代事实、讲述故事的关键部分。与消息相比,通讯的主体在写作过程中自由度更高,可以充分体现出新闻记者的个性特点。总的来说,通讯主体写作的形式有三种,分别是纵向、横向和递进结构。

(一)纵向结构

纵向结构在新闻通讯的写作中最为简单,也最为常用,一些有中心故事和中心人物的通讯都可以使用这种结构。纵向结构最大的特点是简单易懂,符合受众的接受习惯,能够对新闻事件的发展进程一目了然,具体分为两种形式。

(1)按照时间顺序安排结构。这种结构是按照新闻事件的发生顺序或者人物经历的时间顺序平铺直叙。优点是以清晰的时间线条让受众快速地了解事件的起因、经过和结果,也方便记者进行写作,缺点是不利于受众持久地保持兴趣。请看下面这则通讯。

存在16年的无效婚姻登记被撤销了

一个因年少无知犯下的错,两家缠绕不清的身份疑云,多年寻求帮助无门的困顿……日前,在检察机关的努力下,冒名16年的婚姻登记终被撤销。

2002年11月,家住湖南省张家界市武陵源区的舒某甲时年15岁,因向往大山外的世界,便以姐姐舒某乙的身份信息及自己的照片办理了第一代身份证后外出务工。在外期间,舒某甲结识了来自桑植县的老乡胡某。2006年,舒某甲沿用姐姐的身份信息与胡某办理了结婚登记,并擅自将舒某乙的户口迁至桑植县与胡某合户。

2004年,姐姐舒某乙与丁某在办理结婚登记时,被告知自己的身份信息被他人占用,无法办理婚姻登记。2009年12月,孩子面临上学,落户手续却迟迟无法办理,舒某乙这才意识到是妹妹冒用了她的身份信息。舒某乙立马前往妹妹家,并向胡某阐述了这一事实,要求将自己的户口迁回原籍,并赔偿因身份信息被冒用产生的经济损失。当天,姐妹俩闹得不欢而散,返回家中的舒某乙立即着手迁户一事。

了解到事情原委后,胡某请求舒某乙配合离婚,但双方就赔偿一事无法达成共识,此事再度被搁置。2017年,胡某以自己和舒某乙的婚姻登记错误为由,向桑植县民政局申请撤销婚姻登记,得到了民政局不予办理的答复。胡某随即到当地法院提起行政诉讼,法院告知该案已过诉讼时效,无助的胡某来到桑植县检察院寻求帮助。

经调查核实,桑植县检察院向县民政局制发了督促履职检察建议,但因民政局无权撤销,胡某的问题依然无法解决。

2021年底,最高检联合最高法、公安部、民政部制定并发布《关于妥善处理以冒名顶替或者弄虚作假的方式办理婚姻登记问题的指导意见》。今年初,桑植县检察院在"回头看"活动中查询到这一线索,经层报批准后,依职权启动跟进监督程序。检察官先后前往公安、民政部门调取户口迁移材料及婚姻登记档案,完善冒名结婚相关证据,通过数次登门走访打开当事人双方的心结。今年1月,经层报湖南省检察院同意,桑植县检察院再次向县民政局制发检察建议,督促其依法履职。日前,桑植县民政局采纳检察建议,依法作出撤销胡某与舒某乙婚姻登记的决定。

资料来源:http://newspaper.jcrb.com/2022/20220509/20220509_002/20220509_002_3.htm.

这则通讯讲述了冒名16年的婚姻登记终被撤销的事件,新闻记者在写作时按照事件顺序,从事件缘起的2002年写起,以时间线串联事件经过,一直到2022年事件被解决,将新闻事件娓娓道来,还原事件原貌。

(2)按照逻辑顺序安排结构。这种结构是按照事物间的内部联系及人们认识事物的顺序来安排说明顺序,事物间的内部联系包括因果关系、层递关系、主次关系、总分关系、并列关系等;认识事物顺序指由浅入深、由具体到抽象等。按照逻辑顺序的纵向结构多用于调查型和访谈型通讯。

(二)横向结构

与纵向结构相反,横向结构更加适用于没有中心事件的新闻,新闻记者在写作的过程中围绕一个中心主题,在各个方面去寻找素材印证主题,多用于工作通讯和人物通讯。具体来说,也分为两种形式。

(1)同时异空结构。这种结构将发生在同一时间内不同时空的事件进行汇总,以突出主题的宏大。同时异空结构能够为受众开辟一个观察外界的窗口,让受众能在有限的文字中了解更多信息。例如下面这则通讯。

地球最热一天(节选)

又一次见证历史。7月6日的人类,熬过了地球上最热的一天。

这一天,这颗人类赖以生存的星球平均气温达到了17.23℃,这是全球各地,包括海洋与两极的温度均值。上一次,人们经历过的地球最高平均气温是17.18℃,出现在7月5日和7月4日。再上一次,是7月3日,17.01℃。实际上,自1979年有记录以来,仅有的平均气温超过17℃以上的日子,都出现在今年7月,除了上面的几天,还有7月7日的17.20℃、7月8日的17.17℃和7月9日的17.11℃。

……

7月6日这一天,孕育古文明的两河流域酷暑难耐,伊拉克首都巴格达早上9点钟的气温就到了38℃,到12点气温飙升至45℃。伊拉克国家气象局4日前就宣布,热浪会从7月6日这一天开始袭击伊拉克。

像往年夏天一样,伊拉克不出意外地停电了。

每逢这样的夏日,当地的电力供应就到了最紧张的时刻,政府迫不得已采取限电措施,可高温并不会消停。

……

阿尔及利亚的城市阿德拉尔当天的气温异常高,夜间气温也从未低于39.6℃。气候学家马克西米利亚诺·埃雷拉表示,这是非洲有史以来最热的夜间气温。拥有空调的人有机会安度夏日,但这里只有5.6%的人用得起空调。实际上,这个世界上仍有约7.5亿人连电都用不上。

在有"撒哈拉沙漠门户"之称的马里共和国城市通布图,一个50岁的男人从未见过这般热的夜晚,凉爽无处觅,他开始认真考虑是否要离开家乡。马里邻国一个卖菜的农民发现,自己本就微薄的收入更少了。他从早上6时开始工作,最迟忙到中午,之后不得不躲进用木杆和布片搭建起的庇护所,直到下午5时或更晚才慢慢有顾客光临。

……

当天,中国的最高气温出现在华北平原上,一个叫平山的小城,43.7℃;石家庄则以41.9℃的气温打破1951年来同期最高记录。中国气象局当天12时启动重大气象灾害(高温)Ⅳ级应急响应状态。

这一天,北京南郊观象台观测到41℃的高温,这是此地今年第5次超过40℃的高温天。这样的日子自有记录以来只出现过11次,今年就占了一半,是过往72年里是绝无仅有的。

资料来源:https://new.qq.com/rain/a/20230712A00YRI00.

在这则通讯中,讲述了2023年7月6日,这个被称为全球最热的一天,极端的高温天气对全球各个国家的影响,以及在这一天全球各地的人们应对酷热所做出的行动,是典型的同时异空结构,能够让受众更好地感知到在这一天"炎热"为全球各地带来的影响,从而帮助受众理解全球命运共同体提出的必要性和环境保护重要性。

(2)多侧面拼接结构。这种结构在写作中往往需要围绕某一新闻事件或人物,通过介绍其各个侧面,拼接各种事实,让受众对报道主题有更加全面的理解。

例如《南方都市报》在通讯《武者张伟丽:人生哪有那么多对手和观众,更看重与自己的较量》中,从不同角度出发,围绕起伏、不服输、与自我较量三个关键词,从比赛经过讲到人生经历,再到人生感悟和未来打算,通过各个侧面的拼接,呈现出更加完整、立体的人物形象。扫码查看《武者张伟丽:人生哪有那么多对手和观众,更看重与自己的较量》全文。

武者张伟丽:人生哪有那么多对手和观众,更看重与自己的较量

(三)递进结构

递进结构经常用于社会观察通讯和事件通讯,是记者通过对于某种社会现象观察、分析后,层层深入,层层推进,力求从现象到实质,去探求事件背后的真实原因。下面通过一则案例更好地理解递进结构。

小花梅悲剧为何 24 年未被发现制止?丰县生育八孩女子事件调查(节选)

2022 年 1 月 27 日,一则江苏"丰县生育八孩女子"的视频在网络流传。20 多天以来,这一侵害妇女和精神障碍患者权益的事件引起社会高度关注。

正义不应缺席。中央要求,彻底查明事实真相,依纪依法严肃追责。记者在丰县开展调查,采访多位当事人、基层干部以及公安、纪委办案人员,追问事件真相。

第一层次:交代事件的由来:"丰县生育八孩女子"侵害妇女和精神障碍患者权益的事件。

她究竟是谁?

丰县位于江苏省西北角,隶属徐州市。事发后记者赶到丰县欢口镇董集村,这里处于黄泛区冲积平原,四周田野已经长出青密的麦苗,大部分劳动力外出务工。

"杨某英""杨某侠""扬某侠""小花梅""李莹"……关于"八孩女子"的真实姓名与身份,疑点重重,扑朔迷离。

记者在丰县看到,1999 年节育手术证明上用的姓名是"杨某英",出生日期是"1976 年 6 月";2011 年做的假身份证用的也是这个名字。可结婚证上又是"扬某侠",出生日期为"1969 年 6 月 6 日";2021 年欢口派出所为其办理的集体户口与身份证,登记姓名为"杨某侠"。警方调查认定,这些名字都是同一个人,是办证过程中任意编造的。

那么,患有精神障碍的她到底是谁,来自哪里?徐州市公安机关组织警力调查,江苏省公安厅、公安部相继派人支援,最终查证其真实姓名是小花梅,原是云南省福贡县亚谷村人,后嫁到云南省保山市,1997 年离婚后回到亚谷村。

徐州市副市长、公安局局长王巧全向记者介绍,警方查阅当事人结婚登记档案时发现,"婚姻状况证明"中有"福贡县亚谷村"字样。语言专家通过辨识口音,发现其所说方言为某少数民族语言,并从其只言片语中得知"红旗小学"等线索。经多方线索印证,警方初步认定"杨某侠"来自云南省福贡县亚谷村。

警方介绍,办案人员前往亚谷村,带着"杨某侠"的结婚登记照片与现实生活照片,与其他人照片放在一起,供相关人员辨认,发现可能是小花梅的线索。其后,警方又找到小花梅的云南户籍底册,显示她于 1977 年 5 月 13 日出生。

随后,警方又据户籍底册和调查走访的线索前往河南找到小花梅同母异父的妹妹光某英(原名花某英),并获得小花梅母亲遗留衣物。2 月 9 日、13 日、20 日,公安部物证鉴定中心专家将从这些衣物上提取的小花梅母亲生物检材,以及光某英和多位亲属的血样,分别与"杨某侠"进行 DNA 检验比对,确认符合生物学亲子关系或亲缘关系,认定"杨某侠"为小花梅。

"杨某侠"是否为走失的四川李莹?经江苏公安机关会同四川公安机关将"杨某侠"与李莹母亲进行 DNA 检验比对,排除生物学亲子关系。后经南京医科大学司法鉴定所、公安部物证鉴定中心分别鉴定,认定"杨某侠"不是李莹。

第二层次:通过记者了解和警方提供信息,分析"丰县生育八孩女子"的真实身份,检验网上流传的种种猜测,最终给出结论:"杨某侠"为小花梅,不是四川走失的李莹。

她遭遇了什么?

1月30日晚,记者在丰县一家医院见到了小花梅及其大儿子。只要大儿子一离开病房,她就情绪激动,立刻从病床坐起。

1999年7月,小花梅为董某民生下大儿子,2011年至2020年间又生下7个孩子。董某民称,大儿子是接生婆接生的,老二、老三在镇卫生院出生,其余的孩子都在家中分娩,多是他剪脐带。

一直在医院陪护母亲的大儿子告诉记者,记忆中,妈妈一直有病,但过去症状较轻,小时候还接送自己上下学。最近两年,妈妈病情加重。董集村一位邻居受访时说,去年10月还看到小花梅披着被子走来走去。

据董某民亲属和村民证人证言、勘验检验、司法鉴定、书证、铁链等物证以及董某民的供述,2017年以来,董某民在小花梅发病时对其实施布条绳索捆绑、铁链锁脖,有病不送医治疗等虐待行为。

2月22日,丰县人民检察院对犯罪嫌疑人董某民,以涉嫌虐待罪依法批准逮捕。

8名子女都是董某民和小花梅生的吗?徐州市公安机关将8名子女与小花梅、董某民进行DNA检验比对,得出结论:8名子女均与两人存在生物学亲子关系,后又委托南京医科大学司法鉴定所进行DNA检验鉴定,结论一致。2月20日,经公安部物证鉴定中心检验鉴定,结论仍然一致。

"八孩女子"身份确认后,警方又顺藤摸瓜,找到将其带出云南的桑某妞。2000年12月,桑某妞与其丈夫时某忠曾因其他拐卖妇女儿童犯罪分别被判处有期徒刑五年和七年。警方介绍,桑某妞将小花梅带到江苏后,卖给了东海县的徐某东。小花梅在徐某东家住了一段时间后不知去向。

2月22日,丰县人民检察院对犯罪嫌疑人桑某妞、时某忠,以涉嫌拐卖妇女罪依法批准逮捕;对犯罪嫌疑人徐某东,公安机关已立案侦查,并采取刑事强制措施。

离开东海县后,小花梅出现在丰县欢口镇董集村。24年前,从东海县到丰县200多公里这段路程,她是怎么过来的?围绕小花梅如何从东海县到丰县的问题,公安机关展开深入侦查调查。经进一步审讯深挖,董某民交代,小花梅是1998年6月其父亲董某更经刘某柱(丰县欢口镇人)介绍花钱买来。经审讯,刘某柱对犯罪事实供认不讳。公安机关先后抓获霍某渠、霍某得(二人均为丰县欢口镇人)及谭某庆、李某玲夫妇(河南夏邑县人)。据4人交代情况,谭某庆、李某玲夫妇在夏邑县骆集乡经营的饭店内,发现流落至此的小花梅,将其收留一个月后卖给在饭店附近工地务工的霍某渠、霍某得,二人将小花梅带回丰县经刘某柱介绍转卖给董某更。相关犯罪事实仍在深入侦查中。

第三层次:通过记者了解和警方提供信息,还原小花梅从1998—2022年的经历,讲述了小花梅为何出现在丰县欢口镇董集村,还原事件原貌。

谁失职渎职?

从1998年现身董集村到2022年1月事件曝光,历经24年,小花梅的悲剧为何没有被及时发现、制止?

记者找到在欢口镇先后任镇长、镇党委书记的徐善修。他反思工作作风不实,称"之前没听到过此事",任职5年没去过一次董集村,只有一次在村边地头"站过"。据纪委调查,镇长邵红振虽然到过董集村,但"只进村未入户"。

徐州市纪委工作人员2月1日赶赴丰县,指导县纪委监委调查,问询160多人次,收集的1998年以来的相关材料达一米多高。记者通过走访群众、民警、纪委等了解到,在这一事件中,县、镇、村三级多人失职失责。

——严重违规,"结婚登记"造假

2000年,先是董集村村委会会计邵某征明知小花梅非本村村民、身份不明,违规出具婚姻状况证明。随后,时任欢口镇民政助理于法贞未按婚姻登记相关规定要求双方婚检,在女方户口证明、身份证缺失的情况下,违规办理婚姻登记,并将结婚日期登记为1998年8月2日。

——弄虚作假,"计生管理"失控

1999年小花梅生下大儿子后,采取了节育措施,2010年节育措施失效。2011年生育次子后,董某民以照料孩子为由拒绝本人采取绝育措施。在其生育第三子后,欢口镇为规避上级督查,在两人均未结扎的情况下参照已结扎管理,致使超生管理失控。

——没有"进村入户",特殊群体排查"空转"

2017年,丰县综治办对易肇事肇祸精神病患部署开展排查,要求相关职能部门"逐门逐户"了解,每季度动态监测并上报。但欢口镇综治办负责人、派出所所长等疏于职守,未能及时发现小花梅被铁链锁、未得到治疗救助等问题。(扫码查看全文)

小花梅悲剧为何24年未被发现制止?丰县生育八孩女子事件调查

资料来源:http://m.news.cn/2022-02-23/c_1128408829.htm.

第四层次:深度分析丰县生育八孩女子事件的原因,即工作人员严重违规,"结婚登记"造假,"计生管理"失控,特殊群体排查"空转"。

三、通讯的结尾

虽然通讯的篇幅长、字数多,把握更加困难,但是最后结尾处依旧不能放松。结尾是整篇通讯的收尾,也是文段的收笔之处,在写作过程中可以是自然收尾,也可以进行总结深化、抒发情感,通过简短的文字,多样化的写作手法,更好地升华主题。

(一)总结深化

当一篇通讯写作结束,在结尾处往往要对整篇文章进行总结,以达到深化主题的作用,这是通讯最基本的结尾方式。

全国人大常委会作出推迟召开十三届全国人大三次会议的决定,是依法的、严肃的,也是从容的、理智的政治决策。(扫码查看全文)

推迟召开全国人大会议不会影响国家机关运转

资料来源:http://www.legaldaily.com.cn/rdlf/content/2020-02/25/content_8125277.html.

2020年,受突如其来的新冠肺炎疫情影响,十三届全国人大三次会议推迟召开。记者在通讯中通过与全国人大常委会法工委原副主任阚珂的问答,回应了社会的舆论关注。在最后的结尾处,新闻记者用简短的一句话进行总结,即推迟召开本次全国人大会议是依法的、严肃的,也是从容的、理智的政治决策。

(二) 抒发情感

除了在结尾处总结深化,也可以在通讯结尾中抒发情感,引发受众情感上的共鸣,达到升华主题的效果。

我和保国天天说话

李保国走了,但他的团队永远不会离开。他的精神就是那颗最亮的星,引领人们在乡村振兴的道路上继续前行。(扫码查看全文)

资料来源:http://hebei.hebnews.cn/2020-10/18/content_8153632.htm。

这则通讯以李保国生前帮扶的内丘县,获得了全国脱贫攻坚奖。其妻子郭素萍通过微信朋友圈给他留言,报告喜讯为线索。讲述了郭素萍在微信朋友圈里跟李保国的"说话",并努力完成李保国生前未竟事业的故事。在文章的结尾处,记者抒发了自己的情感,表达了对于李保国伟大精神的赞叹,也引发受众思考。

本章小结

通讯以其详细生动、故事性强等特点,一直是新闻报道的重要文体。但是对于新闻记者而言,通讯的写作要比消息更加困难,要通过大量的阅读案例和亲身实践才能熟练掌握其写作方法。通过本章的学习,首先,要掌握通讯的特点、写作要求以及类型,这是通讯写作的基本知识;其次,要掌握如何确定拟定新闻主题,如何快速、准确选材,做好写作前的准备工作;最后,就是落笔,要掌握通讯的开头、主题和结尾方式,才能快速成文。

读书破万卷,下笔如有神,多阅读前人所写的通讯,找到其写作特点和规律,才会有快速进步,在自己写作通讯时也会容易许多。

思考与练习

1. 思考通讯的主题应如何快速提炼?
2. 思考通讯的典型材料应该怎么搜集?
3. 思考应该如何做好通讯的叙事?
4. 搜集各个媒体中不同类型的新闻通讯,尝试提炼其中的主题。
5. 在采访的基础上,尝试写出一篇800字以上的新闻通讯。

特写写作

■ **本章导言**

新闻特写同样是各类媒体中常见的新闻体裁,它的形式介于消息和通讯之间,是在两者之中衍生出的一种新形式,但却独具特色。新闻特写具有捕捉精彩瞬间、展现精彩现场和描绘精彩细节等特点,重点关注新闻事件中最能够引人注意的部分,是对于精彩瞬间的捕捉与放大,也是一种非常有趣的新闻体裁。有了消息和通讯的基础,学习特写会容易很多,本章将着重介绍新闻特写的概念、特点、类型,并通过案例讲解特写的写作技巧与方法。

■ **学习目标**

1. 理解特写的定义与特点。
2. 掌握特写的写作类型。
3. 掌握特写写作的技巧并能够应用于实际。

第一节 特写写作概说

特写是在消息与通讯之间衍生出的题材,三者在文体特点与写作方式上既有区别,又有联系,所以要在辨析异同的基础上,理解特写的基本概念与特征,才能进一步完成特写写作实践。

一、特写的定义与特点

特写与消息的相同点在于两者都需要简洁、快速地报道新闻事实;两者的不同点在于消息着重展现新闻事件发展的全貌与全过程,而特写主要抓住新闻事件中的精彩部分进行捕捉与放大。特写与通讯的相同点在于两者都注重形象生动地表现新闻事实;两者的不同点在于通讯着重讲述新闻主体详细完整的来龙去脉,而特写着重集中地展现事件的一个部分或者侧面的细节①(表8-1)。

表8-1 特写、消息和通讯三者的异同

项　　目	相　同　点	不　同　点
特写与消息	简洁、快速	消息着重展现事件全貌 特写注重展现精彩部分
特写与通讯	注重文学表达与形象生动	通讯着重讲述新闻主体详细完整的来龙去脉 特写着重展现部分细节

通过三者之间的对比,得出特写的定义:特写是截取新闻事实的某个部分或侧面,抓住具有典型意义的时空,通过一个瞬间、一个场面、一个细节,对事件、人物或景物做出形象化的再现与放大的一种具有镜头感、透视感和现场感的新闻体裁。

根据特写的定义,可以看出特写具有以下特点。

(一)取材灵活

新闻特写的第一个特点是取材灵活,各个行业、各类内容、各种类型的新闻事件都可以被写成特写,只要是能够在新闻事实中捕捉到的精彩镜头,并能营造出强烈现场效果的新闻报道,都可以视为特写。

(二)表现方式多样

消息和通讯都有较为固定的行文格式,而新闻特写几乎没有特定的写作规范,只要是真实的、新鲜的、具有新闻价值的新闻事件,都可以使用记者个性化的语言和表达方式进行自由的创作,这是特写相较于其他新闻体裁而言最大的特点。请看下面这则案例。

特写:留守"孤岛"等洪峰

断水、断电、断网,四面被滔滔洪水围困……

虎山水文站成了一座"孤岛"。

20日晚10点,水位超警5.18米,仍在上涨。江西景德镇乐平市虎山水文站的4名队员身穿救生衣,把监测仪器转移到二楼高处。为把能源用在"刀刃"上,楼里仅有一盏应急灯亮着,柴油发电机只在监测水文数据时启动。

"19日晚水文站就已经被洪水围住,我们留守是为了等洪峰来。"乐平水文水资源监测大队副大队长刘祖彪说,预计此次洪峰过境时,水位将超历史极值。

洪峰流量和过程流量是推测未来水位的重要数据,能为下游几十万居民提供预警信息,为地方防汛决策、转移人员等提供参考。

水尺刻度被一格格淹没,"抢峰"进入倒计时。"江鹏,取水测沙。杨琼莹,准备仪器。吴火明,盯住水位。"刘祖彪明确分工。队员们两天里累计睡眠时间不超过5小时,但都快速就位。

"90后"江鹏是水文站最年轻的队员,也是刘祖彪的学生。被问及面对洪水怕不怕,他说:"和师傅在一起我不害怕,只是有点担心技术不熟练拖后腿。"

---

① 刘明华,徐泓,张征.新闻写作教程[M].北京:中国人民大学出版社,2002:516-517.

近日雨大,江鹏的父母曾担心地打电话来询问情况。江鹏宽慰道,水情没那么严重。他说:"幸亏爸妈后来没再打电话,不然发现没网没信号,又要担心。"

随着水位上涨,能用的监测手段越来越少。起初水文站队员们用走航式多普勒流速仪测洪水流速,因水位太高难以使用;再换成固定式流速仪,因被淹太深失去作用;正在用的缆道雷达波流速仪,也已逼近使用极限。刘祖彪说:"流速仪不行我们就用无人机,无人机不行就人力测量,无论如何要及时把数据测出来、报上去。"

"党员跟我下去,再测一次水位!"水文站共两层,已淹到一楼,刘祖彪举着手电走在最前面。4位队员中共有3名党员,1名入党积极分子。

队员杨琼莹和吴火明是从景德镇水文水资源监测大队"逆行"前来支援的,也都有十几年的水文工作经历。明知水文站将成"孤岛",他们趁着道路没被完全淹没,带着饮用水和方便面来到一线。

水位流量、蒸发量、泥沙量、水温岸温……一条条水文数据采集后传回后方指挥部。截至21日9时,虎山水文站水位32.25米,历史极值为31.18米,水位已基本平稳。

资料来源:http://www.news.cn/2022-06/21/c_1128763556.htm.

这则新闻特写的篇幅短小精悍,但却力量十足,从中可以看出特写的写作特点。在内容上,这则特写以2022年发生在南方的洪涝灾害为报道对象,但是没有大而全地进行详细的描述,而是捕捉到了在江西景德镇乐平市虎山水文站的四名队员与洪水做斗争的故事,并按照时间顺序详细地描述了四名队员冒着危险进行水位监测,最终将数据成功传回后方指挥部的感人故事,体现了自然灾害面前人类的斗争精神,从而起到鼓舞人心的作用。形式上,这则特写没有严格意义上的开头和结尾,全篇像讲故事一样将新闻事实传递给受众,体现了新闻特写表现形式的自由与多样。

二、特写的写作要求

(一)捕捉精彩瞬间

消息和通讯都强调报道的完整性,而新闻特写并不需要将新闻事件从头到尾细致展开,只需要捕捉和放大新闻事件中最精彩、最有意义、最能够吸引受众的瞬间,从一个侧面或者一个角度展现给受众即可。在捕捉精彩瞬间的过程中要求记者能够学会"截取",能够通过经验判断,哪一个瞬间可以被截取并适当放大。请看下面这则案例。

最长的一分钟(节选)

4日晚,当视障运动员李端登上北京冬残奥会主火炬台,或许连他自己也想不到,他将迎来自己人生中最漫长,或许也是最值得纪念的一分钟。

他右手高擎火炬,左手摸索着雪花,终于找到了火炬的卡槽。但几次尝试想要将火炬嵌入主火炬台,都因为火炬的角度不对而未能完成。

他试着旋转火炬,双手一起往下按,但依旧没有成功。那几秒,感觉时间都在等待他、陪伴他、鼓励他。突然,现场一位观众大声喊出了"加油"。随后,声声加油,全场掌声,毫不吝啬地给了他。

这次,李端双手举着火炬,差一点就嵌入了主火炬台,但还是没成功。

"加油！加油！"在全场观众的助威声中，李端又经过了几次尝试，终于把火炬稳稳嵌入主火炬台内。

成功了！李端奋力挥舞着左拳，但右手依旧不敢离开火炬。当他听到现场雷鸣般的掌声，才将紧握火炬的右手松开，高举双臂欢呼。

短短的一分钟，李端的心情久久不能平复。刚从主火炬台走下来，这位曾经入选国家青年男篮的东北硬汉，声音依旧有些颤抖。

"盲人点火，肯定会有困难，但只要你坚持不懈，把困难挺过去，没有咱中国人，包括咱中国自强不息的残疾人做不成的事！"李端说。

"今天我的右手拿得低了一些，左手去比对时，（卡槽）底下也有点卡。盲人稍微有一点偏差，就不一定能顺利完成。但我还是很自信的，我又拔出来重试一下，费了点时间，但最终成功了！"

整个过程中，李端在点火高台上，原本想调整一下脚的位置，但因离地较高，最终还是决定脚不动，用手来调整。

李端特别感谢在那一分钟里，为他加油鼓劲的人们。（扫码查看全文）

资料来源：http://www.news.cn/mrdx/2022-03/05/c_1310501497.htm.

特写：最长的一分钟

2022年3月4日，北京冬残奥会开幕，在开幕式上新闻记者可关注的报道点有很多，而新华社的记者在现场捕捉到了最精彩的一分钟进行放大，即冬残奥会火炬点燃环节盲人运动员李端点燃火炬的惊心瞬间，在阅读这则特写的过程中，受众可以在文字中感受到现场紧张的气氛，并快速被特写中的情节所吸引。

（二）展现精彩现场

在特写中，除了对于精彩的瞬间进行捕捉之外，还要注重对于精彩新闻现场的描写。新闻记者要通过对现场情景和气氛的展现，使用多样化的表达方式和修辞手法，将新闻现场描述得如同受众亲眼所见一般，并通过情景交融的写作方式，让现场更加立体，从而引发受众的共鸣和联想。同时，在展现精彩场景的过程中，新闻记者要动用视觉、听觉、味觉、感觉等多种器官，将现场描述与感受结合在一起，通过文字带给受众强烈的现场感。请看下面这则案例。

香港回归祖国25周年·特写｜喜庆气氛洋溢香港街头

距离香港回归祖国25周年纪念日还有几天时间，喜庆的气氛已在香港街头洋溢。港岛、九龙、新界，大大小小的庆祝横幅、海报点缀着大街小巷；到了夜晚，一束束斑斓的灯光照亮这座城市的墨色苍穹。

"热烈庆祝香港回归祖国25周年""同心庆回归 同行创未来""砥砺奋进廿五载 携手再上新征程"……无论在高楼大厦的外墙上，还是在道路两旁的灯柱上，抑或在悠悠行驶的叮叮车车身，一幅幅庆祝标语映入眼帘，一面面红旗在蓝天白云映衬下格外鲜艳。

夜幕降临，漫步于海边的星光大道，放眼望去，鳞次栉比的摩天大楼所演绎的海报灯光秀，让原本就灯火璀璨的维港更加五彩斑斓。一束束灯光射向天空，随着音乐的节奏舞动，与绵延的灯带交相辉映。灯光投射到水面，维港仿佛披上一层彩色外衣。

利东街是一条位于港岛湾仔的步行街，长约200米的街道汇集了餐厅、茶座、手办店

第八章 特写写作

等众多商铺。随着回归纪念日的临近,红色成为利东街的主色调,由国旗与区旗交织组成的旗阵高悬于中庭,随风轻轻拂动,场面壮观,引得路人驻足观看。

湾仔区各界协会联络人李文龙告诉记者,在利东街打造"旗海"的想法早已有之,这一方案也得到了商户们的大力支持。此外,他们还将在湾仔海滨公园、维多利亚公园附近,点亮展现香港多元文化的特色灯饰,与市民共同迎接回归纪念日的到来。

一艘红帆船"停靠"在北角汇前的一处草坪。这艘帆船长约7.5米,三面红色风帆上均印着"庆祝香港回归祖国25周年"的字样。

香港东区各界协会秘书长李少榕介绍说:"香港特区成立25年,今年是一个新的起点。我们打造一艘帆船是一种祝福,希望香港将来越来越好。"

在元朗商会中学,来自25所学校的250多名师生正进行大型壁画创作。据元朗区文艺协进会副主席林碧珠介绍,该壁画长30余米,由在校师生和义工共同创作,将于28日开放给公众参观。

据悉,这幅壁画将从家国情怀、香港特色、市民齐心抗疫及民生等方面,多角度描绘作者心中的梦想家园,让市民感受社区情怀,共庆香港回归祖国25周年。

资料来源:http://www.news.cn/2022-06/26/c_1128778319.htm.

这则特写创作于香港回归25周年之际,报道中对香港街头喜庆的现场景象进行了详细的描述。记者通过感受,先对香港街头的标语、灯光秀等元素进行总的描述,后又对利东街、北角汇、元朗商会中学等现场进行分别描述,向受众呈现出香港为迎接回归祖国25周年的喜庆氛围。

(三)描绘精彩细节

与通讯一样,新闻特写同样要注重细节。但不同的是,新闻特写中的细节描述要集中笔墨,对于捕捉到的精彩瞬间进行更为细致的描述,以再现新闻现场。在描绘精彩细节时,新闻记者需要进行深度的思考,对于细节的描述要"以小见大",能够从局部透视出全局,并能够把节选到的侧面和角度放到整体中去思考和考察,才能起到升华主题、引人深思的目的。① 请看下面这则案例。

工驿站里年味足

"出锅喽,香喷喷的饺子来了……"农历小年前夕,位于吉林省长春市中心的小不点美发店的工驿站里热闹非凡,附近的环卫工人、外卖小哥等户外劳动者在这里感受到了浓浓的年味。

这个工驿站由长春市总工会支持建设,附近的户外劳动者在这里夏能乘凉、冬能避寒,是一个可以歇歇脚、喝口水的温暖之家。

"咱们这个小店位置好,附近有不少快递点,还有一个环卫大队,能覆盖200多人,今天是工驿站第二次为户外劳动者包饺子,就是想让他们有个过年的气氛。"小不点美发店负责人、工驿站管理员刘建军说。

休息室的大桌子上,摆满了搅拌机、菜板、菜刀等,志愿者们手脚麻利,分工明确,不一

---

① 新闻采访与写作编写组.新闻采访与写作[M].北京:高等教育出版社,2019:264-266.

会儿，两大盆芹菜肉馅就准备好了……很快，饺子陆续下锅，香味让人食欲大增。

清晨5点不到，从事环卫保洁工作的王洪海已经干完了一圈活，他像往常一样来到工驿站歇脚，巧的是，第一锅饺子正好出锅。王洪海高兴地说："饺子香，吃得心里更温暖。"

当天，长春市总工会和朝阳区总工会还联合为劳动者们送去米、面、油、帽子、围巾和春联等慰问品，工驿站内处处流淌着暖意。

自2019年起，长春市总工会依托各级职工服务中心、社区党群服务中心、爱心企业、临街商铺、市内主要公园等，采取自建或共建的方式，共建成217个工驿站，基本形成区域性覆盖的户外劳动者休息站点网络，惠及户外劳动者约11万人次。

资料来源：https://www.workercn.cn/papers/grrb/2022/01/26/2/news-4.html.

这则新闻特写报道了2022年小年夜当天，发生在长春一个工驿站里的故事，新闻记者捕捉到了工驿站内环卫工人们包饺子和吃饺子的细节，从中以小见大，从局部看全局，体现出长春总工会对户外劳动者的关怀，起到了宣传和表扬的作用。

第二节　特写写作的类型

新闻特写的类型多样，本书主要按照内容进行分类，将新闻特写分成人物特写、事件特写和场景特写三种形式，并结合案例进行阐述。

一、人物特写

人物特写是以"人"为核心报道对象。它与人物通讯一样，都着重以真实的写作手法，形象地再现人物的行为、经历或事迹，但是两者之间也存在一定的差异。人物通讯的篇幅长，关注的人物经历时间跨度大，素材丰富，而人物特写的篇幅相对精炼短小，着重关注人物的某一个行为或其所做的某一件事，关注范围相对集中。

具体而言，人物特写的写作具有以下要求：首先，人物特写要能够捕捉人物的典型行为、典型动作或典型事迹，并通过这些典型的材料，将人物的心理刻画得尽可能详细，为受众留下深刻的印象。其次，在人物特写中要注重人物情感的刻画，要表现出新闻人物的喜怒哀乐，才能够打动受众，从而引发共鸣。最后，人物特写要从大的社会背景出发，思考人物与时代的特定关系，从而以小见大，从局部到整体，服务于所在媒体的宣传思想和方针。请看下面这则新闻特写。

关注三夏｜特写：喜卖"富民粮"

"朱富民，到你这车啦，先取下样。""好好好！"看着粮库工作人员上车取样，站在一旁的朱富民满眼期待。

早上8点多，位于湖北省老河口市孟楼镇的中央储备粮襄阳直属库有限公司老河口分公司老河口库区内，一辆辆满载小麦的农用三轮车已经排起长队。朱富民那辆橙黄色的是最打眼的,把填满车斗的麦粒映衬得金光灿灿。

朱富民今年50岁,是孟楼镇杨岗村村民,个头不高,皮肤黝黑,穿一身黑色衣服。

"头些天已经卖了两车新麦了,这趟又拉来差不多2000斤,品质都很好。"说话间,朱富民把手插进麦堆,抓起一把麦子。一粒粒新麦又大又饱满,颜色鲜亮。

盛夏时节,正是湖北小麦收获季,1500多万亩小麦收割已接近尾声,预计产量、品质"双增"。朱富民家里的20亩小麦也获得好收成,亩产过千斤已是很开心的事,新麦开秤收购后,每斤的卖价比往年高,更是让朱富民乐开了花。

"登记、抽检合格后,再过磅、入库、结算。"一大早,朱富民便拉着小麦赶来排队。近几年,他都是来这卖粮,早已熟悉流程,"你看那牌子上,价格、标准都写明了,称重也放心,卖粮款直接打到卡里。"

烈日炎炎,等候抽检结果的间隙,朱富民拉着记者躲到一旁阴凉处的粮库便民服务点,拿起一瓶水,猛喝了几大口。他开始算起今年夏粮的账:化肥农药、柴油、种子涨价了,现在每亩成本差不多500元,比去年涨了20%,这还不算他自己的人工成本。好在今年粮食产量和价格也上来了,新麦价格从5月底的1.46元/斤涨到了现在的1.53元/斤。

"算下来,预计每亩利润在1000元上下。"朱富民说话时,笑得眼角的褶子时不时挤到一起。

今年的丰收,同来卖粮的村民们都有感受,不少人围过来,你一言我一语,难掩心中欢喜。

"我家亩产也过千斤了,价格好,已经卖了5000多斤。""多亏惠农政策好,种粮还有补贴拿。""比以前轻松了,基本都是机耕、机种、机收。"

大家所说的,朱富民也深有体会,他从十多岁就守着家里的地,正是靠着每年一季小麦、一季玉米,他和妻子把两个孩子拉扯大,也撑起了四口之家。曾经,种地对他来说不都是愉快的记忆。"毕竟看天收,天气定产量,小麦有时四五百斤,有时六七百斤,要是遭灾了,一年白干,还得贴钱。"朱富民说,那时再苦、再难,还是得种,不然一家人的口粮都没有。

如今,种地的条件大不一样了,车到地边,水到田里,技术送到家里,朱富民的压力小了不少。"耕地地力保护补贴每亩有70多元,去年还给我们种粮农民发了一次性补贴,每亩有14元左右,听说今年还会有。"朱富民说。不仅如此,粮价跌多了,还有托市收购政策兜底,让大家心里更有底。

"现在种粮,挣得比以前多,也比以前稳定了。"朱富民掀起衣服擦了一把汗,又望向自己那车麦子。

"容重800g/L,含水量12%,检验指标合格,出示下您的身份证和银行卡,到前面过磅……"差不多半个小时,小麦的抽检结果出来了,在朱富民的意料之中。他一口喝完瓶中的水,径直走向车子,准备挪车称重。

"等把这季新麦卖完,下一茬接着种玉米。"阳光照射下,朱富民回头笑着说。

资料来源:http://www.news.cn/2022-06/15/c_1128743923.htm.

在这则人物特写中,新闻记者捕捉到了湖北省老河口市孟楼镇杨岗村农民朱富民卖粮的故事,并进行了深入细化的描述,通过"难掩心中欢喜""回头笑着说"等词汇,展现了朱富民内心的喜悦之情。除此之外,在人物的故事中可以看到国家惠农政策对于农民生活的改变,以小见大地展现了我国农业的快速发展势头,以及农民生活的快速改善。

二、事件特写

事件特写是以"事"为核心报道对象,是捕捉新闻事件中最核心的、最有意义的某些局部或者角度进行详细描述,来吸引受众的关注。

事件特写具有以下写作要求:首先,要注重事件选取的典型性,要能够在宏大的新闻事件中,选择最具有代表性的、最能引发受众深思的、最能展现全局性问题的事件进行捕捉和放大。其次,要对所选事件进行具有现场感的描述,能够通过细致的描述与现场的再现,给予受众身临其境的感受。最后,是注重记者情感的融入,只有新闻记者深入了解事件、感受事件之后,才能在特写中传递出自己的真情实感,才能带动受众的情绪,增加文章的可读性和故事性,以吸引受众阅读。请看下面这则新闻特写。

新闻特写:"抗疫宝宝"诞生记(节选)

1月8日清晨7点左右,娟子(化名)从睡梦中醒来。

她轻柔地抚摸着隆起的肚子,那里有一个39周的小生命即将诞生。

这时,婆婆走了进来,满面愁容。"娟儿,跟你说个事,可别捉急。也不知道是咋弄哩,辉辉(化名)感染新冠病毒了。"

"啥?啥?咋可能!哪都没去啊!"娟子瞬间清醒,许多杂乱的念头在脑海闪过。爱人怎么样?会不会影响孩子?她的手控制不住地抖。

当天,河南省安阳市公布了本轮新冠疫情首例确诊的本土病例,正是娟子的丈夫辉辉。

此时,包括娟子在内的很多人都没意识到,疫情来势会如此迅猛。"入侵"安阳的是在许多欧美国家肆虐的奥密克戎变异株。截至1月29日,21天时间,安阳累计报告确诊病例达468例。

还未从害怕、焦虑的情绪中缓过来,娟子和公婆就接到了隔离通知。9点左右,一辆救护车开到楼下。娟子挺着大肚子和公婆一起上车,赶往县里集中隔离点。或许是心理因素,路上,透过车窗向外看,娟子感觉热闹的街道已变得冷清,倍觉压抑。

1月9日早上八点多,一夜未合眼的娟子躺在床上喝了几口稀饭,撑着身体想要下床活动活动,突然腹痛不已。"真要生了。"娟子紧张地唤着婆婆,赶紧联系隔离点工作人员。

9点左右,一声急促刺耳的电话声将在一线奋战了一夜,刚刚躺下的汤阴县人民医院产科主任张晋华惊醒。

"主任,隔离区那边首例确诊病例的家属有临产征兆。"张晋华一个激灵,鞋子没提上就跑了出去。

医院的会议室里,一场围绕娟子的紧急会议正在召开。

"接收产妇义不容辞,但院里患者、陪护加上职工三千余人,一旦产妇确诊,医院就得封控,全县的医疗服务都会受很大影响。"会议室内,汤阴县人民医院业务院长段冰川冷静地分析着。

院长吴天庆沉思片刻说:"既要确保产妇顺利生产,也得为更多人的健康负责。是否可以考虑借用医院旁边相对独立,位置偏僻的县妇幼保健院收治该名产妇,派出产科骨干一对一照顾。"大家听后,一致同意。吴天庆随即上报县疫情防控指挥部研判决定后,派出产科主任张晋华带领团队赶赴县妇幼保健院。

张晋华二话不说,带着助产士郭灵英,赶往妇幼保健院。车上,两人冷静而沉着地穿戴好隔离服,眼神交接,坚定而有力。

"穿着防护服,肚子不大,一言不发地低着头,看着心事重重。"妇幼保健院四楼一房间内,张晋华见到了恐慌焦虑的娟子。一层楼,空荡荡,四个人,安静得连掉根针的声音都能听见。

为了缓解孕妇的紧张情绪,张晋华关心地询问其丈夫及家人情况。

"没事的,你丈夫不发烧、不咳嗽,说明身体状况很好,抵抗力不错。你也做几次核酸了,都是阴性,现在也没任何不适,没事的。"

"我们现在应该先打起精神解决眼前的事,把孩子顺利生下来。你放心,我们是从县医院抽派过来,专门为你生孩子'保驾护航'的。"

虽然张晋华问几句,娟子才回答一句。但医生的话还是起到了作用,娟子的情绪稍稍好转了一些。(扫码查看全文)

资料来源:http://henan.people.com.cn/n2/2022/0131/c351638-35120933.html。

新闻特写:"抗疫宝宝"诞生记

这则新闻特写报道于在2022年年初,是记者在河南安阳疫情这一宏大的新闻事件中捕捉到的感人故事,特写中讲述了该轮河南安阳疫情中首位确诊病例辉辉的妻子娟子,在隔离期间顺利产子的故事。文章中通过大量的细节描述和人物的心理描述,以时间顺序展现了事件发展的全过程,从中以小见大,突出了医生治病救人的高尚医德以及当地政府部门快速决策,保障人民生命财产安全的举措。在文中传递着感动,传递着真情,让受众与记者的文字一起从紧张到舒缓到感动,是一则非常成功的事件特写。

三、场景特写

场景特写是以"地点"为核心报道对象的新闻特写,着重再现和描述具有新闻价值的现场。虽然在这类特写中也会涉及相关的人物和事件,但是在写作过程中只是作为辅助来突出新闻现场的场景。

场景特写具有以下写作要求:首先,要注意选取最具代表性和典型性的新闻现场进行描述;其次,在场景特写中所反映的新闻现场必须为主题服务,且与主题密切相关;最后,是情感的融入,新闻记者可以将自己的主观情感融入对特定场景的描述中,让新闻现场变得更加具体可感。请看下面这则新闻特写。

特写 | K1064,菜园坝火车站的最后一趟列车

6月19日,20:00,山城夜幕降临,霓虹闪烁。距离菜园坝火车站停办客运业务还有四个小时。广场前,打卡留念的旅客如潮涌一般。

进站口处,41岁的旅客辛武军默默地站了很久。他扭过头,悄悄擦去眼角的泪水。

"没想到真的要说再见了。"像无数个土生土长的重庆人一样，菜园坝火车站对他来说，是回忆、是团聚，也是离别。

20:30，菜园坝火车站候车厅内，人们拖着大包小包的行李等待着，不时抬头看看显示屏上的班次。

硕大的屏幕只有一条信息——"K1064次列车正在候车"。

这趟列车开往哈尔滨，经40个站，需48小时2分，硬座票341元。在快节奏的当下，似乎慢得有点不合时宜，却也是不少远行人的选择。

"平日里，这趟车最多500人左右，今天这趟却售出了接近1000张票。"重庆站客运车间党总支书记钱崇纹有点感伤。

"亲爱的旅客朋友们，由重庆开往哈尔滨西的K1064次列车开始检票……"21:00，候车厅里，响起催促登车的广播。

一时间，哗哗哗的声音响彻整个候车厅，人们纷纷起身涌向检票口，穿过这最后一段路，就要踏上去往远方的列车。

"亲爱的旅客，本次列车始发后，重庆站将停办客运业务。山水有相逢，来日皆可期……"候车厅里，一段特别的广播响起，送别即将远行的朋友。

"我们在几号车厢？"

"2号，跑快点！"

离发车还有10分钟，站台上全是奔跑的身影，一手抱一个孩子的妈妈，一手拖一个行李箱的爸爸……

上了车的忙着找座位，放行李，也有互相交谈换座的。隔着窗户，都能感受到车厢内的忙碌。

车厢外，有年轻的铁路迷跪趴在地面上，亲吻着站台。还有三五成群的摄影发烧友，不舍地想用镜头留下些什么。

呜——笛声响起，哐当哐当……21:36，K1064次列车准时从菜园坝火车站驶出。

目送渐渐远离的列车，如往常一样，59岁的助理值班员杨现挥了挥手。"我应该没有机会再站在菜园坝送列车了，马上就退休了。"杨现顿了顿，大步往出口走去。

"周媛媛""到""杜巍""到"……

21:50，菜园坝火车站的工作人员完成了最后一次答道，保障完这一趟列车后，大家将分配到不同的站点。在这里奋斗过的人们，人生轨迹就像铁轨一样，有过一段交集，又各奔东西。

22:00，偌大的火车站，已是空空荡荡。只剩下广播里反复播放的《凤凰花开的路口》——时光的河入海流，终于我们分头走，没有哪个港口是永远的停留……

22:05，候车厅里的灯灭了，明天，它们将不再亮起。

而此时的K1064，正在浓浓夜色中，最后一次开向它的终点站，也载着人们对一座车站的记忆，驶向历史深处。

资料来源：http://cq.cqnews.net/html/2022-06/19/content_988211474464825344.html。

2022年6月20日，菜园坝火车站（重庆站）停止办理客运业务，这座运营70载的火车站正式关闭。华龙网在这则新闻特写中以菜园坝火车站为核心场景，重点描述了菜园坝火车站最后一趟列车 K1064 进站与出站的场景,以时间顺序讲述了发生在重庆站这个地点上的故事,以此纪念这座即将关闭的、拥有 70 余年历史的车站。在这则特写中也饱含着对于菜园坝火车站的不舍,引发了当地受众的共鸣。

第三节 特写写作的技巧

新闻特写是一种独特的新闻体裁,在创作上有其自身的特点,初学者除了要了解其特点与类型外,还要了解其写作技巧,掌握在新闻特写中如何选材,如何描述,如何讲故事,如何吸引受众。

一、特写写作的选材技巧

(一)选择典型素材

新闻特写同样需要选择素材,而由于特写的写作形式更加注重从小处入手,所以选材显得更为重要。只有通过大量典型素材的填充,才能让主题更加深刻、鲜明。具体来说,特写选材的要求有以下两点。

(1)要在宏观新闻事件中选择微观的素材。社会往往会发生一些规模较大、影响较大的新闻事件,例如建党百年、北京冬奥会、香港回归 25 周年等,这些新闻事件往往具有较大的新闻价值。而在这些宏大的新闻事件中往往存在着许多微观的事件和现场,新闻特写就要在这些微观的事件和现场中下功夫,选择最具典型性的一两个素材,从而达到深化主题,以小见大的目的。

例如,在本章第一节的案例《香港回归祖国 25 周年·特写丨喜庆气氛洋溢香港街头》中,就选择了香港回归 25 周年这一宏大的新闻事件中,香港街头喜庆场景的微观现场作为素材,展现出了香港在回归祖国后的生机勃勃,以及香港人民对于回归祖国纪念日的重视。

(2)要选择趣味性强的素材。趣味性和可读性一直是新闻追求的核心目标,在特写中同样要选择具有趣味性的素材,增加文段的可读性。趣味的新闻素材有很多,例如解释揭秘的、扩展知识的、奇闻趣事的等,只有多从这类事件中下功夫,才能更好地发挥特写的价值。请看下面这则案例。

"飞虎队"驯石记

春日,岭南的桃花、杏花一树树绽放,烂漫花海点缀着重重青山。在这人烟稀少的大山深处,3 名身着明黄色防护服的青年桥隧工打破了山间的静谧。

近日,中国铁路南宁局集团有限公司桂林高铁基础设施段危石检查班的 3 名职工,来到贵广客专线定江线路所至阳朔区间的青茅坪隧道进口的山脚下,准备上山排查危石。3 人平均年龄 28 岁,因为时常翻山越岭,今年又正值虎年,他们给自己起了个响亮的名号——"飞虎队"。

贵广客专线区段的桥隧占比高达84.2%,且4月份进入汛期后,受雨水侵蚀、昼夜温差和植被生长变化的影响,可能导致山上石头松动,危及山下动车运行安全。

身为工长的黄柏平是"飞虎队"队长,在业务技能上是一把好手。他走到隧道洞口前方仔细观察,透过望远镜一点一点扫视山体的表层,查找隐患。

"通过对比之前无人机拍下的照片,我们能很直观地看到周边环境的变化。"说话间,"飞行员"李志贤已经将无人机组装完成。只听"嗡"的一声,无人机向开阔的半空飞去。待飞到合适的位置,李志贤将镜头对准远处隧道口上方的山体,进行拍照留证。

检查完山体外观和周边环境的变化,他们开始爬山,以便近距离观察危石的情况。山路异常陡峭,有些地方山体倾斜超过60°,而且落叶多,脚踩上去容易打滑。"大家上山慢行,注意脚下安全。"黄柏平不时叮嘱队友。

走了大约15分钟,"飞虎队"一行3人来到第一块危石面前。形态各异的石灰岩边缘十分锋利,稍不注意就可能被磕伤、划伤。队员身上总有几处或大或小的伤痕,但在他们看来,这是特殊的"勋章",也是峭壁上青春的见证。

置身于几乎垂直于地面的石头网面上,黄柏平一手扶着小路两侧的树枝,一手持检查锤敲打,以此判断石头是否风化松动。"1号危石无变化。"检查完毕,黄柏平掏出笔记本记录。豆大的汗水顺着他的面庞流淌,背上衣襟已浸湿一大片。

以山为友,与石作伴。"飞虎队"一行步履坚定地走向大山,留下一道道显眼的明黄色身影。

资料来源:https://www.workercn.cn/papers/grrb/2022/04/12/2/news-4.html.

在这则新闻特写中,新闻记者以"飞虎队"驯石记为题,让受众在读到标题时就对"驯石"产生了疑问与兴趣,从而产生阅读的欲望。在文章中作者将驯石的真正含义解释给受众,即铁路危石检查班的日常工作。这篇特写让默默无闻的"飞虎队"被更多人所知晓,也让受众了解了高铁危石检查班工作的内容和其背后的辛苦,满足了受众欲知未知的需求,颇具趣味性。

(二)巧用背景素材

新闻背景能够对于新闻事实起到阐述、解释和烘托的作用,是消息的重要组成部分。而在新闻特写中,背景的交代也十分重要。因为新闻特写着重关注新闻事件或者新闻人物的某一部分,所以需要新闻背景的有机衔接,才能让新闻更加完整,最大限度地降低受众的阅读障碍。

需要注意的是,在使用背景材料时要尽可能地精炼,避免背景材料堆积过多导致喧宾夺主。要针对新闻事件的整体,有针对性地选择新闻背景,并把其放在文章的相应位置,才能让特写的结构更加合理,可读性更强。请看下面这则新闻特写的背景描写。

特殊志愿者冲锋"疫"线 残疾车变"运输车"(节选)

近段时间,上海疫情形势严峻复杂,基层社区干部、疾控人员、医务工作者连续作战,为守护城市安全、保障市民健康付出了巨大努力。在全民疫情防控的当下,一批批志愿者也奔走在维护秩序、运送物资的第一线。

在上海抗击疫情一线,有一群特殊的"逆行者":他们身有残疾,关键时刻却挺身而出。他们用自己的方式助力抗疫,共同守护家园。

上海四川北路吉祥里居委是一片老式居民区,整个居委共有1026户,人员构成复杂,60%以上是老年人,其中80岁以上的老年人有200多人。(扫码查看全文)

特殊志愿者冲锋"疫"线 残疾车变"运输车"

资料来源:https://www.shhk.gov.cn/xwzx/002004/20220409/aa3c3120-8ea1-4541-94ed-7a7df69224a5.html.

在这则新闻特写中,记者重点讲述了2022年上海疫情发生时,残联志愿者加入抗疫行列的事件,从而反映出全民团结一心抗击疫情的主题。在特写开头的背景中分为三段交代了环境背景、人物背景和地点背景,让受众更为方便地了解特写中的核心新闻事件。

二、特写写作的描写技巧

(一)抓住精彩细节

由于新闻特写在捕捉到典型事件、人物或场景之后,要进行局部的放大,而局部放大的过程就要求有精彩的细节描写进行支撑。

在细节描写中要抓住独特的细节,才能更好地突出新闻主题,让文章更具可读性和说服力。要选择动态性的细节,充分展现出现场感,拉近受众与新闻现场之间的距离,让新闻特写更具可感知性。这就要求新闻记者在采访时进行细致的观察,并能够在写作时进行巧妙地提炼,把这些精彩细节安排在合适的位置。

(二)抓住新闻高潮

在新闻特写中,除了应该重视精彩细节的捕捉之外,还要善于抓住新闻事件高潮,并尽可能地放在靠前的位置。新闻高潮,即新闻事件中最有意义、最吸引人、最典型的部分,特写中对于这些部分的突出能够使文章的结构更加紧凑,方便受众抓住文章重点,增加受众对于新闻事件的感知,同时也避免了文章篇幅过长和中心不够突出等问题,是特写中一项重要的写作技巧。请看下面这则新闻特写的细节描写。

特写:一副珍贵的警衔(节选)

清明将至,思绪犹浓。这几天,刘连英几乎每天晚上都会坐在床头,手中捧着丈夫郭用明因堵截追捕嫌犯英勇牺牲时留下的遗物——一副藏蓝色三级警督警衔,久久地注视。

今年,是革命烈士、国家二级英模、河南省周口市郸城县公安局民警郭用明英勇牺牲的第16个年头。

一夜第七次出警,他倒在了血泊中

2006年11月3日3时27分,正在协助处理警情的郸城县公安局南关派出所副所长郭用明接110指令:"一个特大抢劫犯罪团伙正驾车向郸城县城逃窜,已连续强行闯过追捕刑警设置的两道关卡,请立即设卡堵截。"这是郭用明当天值班接到的第七个警情。

警令如山。郭用明迅速联系所长黄建良及其他民警,分乘两辆警车在南环路运管所十字路口设卡拦截。就在郭用明等人刚设好卡点时,南面便传来汽车高速运转的发动机声,一辆疾速行驶的红色面包车疯了一样冲过卡点。随后,几名民警迅速鸣枪示警,但该车并未减速停车,而是继续加速北窜。

郭用明乘坐的警车紧跟在红色面包车后,在最后一个转弯处,红色面包车突然从后门朝警车扔下一根圆木,正在快速行驶的警车本能地往左一转,"砰——"的一声,警车撞到了位于交叉口拐角处的电线杆上,鲜血几乎染红了郭用明佩戴的警衔和警服……

在医院,经过全力抢救,同车的战友脱离了生命危险,而郭用明却因伤势过重抢救无效以身殉职。嫌疑车辆和嫌犯被紧追不舍的郸城公安成功抓捕,但年仅41岁的郭用明,生命却定格在了那个繁忙的夜晚。

清明将至,思绪犹浓。这几天,刘连英几乎每天晚上都会坐在床头,手中捧着丈夫郭用明因堵截追捕嫌犯英勇牺牲时留下的遗物——一副藏蓝色三级警督警衔,久久地注视。(扫码查看全文)

特写:一副珍贵的警衔

资料来源:https://m.chinanews.com/wap/detail/chs/zw/ft9717674.shtml。

这则新闻特写,写于 2022 年的清明节前,为了表达清明节寄托哀思之情,记者捕捉到了一位牺牲警察家属手中的警衔,并挖掘其背后尘封多年的故事。文中在对警衔背后故事的讲述中,对于事件进行了取舍,只选择了新闻高潮部分,即民警郭用明当晚第七次出警时的经历。在叙述中,记者使用了大量的动态性细节,例如"郭用明迅速联系所长""分乘两辆警车……设卡拦截""刚设好卡点时"'砰——'的一声"等,讲述了 16 年前牺牲的民警郭用明的事迹,增加文章的可读性和可感性。

三、特写写作的行文技巧

(一)注重类型选择

在新闻特写写作之前,首先应该在心中对特写的类型有初步的计划,即着重关注人物、事件还是场景。这样,会方便记者在行文中确定写作的目标,避免写作时的思路混乱。例如在确定了特写类型为人物特写时,就要重点关注并在行文中突出新闻人物的行为、动作、背景等关键要素,事件或者场景便可以一带而过;在确定了特写类型为场景特写时,就要重点关注并在行文中突出某一个地点或者新闻现场,人物和事件便可以做淡化处理,这也是新闻特写的特点所决定的。

(二)注重情景交融

在本章第一节特写写作的要求中就已经提到,特写在行文中要融入记者在现场的感受,将感情倾注于特写中,让读者感受到现场的气氛,也读到记者的独特情感。但需要注意,在特写中所描述的情感并不是对于新闻事件或人物的感叹与赞叹,也不是直接发表观点与看法,而是要借景抒怀,寓情于景。① 请看下面这则特写。

---

① 刘明华,徐泓,张征. 新闻写作教程[M]. 北京:中国人民大学出版社,2002:148。

特写：拆掉绷带　继续战斗

这一定会是今年法网赛场最经典的场面之一。

在罗兰·加洛斯最大的中央球场菲利普球场上，一边是中国"小花"郑钦文，一边是世界第一、已经连胜31场的斯维亚特克；战至决胜盘，郑钦文突然做了个大胆的决定，拆下几十分钟前在医疗暂停时绑到腿上的绷带，转身走向球场，继续投入战斗。

所有现场观众，瞬间被这位19岁姑娘的斗志感染，掌声雷动。

郑钦文值得这样的尊重。

首盘比赛，她一度被逼到绝境，对手局分5：2领先，随后连续获得5个盘点，但顽强的郑钦文一一救了回来。甚至有好几次多拍，对手已经完全占据上风，得分近在眼前，但郑钦文一次次奋力救球，耐心地追分，把比赛生生拖入了抢七。

抢七大战，郑钦文先得两分后被对手打了一个5：0。就在大家都以为最终还是头号种子略胜一筹要拿下时，郑钦文没有认输。她强硬地回敬了对手一个5：0，以7：5拿下抢七，赢得首盘。

从斯维亚特克手里赢下一盘比赛是什么概念？

在这场比赛之前，这位2020年的法网冠军已经连续10场比赛都是直落两盘获胜，而在她最近的31场连胜中，一共也就丢了5盘。可想而知，这一盘胜利对于一个首次参加法网的年轻球员来说多么珍贵。

事实上，如果你知道郑钦文今天的身体状况，一定会更为她的表现所震撼。

在赛后的新闻发布会上，郑钦文才向大家透露其实自己的身体不在最好状态，因为是生理期的第一天，从比赛开始前就一直在疼痛中。

"第一盘比赛还能坚持，但是随着越往后打，剧烈的运动让我实在很难坚持。"郑钦文说，"第二盘在场上感觉就像快死掉了一样。"

从第二盘开始，郑钦文的表现就像换了个人，移动变慢了、失误增多了，好几次明显的网前机会也没能把握住。而当时所有人都不知道，她正忍受着强烈的疼痛在硬扛。

0：6、2：6，郑钦文以"脆败"的方式输掉了后两盘，结束了自己的首次法网征程。

为什么当时还要坚持？甚至还要把腿上的绷带拆掉了去打？郑钦文给出的答案是，珍惜这样的机会。

"其实当时腿上虽然也有疼痛，但相比于肚子的疼痛，已经算不了什么了。而绷带绑在腿上，影响我的跑动，所以把绷带拆掉就是想放手一搏。"

"我很珍惜这次和世界第一打比赛的机会，我也很想看看她能做到哪一步，我不想轻易地放弃。"

即便输掉了比赛，郑钦文还是认为这样的坚持让自己很有收获，不仅是磨炼自己，同时也能在比赛中向优秀的对手学习。事实上，郑钦文此前也表示过自己提高的一个主要方式就是不停地向优秀球员学习，博采众长。比如这次在法网，帮助她赢下不少分数的网前放小球战术，就是之前受伤期间看西班牙同龄选手阿尔卡拉斯学来的。

仅仅一周前，郑钦文在法网还只是一名默默无闻的非种子选手，世界排名第74位，能突破首轮就算是惊喜了。但现在，她已经吸引了更多人的关注。不仅因为她在第二轮淘汰了前世界第一哈勒普，这一轮又和现世界第一斯维亚特克打得有来有回，更因为她在比赛中展现出来的气势、坚韧与冷静,让人们看到了巨大的潜力。

这场比赛结束后,赛事组委会负责媒体的工作人员特意来向中国记者学习郑钦文名字的正确发音。你看,大家都开始重视这位19岁的中国女孩了。

资料来源:http://www.news.cn/2022-05/31/c_1128699473.htm.

这是一则典型的人物特写,记者在文段中突出了郑钦文拆下绷带,带伤参加比赛的感人事迹,除了对比赛细节的描述之外,还巧妙地将人物采访安插于文段之中,并恰到好处地在文中和文末进行了背景描述,使整篇特写结构清晰,内容突出。更加亮眼的是,在文段中记者充分地运用了情景交融的行文方式,把记者在现场的所见所闻以及自己的主观感受融入文中,使整篇特写的情感更加充沛,例如"掌声雷动""值得这样的尊重""坚韧与冷静""巨大的潜力"等词语,充满了对于郑钦文的尊重与钦佩,也对受众产生了一定的影响。

本章小结

新闻特写以其形式灵活、短小精悍、重点突出等特点,越来越受到各类媒体的青睐。由于有了消息和通讯的写作基础,加之特写的形式比较灵活,所以本章中需要叙述的理论知识较少,重点需要在案例和实际练习中提高写作水平。通过本章的学习,首先要掌握什么是特写以及特写的特点和写作要求;其次,要了解人物特写、事件特写、场景特写这三类特写的形式及写作要求;最后,要在案例中理解特写的写作技巧,学会如何选材,如何描述,如何行文。

观今宜鉴古,无故不成今。特写的写作还需要多学习、多临摹前人的作品,并通过自己的总结与练习,才能快速提高。

思考与练习

1. 思考三类新闻特写的区别。
2. 思考新闻特写的背景材料应该如何选取?
3. 思考应该如何在特写中进行情景交融?
4. 搜集各个媒体中不同类型的新闻特写,尝试提炼其中的主题。
5. 在采访的基础上,尝试以你身边的人作为案例,采写一则人物特写。

深度报道

第九章

■ 本章导言

随着时代的发展,受众对于深度信息的需求日益提高,人们不仅要了解正在发生的事实,还想知道新闻事件发生的缘由、影响以及未来的发展趋势。正是在这样的背景下,深度报道应运而生并快速发展,这也对新闻记者提出更高的要求,所以在本书中专门开辟了深度报道的章节,围绕深度报道的定义、特点、作用、发展趋势、写作方法、叙事结构展开,通过案例讲解深度报道的方法与技巧。

■ 学习目标

1. 理解深度报道的定义与特点。
2. 理解深度报道的作用。
3. 掌握深度报道各部分的写作方法及要求。
4. 掌握深度报道的叙事方法与技巧,并能够进行深度报道的创作。

第一节 深度报道概说

深度报道相较于其他新闻体裁来说相对特殊,其篇幅较长,内容深刻,写作起来更加困难,所以在学习其写作之前必须理解其基本定义、特点与发展趋势等基本情况。

一、深度报道的定义及形式

深度报道是消息和通讯的进阶模式。消息侧重于及时、准确、快速、简要地报道新闻事实,着重交代事件"表层"信息;通讯侧重于详细完整、生动形象地报道新闻事实,着重跨过表面进入"中层"挖掘和开采信息;而深度报道则侧重于报道新闻事件的背景、原因、脉络、影响及发展方向,着重"深层"挖掘新闻事件的本质和规律。

通过三者的比较可以看出,深度报道是运用解释、分析、预测等方法,从历史渊源、因果关系、矛盾演变、影响作用、发展趋势等方面报道新闻的方式。① 由此也延伸出了深度报道的三种形式,即调查性报道、解释性报道和预测性报道。

(一)调查性报道

调查性报道是新闻记者通过对于某些损害公众利益,未被及时公开或被有意遮掩的事件进行的深度调查,并结合自己的思考与积累所写出的新闻报道,主要用来揭示社会问题和社会的阴暗面,是深度报道的典型代表。

(二)解释性报道

解释性报道多用于某些重大新闻事件的报道,通过提供大量的新闻背景材料,对相关事实进行整理和解释,让新闻受众更好地了解事件的原因、意义、结果和影响,多用于专业性较强或政策性较强的新闻,目的是解决受众疑惑,回应社会关切,更好地呈现事实。

(三)预测性报道

预测性报道是以原有的新闻事实为基础,用理性的态度和前瞻的眼光,对事件的发展方向和发展前景做出科学的分析,为受众提供行动指南。尤其伴随着大数据时代的到来,预测性报道的准确性和科学性进一步得到了保障,也使得这种报道形式日渐受到新闻记者和受众的青睐。

上述三种形式都属于深度报道的范畴,但是都不能完整地代表深度报道,要综合地理解三种报道形式之间的关联,掌握其中的共性规律和特点,才能更好地从宏观上理解深度报道。②

二、深度报道的特点

学界和业界关于深度报道的定义和分支都有不同的看法,但是总的来看,深度报道都包含以下特点。

(一)真实准确

深度报道作为一种新闻体裁,最基本的特点同样是真实准确,无论是新闻背景、事件经过、人物活动都不能有半点虚假或虚构的成分。但是由于深度报道在挖掘事实真相的过程中,往往涉及多方人物和事件,很容易造成细节失实,所以这就要求新闻记者在深度报道的采访和写作中,仔细核查,反复确认,采用多方信源,保证深度报道中的每个细节都真实可信,才能保障新闻整体的真实性。

真实与准确往往紧密相关,要保障深度报道的准确性,新闻记者就必须准确地理解所报道的某一个专业领域,并尽可能多地掌握该领域的专业知识,尝试成为该领域的"专家",才能更加准确地将信息传递给新闻受众。

(二)内容深刻

深度报道的标志性特征表现为行文深刻,引人关注。无论在纸媒、广电还是新媒体

---

① 甘惜分.新闻学大辞典[M].郑州:河南人民出版社,1993.
② 唐铮.深度报道[M].北京:中国人民大学出版社,2021:5-7.

中,深度报道往往是最能引人关注的体裁之一,这是因为深度报道在行文过程中能够从表层拓展向深层、从了解拓展向认知、从事件本身拓展向事件之间的联系、事件与人的联系,能够让事件中的各个部分、各个角度、各个人物都巧妙地呈现。

深度报道的可读性是吸引受众的关键,在深度报道的行文中,往往较为关注新闻事件发展的曲折性和复杂性,多以故事讲述的形式,抽丝剥茧地梳理事件发展过程、穿插新闻背景、分析事件的原因和意义,让受众对新闻事件有更加全面的了解,并通过对未来的预测,使受众能够从中汲取知识、获取观点。

(三) 解释分析

由于深度报道中涉及的事件本身往往具有复杂性或专业性,所以要求新闻记者在采访和写作时要以对现实问题的解释分析为核心,层次分明、逻辑清晰地讲明事实、摆明道理、辨明是非,同时在行文中适当地加入专家、学者等权威人士提供的经典论证分析,来启发受众智慧,带动受众思考。

这一特点要求记者在深度报道的采访和写作中能够快速抓准事件核心,理解事件的前因后果,把握事件的来龙去脉,同时采用多方信源,对新闻事件进行通俗的解释和科学的分析,从而帮助受众更好地理解。

(四) 语言通俗

除了内容深刻,解释分析的特点外,深度报道在形式上还表现为语言通俗,直白易懂。近些年,一些深度报道倾向于使用华丽的辞藻对新闻事件进行较为空洞的描述,记者本人感觉高端大气,但受众在阅读时却摸不着头脑,难以把握报道的中心主旨。事实上,虽然深度报道的篇幅较长,内容深刻,注重解释分析,但是其终究还是一种新闻体裁,语言的表现形式同样应是通俗易懂的。

语言的通俗易懂要求记者在写作过程中应多使用短句和简单句,并将专业术语尽量转化成通俗易懂的语言,在行文中注重传递新闻事实的来龙去脉和深层次原因,用发散性的思维关注新闻事件的全貌,着重理清思路,而非咬文嚼字。

下面通过一则第三十一届中国新闻奖的获奖作品来更好地理解深度报道的定义与特点。

青海"隐形首富":祁连山非法采煤获利百亿至今未停

祁连山生态环境保护问题三年前被中央通报,声势和力度空前的问责风暴,开启了祁连山史上最大规模的生态保卫战。《经济参考报》记者持续两年多的跟踪调查发现,通报追责高压之下,祁连山生态保护总体取得成效,但南麓腹地的青海省木里煤田聚乎更矿区非法开采并未根绝。大规模、破坏性的煤矿露天非法开采,正给这片原生态的高寒草原湿地增加新的巨大创伤,黄河上游源头、青海湖和祁连山水源涵养地局部生态面临破坏。

《经济参考报》记者多方调查证实,制造这一区域生态灾难的,是一家名为青海省兴青工贸工程集团有限公司(以下简称"兴青公司")的私营企业。兴青公司董事长马少伟号称青海"隐形首富",14年来盘踞木里矿区聚乎更煤矿,涉嫌无证非法采煤2600多万吨,获利超百亿元。

令人难以置信的是,在历经两轮中央环保督察和青海省叫停木里煤田矿区内一切开采行为、开展生态环境整治的背景下,兴青公司在木里聚乎更煤矿的非法开采也未受到撼动,时至今日其打着修复治理的名义仍在进行掠夺式采挖,生态旧债未还又添新账。

"开膛破肚"式采挖触目惊心

海拔4200米的木里矿区聚乎更煤田,地处青海省天峻县,紧邻祁连山自然保护区,是祁连山赋煤带的资源聚集区,为青海唯一的焦煤资源富集地。木里煤田由四个矿区组成,聚乎更煤田由七块井田组成,聚乎更一井田是其中面积最大、储量最多的井田,焦煤储量近4亿吨,兴青公司非法开采活动集中于此。

2020年7月下旬,《经济参考报》记者第三次探访聚乎更矿区东南侧的一井田煤矿5号井。兴青公司采煤区内,数台挖掘机和装载机正在紧张作业。满载煤炭、渣土的重型自卸车一辆紧接一辆,沿着矿区简易道路逶迤爬行;回行的空车则一路狂奔,扬起漫天尘土。知情人士告诉记者,目前兴青公司有四个采煤队、120台机械、近300人在聚乎更矿区一井田煤矿5号井开采作业。

在兴青公司露天开采现场,放眼望去,"开膛破肚"式采挖形成的巨型凹陷采场,自东南向西北方向蜿蜒5公里,形成一条宽约1公里、深达300米到500米的沟壑,犹如在高原湿地上劈出的一道巨大伤口。开挖剥离出的地下冻土、岩石、煤矸石,在矿坑附近堆起四五十米高的渣山,掩埋了大片草地。

2019年4月26日,《经济参考报》记者曾以运输车司机身份通过重重盘查,进入聚乎更矿区一井田煤矿5号井,目睹了兴青公司与上述情景几乎相同的开采场面。

2019年7月8日,《经济参考报》记者再赴木里聚乎更矿区,在兴青公司矿区驻地门口看到,两个多小时,75辆满载煤炭的重型半挂车从兴青公司采煤区呼啸驶出,每辆车装载至少50吨,源源开往八公里外的木里火车站煤炭货场。

时隔一年多,兴青公司在聚乎更矿区一井田煤矿5号井的采掘面,向西北方向快速扩展。记者置身于此看到,远处是碧草如茵的自然湿地、珍珠般洒落的羊群和白雪点缀的山峰,近处则是一片狼藉的煤堆、渣堆和触目惊心的巨坑,对比之下像是绿色的高原草甸被遽然撕裂,黑色煤炭和渣土如伤口处外翻的血肉,令人不忍直视。

14年非法开采获利超百亿

据《经济参考报》记者调查,兴青公司于2005年介入聚乎更矿区一井田煤矿,2006年后半年开始煤炭开采,其非法开采活动已持续14年。

2005年至今,兴青公司参与了木里煤田三轮煤炭资源整合,先后加入了松散型的青海木里煤业有限公司、青海天木能源集团有限公司和青海矿业集团股份有限公司。由于"整而不合",实质是兴青公司及其全资子公司青海兴青天峻能源集团有限公司(以下简称兴青天峻能源公司),单独自行在聚乎更一井田煤矿5号井实施煤炭开采。

记者从青海省自然资源厅一工作人员处了解到,截至目前,兴青公司、兴青天峻能源公司均未取得聚乎更一井田煤矿的采矿许可证,其开采行为属于非法盗采。

此前,马少伟在接受《经济参考报》记者采访时称,其长期以来都在参与木里煤田三轮煤炭资源整合,整合一直未能全部完成,兴青公司、兴青天峻能源公司都"停产配合整合,没有生产"。

而根据青海省政府青政(2011)93号文件,2011年度兴青公司上缴税收33271万元。另据青海省政府青政(2012)61号文件和2013年7月青海省财政工作会议披露的数据,2012年度兴青公司上缴税收4.12亿元。当地专业人士据此测算,自2006年底到2014年6月底,兴青公司在聚乎更矿区一井田煤矿非法开采优质焦煤2000多万吨,收入110多亿元。

《经济参考报》记者从兴青公司内部获得的数据也证实了这一测算,该公司2007年至2014年在聚乎更矿区一井田煤炭产量数据显示:2007年煤炭产量270.88万吨,2008年煤炭产量288.77万吨,2009年煤炭产量275.51万吨,2010年煤炭产量112万吨,2011年煤炭产量359.69万吨,2012年煤炭产量445.41万吨,2013年煤炭产量185.5万吨,2014年煤炭产量113.47万吨。2007年到2014年合计采煤2051.23万吨,收入110.19亿元。

此外,专业人士根据相关资料测算,2015年至2020年,兴青公司在聚乎更矿区一井田煤矿采煤500多万吨,收入约40亿元。

《经济参考报》记者从兴青公司内部获得的2019年11月26日至12月29日挖机挖煤结算表显示,在此约一个月期间,10台挖机合计产煤11.25万吨;2020年5月26日至6月25日自卸车车数统计表显示,此期间产煤4.1万吨。

由此可见,自2006年到2020年的14年间,兴青公司从木里煤田非法采煤2500多万吨,获利150亿元左右。

两轮中央环保督察期间仍不收手

青海木里煤田违法开采、过度开发破坏草原湿地生态环境,曾引起广泛关注。从2014年8月开始,按照青海省委、省政府部署,木里矿区的煤矿全面停产整顿,采取露天采坑边坡治理、渣土复绿等措施修复生态。

马少伟接受《经济参考报》记者采访时表示,其"在聚乎更矿区一井田的环保工作得到省政府肯定,作为生态恢复治理样板,经验在木里矿区推广"。

而据知情人士称,2014年8月19日,青海省委、省政府领导带队到木里煤田聚乎更矿区现场办公,指导督办生态修复和环境整治工作。省领导一离开,兴青公司便白天修复整理弃渣,夜间照旧采掘、出煤。自2014年下半年以来,兴青公司打着矿区生态治理修复的旗号,继续实施大规模非法开采,当地人士称之"边修复、边破坏;小修复、大破坏"。

《经济参考报》记者获得的兴青公司内部资料显示,在木里矿区整治风声趋紧的2014年,该公司从聚乎更一井田煤矿采煤113.47万吨。

2016年2月,中央有关部门《关于青海祁连山自然保护区和木里矿区生态环境综合整治调研报告》引起高度重视,青海省政府出台木里煤矿生态环境综合整治工作实施方案,整治工作进入最为严厉的时期。相关资料显示,就在当年,兴青公司从聚乎更矿区一井田采煤100多万吨。

2017年8月8日至9月8日,中央第七环保督察组对青海省开展环保督察。《经济参考报》记者获得的大量图片、视频资料显示,此期间兴青公司在聚乎更矿区一井田煤矿的非法开采仍旧热火朝天,停采时间仅一周左右。

2019年7月14日至8月14日,中央第六环保督察组对青海省开展环保督察。据兴青公司内部人士透露,督察组到天峻县开展下沉督察,兴青公司在聚乎更一井田煤矿的开采停了三天，督察组离开的第二天即恢复开采作业。

"每逢领导前来视察、检查工作和执法检查，兴青公司就临时停产一两天，并将采煤机械设备全部转移到渣山整形工地，用矿渣堵死通往采煤区的道路。"兴青公司内部知情人士对记者说，经常是白天迎接检查、夜间组织开采，或者上级领导、执法人员前脚刚离开、后脚就恢复生产。

《经济参考报》记者了解到，为了应对青海省执法部门的监督检查，2020年7月28日起兴青公司停产四天。31日下午14时左右，检查人员离开，16时兴青公司即通知各采煤队恢复当日夜班开采。

据兴青公司内部人士透露，通常情况下公司24小时作业，但每次有领导和执法人员前来矿区，公司都能事先得知消息，将矿体和挖出的煤炭或用土掩盖，或用绿色盖土网予以覆盖，看似绿色草坪；检查人员一离开，立即恢复作业。

就聚乎更矿区一井田煤矿非法开采问题，《经济参考报》记者致电马少伟，马少伟表示："煤矿一直停产着呢。"

"破坏性"开采暗藏巨大生态"黑洞"

木里煤田储藏我国稀有煤种优质焦煤，该焦煤发热量通常在6600大卡以上，是不可或缺的炼焦用煤。青海人形容这里的煤炭品质好到"用一张纸都能点燃"。

聚乎更矿区一井田煤矿勘察报告显示，其下一层煤层平均厚度17.24米，下二层煤层平均厚度11.41米。按照矿产资源法律法规和煤炭工业技术规范，露天煤矿煤层厚度超过6米的，回采率须达到90％。

相关煤炭开采专家对《经济参考报》记者说，为了追求效益尽快最大化，兴青公司开采只吃"白菜心"，仅采特厚煤层这一层，薄煤层、地质构造比较复杂的煤层基本上弃之不采，回采率不足15％。

对此，业内人士痛惜地称为"采一吨扔五吨"，如此采富弃贫、采厚弃薄、采易弃难，导致优质煤炭资源在兴青公司挑肥拣瘦的开采过程中，被白白扔掉80％。聚乎更一井田5号井储煤1.55亿吨，兴青公司采掘最深处已达500米，采掘范围已过多半，超过6000万吨煤炭资源被兴青公司白白扔掉，相当于年产300万吨大型矿井的20年产煤量，估值高达360亿元左右。

青海大学一位参与以木里矿区为试点的高寒矿区植被恢复项目研究的专家对《经济参考报》记者说，木里矿区分布着大片冻土及高寒草甸等湿地植被。聚乎更矿区所处的位置，既是黄河一级支流大通河的源头所在地，同时也是青海湖入湖径流河重要的发源地，粗放野蛮开采破坏的不仅仅是矿区周边，随之而来的草场退化和地表荒漠化，将导致黄河上游和青海湖区域生态环境的恶化。

就兴青公司"掠夺式、破坏性"开采行为，中国科学院院士、中科院地质与地球物理研究所研究员张宏福连呼"痛心疾首"。他说："木里煤田区域生态极其敏感和脆弱，大规模无序探矿采矿使得成千上万年形成的冻土层被剥离，水源涵养功能减弱或消失殆尽，将使地表大面积发生不可逆转的干旱化。"

张宏福表示，兴青公司十几年来无科学的施工组织设计和规范施工作业，不仅破坏原有的自然生态系统，而且使优质焦煤、可燃冰等不可再生资源遭受毁灭性破坏，有关部门必须予以彻查。

资料来源：https://cnews.chinadaily.com.cn/a/202008/04/WS5f28b6f9a310a859d09dbc71.html。

这篇深度报道以祁连山生态环境保护高压下的非法采矿现象为线索，《经济参考报》记者通过两年的现场观察、明察暗访和深度调查，在文中以时间轴的形式真实准确地再现青海祁连山木里聚乎更矿区触目惊心的破坏式开采情况，并通过记者得到的相关数据，对于聚乎更矿区自2007年以来的煤炭产量和非法收入进行计算和分析。同时在文章末尾通过多方信源的采访，深入分析了非法采矿对环境的危害，并科学地预测了如果不停止这种破坏性开采将会面临的严重后果，引发受众惊叹和关注。整篇报道内容深刻、引人关注，语言通俗易懂、证据充分扎实、无可辩驳；写作选材精当、背景充分、逻辑清晰严密，解释分析准确恰当，充分发挥了新闻媒体舆论监督的职责，为相关部门提供了执法的依据。

三、深度报道的作用

深度报道作为一种典型的新闻体裁，对受众、媒体和社会都有着重要的作用。

（一）满足受众求知欲

传统的新闻报道往往只对于新闻事实进行简单的陈述，缺少对于事件的权威解读和深刻分析，需要受众自行查阅资料去探索事件全貌。但是随着社会的高速发展和受众求知欲望的快速增强，受众希望通过一篇新闻报道完整地了解某个事件的来龙去脉、意义影响和未来发展趋势，而深度报道的出现，正是满足了受众的求知欲和对于事实真相的追求。

例如，《科技日报》的一篇深度报道《抗疫期间，中科院武汉病毒研究所做了什么》，围绕着打击科研人员开展疫情防控科研攻关积极性、惑乱全国人民团结抗疫决心的病毒来源谣言，记者专访了中国科学院武汉分院院长、武汉国家生物安全实验室主任袁志明和中国科学院武汉病毒研究所副所长关武祥等，请他们讲述疫情防控科研攻关一线的故事，在满足受众求知欲的过程中，也打破了境外媒体对于中国的抹黑。扫码查看《抗疫期间，中科院武汉病毒研究所做了什么》全文。

抗疫期间，中科院武汉病毒研究所做了什么

（二）提高媒体竞争力

深度报道的另外一个作用是能够帮助媒体发挥专业化的优势，提高自身的竞争力。由于深度报道的复杂性、深刻性及其影响的深远性，要求新闻媒体必须具有较高的公信力和充足的人力资源才能完成，这是公民记者所不能及的。所以传统媒体要想在信息多元化和同质化的时代下提升自己的竞争力，就必须努力做好深入的调查、采访、分析和预测，做深做实深度报道，充分发挥自身的竞争优势。

与此同时，深度报道还能够训练媒体从业者的报道水平，并提高专业化程度，让记者在深度报道中提高自身的调查能力、采访能力、随机应变能力、解释分析能力和科学预测的能力，也在一定程度上提升了其所在媒体的综合竞争力。

(三)促进社会发展

由于深度报道深刻的选题和深入的分析,使其具备议程设置和舆论引导的功能,在一定程度上会影响事态的进展和舆论走向,同时也为受众提供议题,对社会发展起到促进作用,是最能够发挥新闻媒体舆论监督作用的新闻体裁。例如上文的案例《青海"隐形首富":祁连山非法采煤获利百亿至今未停》,这篇深度报道一经刊发,就成为社会关注的焦点,"青海隐性首富""祁连山非法开采""青海木里非法煤矿探访"等均进入微博热搜榜单,促进了事件的解决,也推动了社会的进步与发展。

第二节　深度报道的写作

深度报道同样分为采访和写作两个部分,在写作时如何将采访到的信息进行梳理、总结、提炼,并最终形成一篇逻辑清晰、论证完整、结构分明的深度报道作品,对于很多初学者是较为困难的。把握好深度报道采访与写作之间的过渡,并做好开头、主体和结尾的串联是呈现深度报道的关键所在。

一、从采访到写作

深度报道的写作并不是将采访素材简单地拼接堆叠,而是要将采访内容进行细致地梳理,并将采访素材进行总结分类,确定好文章的中心主旨、逻辑关系与叙事结构,才能写出精彩的深度报道,具体来说要经历以下几个步骤。

(一)素材梳理

素材的梳理是深度报道从采访向写作过渡的第一步,新闻记者要根据采访主题将在新闻现场获取到的新闻素材进行分类和整理,一般分为以下三步。

首先,应将采访内容按照事件的进展和逻辑关系一一罗列,并找到事件中的主线人物、关键地点、相关背景、高潮事件等核心要素;其次,要找到采访中的精彩瞬间和典型细节,包括人物原话、人物表情、心理活动、现场画面等,来制造文章的亮点;最后,要梳理现场的环境及气氛,并找到相关背景等补充性内容,为后续的深度报道写作提供更多的感性材料。通过三步简单的梳理,新闻记者便能对新闻素材有较为全面的把握,并快速找到深度报道的主线,发现哪些材料是缺少的,需要及时补充的。[1]

(二)搭建结构

在完成素材梳理后,若没有缺少相关材料,则可以根据采访的主题和目的,开始构建深度报道的文章结构和布局。由于深度报道所涉及的事件持续时间较长,影响较大,所以

---

[1] 唐铮.深度报道[M].北京:中国人民大学出版社,2021:172-173.

搭建好文章结构至关重要,同样可以分为以下三步。

首先,按照时间顺序进行结构梳理,如果以新闻事件为主体,可以按照事件从发生、发展到结束的顺序进行梳理,如果以新闻人物为主体,可以按照人物经历为顺序进行梳理,经过了结构梳理便会获得文章的基本脉络;其次,根据文章的基本脉络确定一条叙述主线并对现有材料进行精简筛选,提炼出与主线相关的部分;最后,将与主线相关的部分进行提炼,确定文章的精彩段落和精彩部分,并进行重点叙述,形成文章的亮点和高潮点。如此这般,便已初步建构起文章的基本结构。

(三)梳理逻辑

深度报道的写作如同盖楼,在完成了基本结构的搭建之后,要进行粉刷和装饰,而逻辑地梳理与搭建,就相当于对结构的补充与完善。

在梳理文章逻辑的过程中,应先确定报道的主线与副线。主线是深度报道中的典型故事或典型人物;副线是文章中要承载的主要思想,在深度报道中两者需要相辅相成才能将文章做出深度。之后根据主线的设定,将文章内容按照逻辑关系分成若干个层次,并确定每个层次中的中心内容和适合安插的内容情节,最后为该层次提炼出合理的小标题,就能够让文章的逻辑清晰明了,最大限度地降低受众的阅读障碍。

请看下面这则案例。

父亲留在了火神山(节选)

武汉火神山医院的病房陆续空下来,贴上了封条。但70岁的蔡德润永远留在了火神山,确切地说,他身体的一部分留在了这里——他因新冠肺炎抢救无效去世后,家人捐献他的遗体用于研究,帮助世人"认识新冠肺炎的发生发展机理"。

蔡德润是2月8日确诊、3月9日病故的。他的女儿蔡雅卿记得,3月9日武汉下了一场雨,中午1点多,她接到医院的电话,收到父亲病危的消息。

对此类消息,她并不陌生。她的父母确诊后一个多月里,作为新冠肺炎危重症患者,分别在不同医院住院。独生女蔡雅卿总是接到有关父母病情的电话通报。

电话那头向她例行通报病情的口音总在变化——武汉迎来了几万名外地医务人员;她听到的病情也在变化:血氧饱和度下降、吸氧、插管……病危。

副标题1:能不能够把骨灰给我

……

副标题2:他肯定也会大笑着同意

……

副标题3:一点"私心"

……

副标题4:父亲的葬礼

……

安葬父亲之后,蔡雅卿把父母的床单洗了,把床铺好,定期进去拖地,等待母亲回家。她每天好好吃早饭,"努力让自己生活得像他们在家里面一样。"从前她早上赖床,父亲会去给她买早点。

赵鹏南医生又来了,给她送来感谢信,上面盖着"武汉火神山医院"的红章,让她留个纪念。拿着这张纸,蔡雅卿确信,父亲永远留在了火神山。(扫码查看全文)

资料来源:https://news.youth.cn/hotnews_41880/202105/t20210529_12980610.htm.

父亲留在了火神山

这篇深度报道是《中国青年报》冰点周刊在新冠肺炎期间武汉火神山医院患者陆续出院之时所写,文章讲述了故事主人公蔡雅卿的父亲感染新冠肺炎,从抢救到死亡到遗体捐献再到最后安葬的过程,整篇深度报道按照事件发生、发展到结束的时间顺序进行结构搭建,方便受众阅读和接受。同时,以蔡雅卿捐献父亲遗体经历的典型事件为主线,连接起新冠遗体捐献者家庭和遗体解剖团队,又在其中暗含了军民同心、医患同心抗击疫情的副线。文章分为"能不能够把骨灰给我""他肯定也会大笑着同意""一点私心""父亲的葬礼"四个层次,并在其中穿插了大量的人物对话、心理活动、过往回忆等,使文章的逻辑关系更加清晰合理,可读性更强。

二、深度报道开头

深度报道为了全面地呈现某个新闻事件或问题,往往需要分为很多层次,篇幅也往往较长,而开头是一篇深度报道的门面,必须做到点明主题、确立基调,才能让受众有兴趣继续选择阅读主体部分,所以新闻记者必须对深度报道的开头进行精心的设计。具体而言,深度报道的开头可以从以下几个角度入手。

(一)从人物开始

深度报道中往往会涉及很多人物,而人物自身的故事性在很大程度上会吸引受众的关注和阅读,所以在深度报道的开头使用主线人物作为切入点进行展开,会取得较好的效果。请看下面这则深度报道的开头。

废弃矿坑里的音乐节(节选)

后半夜2点,67岁的辽宁阜新农民齐长胜,揣着苞米饼子,赶了10多里地,要去做一件"不可思议的事情"——他白天绕了一圈,矿坑外围全是警察。

这是阜新老矿区新邱的一处废弃矿坑,在最深处80米的坑底,将举办一场当地人从未见过的音乐节。齐长胜想趁夜黑溜进现场,他把这场"草莓音乐节"称之为"庆祝草莓丰收"的演出。对此,他不容置疑,"我就这儿的人,我还不知道吗?"

不光是齐长胜,在音乐节前一个月,不少当地人都以为这是采摘草莓的活动。直到他们在外上学、工作的孩子们,来打听这场在家乡举办的音乐节,老人们才弄明白——"草莓"是品牌,这是年轻人的音乐狂欢。(扫码查看全文)

废弃矿坑里的音乐节

资料来源:https://www.bjnews.com.cn/detail/163153883314058.html.

这篇深度报道以辽宁阜新一位普通农民齐长胜的故事为开头,由此引出辽宁阜新这座资源枯竭城市的发展始末,并重点讲述其为了城市转型所做出的努力,相比于直接的宣传,以人物故事作为开头,使整篇文章的可读性更强,也更具有吸引力。

（二）从行动开始

深度报道的开头还可以使用人物的某一行为或者某一动作，来推进文章的整体进程，这种行为或动作可能是人物间交谈、人物回忆或执行某种工作时的状态，但是一定是具有标志性的，是能够引出故事或者交代主旨的。请看下面这则深度报道的开头。

几百元一个宠物训导师证，训狗主要靠"打"（节选）

6月18日，一段犬道的训犬师在训狗时打脸、勒脖、抢摔的视频引起了网友关注。视频显示，在训练一只边境牧羊犬时，训犬师用链条勒住狗的脖子，不断用手拍打它的头部，牧羊犬想起身时，训犬师则拽起绳子把狗腾空抛起再摔地，并用脚狠踹它的胸部。

在犬道及其学员在各平台上传的其他视频中，用电击项圈、木棍等工具来"驯服"狗的做法屡见不鲜。闵行颛桥派出所工作人员在接受采访时回应，派出所在接到报警后已到事发公司了解情况，该公司表示，送来训练的狗都有心理问题，所以才采取这样的方式进行调教。

6月20日，犬道发布声明，称视频为2017年培训班调整治疗后天神经质咬人边境牧羊犬实例演示片段，甩和砸依据专业经验操作，依靠"第六感"决定停止时间，"虐狗"说法为同行恶性竞争的抹黑。截至发稿，犬道各平台仍在正常更新训犬视频。（扫码查看全文）

资料来源：https://www.163.com/dy/article/HBKC53S70512BN99.html。

几百元一个宠物训导师证，训狗主要靠"打"

这篇深度报道中以视频中训犬师训练一只边牧犬的动作为开头，引出了整篇报道所关注的焦点，并在后文中对于宠物训导原理、行业发展情况、目前存在问题进行深度的解读和分析，让受众更好地了解这一行业的发展情况，引导受众客观、全面地看待宠物训导。

（三）从地点开始

从地点开始也是深度报道开头常用的形式之一。在此类开头中，某一地点往往在文章中扮演着重要角色，后文的故事往往也围绕着这一地点展开，较为适用于某一地点中发生的大型事件报道或群体事件报道。请看下面这则深度报道的开头。

"制枪村"的二十年：如何走出罪与穷（节选）

过去二十年，发生在石花村最大的事，就是因造枪贩枪死了几个人。一人被执行死刑，一人保外就医期间病死，一人出狱后病死，还有一人造枪时被外村同伙打死。

他们都是"涉枪"人员，只需一台手摇小车床，一台电焊机，一把锉刀，就能造出与制式手枪功能相近的"黑枪"，成本不过几百元。

公安机关打击最严厉时，石花村出手一支"黑枪"的价格也没超过2000元，几经转手卖到外省，终端售价可达万元。

这个位于贵州松桃县东北部的小山村，与湖南、重庆交界，交通不便，有山间小路与湖南湘西州、重庆秀山县相连，三地交界处皆为苗寨。

松桃的枪患一度达到"猖獗"的程度。2001年4月开始，公安部在全国范围内集中处理了六十余万支"黑枪"，来源主要是青海化隆县和贵州松桃县，这两个地方被媒体称为中国两大地下"黑枪"基地。

作为松桃枪患最严重的村寨之一,石花村一度被形容为"几乎家家户户是兵工厂",在2001年那次"治爆缉枪"行动中,多人落网。(扫码查看全文)

资料来源:https://www.infzm.com/contents/231405? source=131.

"制枪村"的二十年:如何走出罪与穷

这篇深度报道以石花村这一地点作为新闻的开头,引出了石花村的地理位置以及过去在这里发生的事件,并在整篇文章中分为四个层次讲述了石花村过去的贫困与无奈和现在脱贫后的幸福生活。以石花村的今昔变化作为对比,展现出了贫困带给人们的危害和脱贫攻坚战的必要性。

(四)从提问开始

在深度报道开头中向受众提出一系列问题,往往能够引起受众的好奇心,驱使受众在后续的文章中搜索答案。但需要注意的是,在文章开头处所抛出的问题,必须与文章的中心主题相契合,必须是具有代表性的问题,应避免出现提问与后文内容不符的现象。请看下面这则深度报道的开头。

"学习困难"治得好么?(节选)

南京市儿童医院在2021年2月开设了"学习困难"门诊。引起我好奇的是:"学习困难"真的是一种病吗?这样一个门诊究竟在解决什么问题?

一年过去,我来到门诊,看到了家长们的失态、焦虑和无助。互联网世界一次又一次爆发的关于教育焦虑的讨论在门诊有了更具体的模样。(扫码查看全文)

资料来源:https://weibo.com/ttarticle/p/show? id=2309404757487650997087.

"学习困难"治得好么?

在这篇深度报道中,记者关注到了南京儿童医院开设的"学习困难"门诊,并由此代表受众提出了两个最为关注的问题,即学习困难真的是一种病吗? 以及这个门诊在解决什么问题? 在后续的文章中,新闻记者通过故事讲述和采访观察对于开头提出的两个问题进行解答,并由此引出了关于种种教育问题的讨论,引发受众深思。

(五)从结论开始

以结论作为深度报道的开头,是一种常见的开门见山形式,即把报道中最重要的结论放在开头,类似于消息写作的倒金字塔结构,但这种开头形式容易让受众在知道结论后就放弃阅读后文内容,所以在写作过程中要将结论写得精彩、生动。请看下面这则深度报道的开头。

让老百姓的生活充满阳光
——南昌市西湖区社区治理和服务创新的观察与思考(节选)

"春之孕育、夏之勃发、秋之成熟、冬之升华"。在三年多的时空坐标里,从总体布局的"大写意",到精致细腻的"工笔画",南昌市西湖区一步一个脚印,坚持完善"党建引领、政府负责、社会协同、公众参与、法治保障"的社会治理体制,牢牢把握"民事、民议、民决"的原则,初步探索出一条共建共治共享的社区治理和服务创新的新路径。(扫码查看全文)

资料来源:https://www.jxcn.cn/system/2019/05/05/017482747.shtml.

让老百姓的生活充满阳光——南昌市西湖区社区治理和服务创新的观察与思考

这则深度报道的开头部分开门见山地指出了南昌市西湖区探索出了一条共建、共治、共享的社区治理和服务创新的新路径,但是这个新路径如何探索和实施就需要受众在正文中寻找答案。这个开头能够让受众快速把握文章的主要内容,并为受众指明阅读的方向。

三、深度报道主体

尽管深度报道的开头是最吸引受众、最需要精心设计的部分,但深度报道的主体承载了文章中最重要和最核心的部分,要想在大篇幅的主体中持续地吸引受众,必须在其中有高潮、有起伏、有冲突、有悬念,通过各种材料的穿插组合、各种表达方式的变换,让受众能够饱含兴趣地读完整篇。作为初学者,可以从以下几个方法入手建构深度报道的主体结构。

(一)依关键信息搭建主体结构

依据关键信息搭建结构是通过对报道内容的提炼,将内容相近的素材放在同一小节中并凝练出一个副标题,让受众看到副标题就知道在这一节中重点讲述的内容。这种写作结构主要适用于一些调查性报道,在写作中将事件依照不同角度和不同侧面分成多个部分,并划分小节,在各个小节表达清楚后,文章的中心主题就能够得到凸显。同时能够帮助受众梳理思路,快速抓到事件的关键和核心。

案件频发,源于不设防(节选)

2019年农历正月,年味儿逐渐散去,从黑龙江省人防办主任岗位上退下来没两年的武伟在小区里散步,他看上去心事重重。这时两位同志上前跟他打招呼。双方眼神对接的那刻,武伟就知道:该来的还是来了。

武伟被黑龙江省纪委监委留置半个月后,哈尔滨市人防办原主任肖文东被立案审查调查。

省人防办原主任和省会城市人防办原主任两个一把手先后落马,引发黑龙江省人防系统震动。

截至2019年12月25日,黑龙江省各级纪委监委共处置人防系统问题线索356件,立案审查调查219件,给予党纪政务处分208人,移送司法机关追究刑事责任32人。全省13个市(地)25名人防办主任、副主任被立案审查调查。

副标题1:冷门岗位揽钱手段五花八门

……

副标题2:腐败,不止从一处开始

……

副标题3:什么样的土壤在为腐败提供温床(扫码查看全文)

资料来源:http://www.moj.gov.cn/pub/sfbgw/jgsz/gjjwzsfbjjz/zyzsfbjjzyajs/201912/t20191227_182938.html.

案件频发,源于不设防

在这则深度报道的主体中,新闻记者依照关键信息将内容分成了三个部分,在第一部分"冷门岗位揽钱手段五花八门"中讲述了时任黑龙江省人防办主任武伟过去的腐败细节;在第二部分"腐败,不止从一处开始"中讲述了整个黑龙江人防系统的腐败情况;在第三部分"什么样的土壤在为腐败提供温床"中讲述了这种腐败现象存在的原因。通过这三个部分的有机衔接,真实客观地反映了人防系统存在的腐败现象,清晰地呈现了少数人在面对利益、面对围猎时的错误选择及最终堕落的结局,为广大领导干部敲响了警钟。

(二)依时空顺序搭建主体结构

深度报道的主体部分较长,除了按照关键信息搭建结构外,也可以按照时空顺序搭建结构,让文章的逻辑性和可读性更强。这种主体的写作方法适用于故事性较强的新闻事件,按照事件发展的时间顺序进行层层梳理,能够帮助受众建立起清晰的逻辑关系,也有助于记者清晰地表达思路。

例如第三十二届中国新闻奖获奖作品,来自于中国青年报的《生死五号线》就是按照时空顺序讲述了2021年郑州"7·20"特大暴雨灾害事故的始末,在重大突发事件中,充分回应了社会关切。

生死五号线(节选)

郑州地铁5号线是这个城市最长的地铁线。它在郑州地图的中间圈出一块近似长方形的区域,东侧多是工作单位密集的地方,西侧是住宅区,中间有辽阔的CBD。人流潮汐般日复一日地在这里轮转。7月20日下班时分,这种日常流动在长方形的西北角停滞了。因为一场暴雨,500名乘客被困5号线。

7月21日凌晨4时,悲伤的消息传来,12名乘客死于这座现代城市的地下交通工具中,另有5人受伤。郑州地铁网站首页呈黑白色。

乘客轮流举起陌生人的孩子

直到出公司前,成杰都觉得这只是一场"正常的大雨"。7月20日下午,成杰坐在东区龙子湖商圈的办公楼里往下看,道路还没有积水。上午同事群里还在讨论巩义、荥阳的雨情,"那时候我们还在为他们操心,根本没想到郑州市区会有什么影响"。

……

20日下午,李静从5号线的中央商务区上车,准备回家。也许是因为雨天,地铁上的人不如往常多。更多的异常开始出现,她和1号线上的成杰,都描述了列车的走走停停。

……

21时,窗外的水足足有一人高,下沉的后半截车厢内部,水已到顶,人们聚集在前三节车厢,水追上了脖子。氧气越来越少,李静看到周围人开始发抖、大喘气、干呕。车厢里还有孕妇、老人和孩子。

……

李静的手机还剩不到30%的电量,她关闭了所有程序,只用微信给家人朋友发信息。她不敢告诉父母,只联系了表哥表姐。21时之前,她还拜托他们联系救援,但随着水位越涨越高,她开始交代身后事,还把社交账号和密码发给了同学。

……

后来的信息显示,郑州市消防救援支队指挥中心于20日18时许接到乘客被困的报警,随即紧急调拨救援人员赶到现场。现场的救援并不容易,因隧道内部分检修道路已无法通行,消防人员用救援绳索搭建绳桥引导群众转移。

……

20日傍晚,危机不止在地铁5号线出现。18时,成杰乘坐的1号线在绿城广场站停车,所有人都被要求下车。直到次日凌晨5时,他才真正走出地铁站。这位都市白领在站台上度过了暴雨的夏夜。

生死五号线

……

全线停运前,15:40到17:58的两个小时里,郑州地铁陆续发布了20条微博,起初是部分出入口临时关闭,后来是整个站暂停运营。(扫码查看全文)

资料来源:http://www.news.cn/zgjx/2022-11/01/c_1310667776_2.htm.

(三)依因果关系搭建主体结构

因果关系作为一种逻辑关系也可以应用到深度报道主体的建构中,这种写作结构通常与前文所述的结论式开头相对应,即在开头处首先交代事件的结果或结论,后在主体中分析原因。按照这种因果关系对新闻事件展开叙述,将事实层层剥开展现,有利于受众接受。

继续以《江西日报》的《让老百姓的生活充满阳光——南昌市西湖区社区治理和服务创新的观察与思考》为例。在文章开头处,记者首先交代了"南昌市西湖区探索出了一条共建、共治、共享的社区治理和服务创新的新路径"的结果,后在主体中分成三个小节分析取得这种成就的原因,更好地呼应文章的开头。

让老百姓的生活充满阳光
——南昌市西湖区社区治理和服务创新的观察与思考(节选)

副标题1:
从"没人管"到"有人管",让党的旗帜在老百姓心中高高飘扬
副标题2:
从"要我做"到"我要做",让共建共治共享给老百姓带来获得感
副标题3:
从"有品位"到"有温度",让社区文化照亮老百姓的幸福生活

资料来源:https://www.jxcn.cn/system/2019/05/05/017482747.shtml.

四、深度报道结尾

深度报道的结尾同消息一样,都是文章最后的收尾部分,但是与消息不同,深度报道的篇幅较长、头绪较多,所以在结尾写作时会更加困难,很多初学者,易陷入"歌颂式"结尾的误区。另外,由于深度报道中所反映的都是社会中存在的问题和现象,所以更需要一个好的结尾来表明文章的主题倾向,其结尾存在的意义更大,需要新闻记者倾注大量的心血进行创作。以下是几类常见的结尾形式,可以帮助初学者快速收尾。

(一)总结式结尾

总结式结尾是深度报道中最常见、最简单的结尾形式。这种结尾往往将整篇报道的

内容进行汇总,并强化文章主旨,让受众能够对新闻事件有更加深度的了解和认知,也更加清晰地掌握报道中所隐含的暗线。值得一提的是,这种结尾形式应该简单明了地呼应主题,切忌长篇大论。例如下面一篇深度报道的结尾,就是用一句话的形式总结沈阳市沈河区中医院中医火爆的原因,点名了文章中所传递的暗线,即这家中医院门口排长队是因为中医的认真与坚守。

"煎饼果子铺式"的中医院,为何半夜就排起挂号长队

"煎饼果子铺式"的中医院,为何半夜就排起挂号长队(节选)

(结尾)专做中医事、甘当中医人、守住中医味,或许就是这家中医院"不怕巷子深",红火、爆满的秘密。(扫码查看全文)

资料来源:http://www.news.cn/2022-04/14/c_1128557858.htm.

(二)建议式结尾

深度报道承担着解释分析事件、为受众提供未来行动方向的意义,所以在很多深度报道中揭示过事件的本质和影响后,都以某个建议作为结尾,为受众提供行动指南。这类结尾多适用于调查性报道,作用在于敲响警钟,指明正确方向。例如下面一则深度报道,揭示了当前社会上存在的虚假网贷现象,并以建议式结尾为广大群众和各App商店提出了建议和意见。

虚假网贷App调查:号称"低息贷款",仿冒金融平台

虚假网贷App调查:号称"低息贷款",仿冒金融平台(节选)

(结尾)国家网信办有关负责同志指出,诈骗分子仿冒投资平台诱导欺诈网民,让网民遭受严重的财产损失,还可能带来个人信息泄露,应引起足够关注。广大群众需通过官方正规渠道下载App;出现非官方客服联系的情况,要注意核查对方身份,切勿进行转账操作。App商店等平台应加强对可供下载App的安全性审核,防止虚假App浑水摸鱼,坑害广大网民。(扫码查看全文)

资料来源:http://m.news.cn/2022-07/06/c_1128807836.htm.

(三)深思式结尾

深思式结尾打破了以往的总结式结尾,向受众提出问题或者留下思考的豁口,让受众在读完深度报道后能够对事件有自己的思考。这类结尾适用于一些重大的新闻事件,而且这类事件往往涉及国家或民众的利益,目前并没有得到解决或落实,记者不方便对事件下结论,所以在最后提出问题或抛出思考的豁口,留给受众去思考和判断。例如下面一则深度报道《岛内网友质疑:这是"跪舔"!》在文章末尾处根据前文所提及的材料抛出一个引人深思的问题,为受众留有充足的思考与想象的空间。

(结尾)如果这是事实,绿营之后的日子是不是更加惶惶不可终日?

资料来源:http://finance.sina.com.cn/world/gjcj/2022-07-13/doc-imizirav3234458.shtml.

总之,无论哪种形式的结尾,都应该经过精心思考,避免空洞的议论和点评,要通过结尾对整篇文章的思路进行梳理与总结,起到画龙点睛、引人深思、点明主旨的作用。

第三节 深度报道的叙事

一篇成功的深度报道不仅要有完整的行文结构和明确的中心主旨,还要有跌宕起伏的情节和严密的逻辑结构。这就对新闻记者提出了两个层面的要求,表层的要求是能够搭建起符合逻辑的开头、主体和结尾,使行文结构具有合理性;而更深层次的要求是能够在行文中建构出相应的叙事结构,将文章的各个部分紧密地串联在一起,并找准深度报道的叙事角度、叙事逻辑和叙事技巧等,尝试用更加吸引人的叙事方式,还原新闻事件原貌。

一、深度报道的叙事核心和构成要件

"叙事"是一种文学写作用语,是指以散文或诗的形式叙述一个或多个真实的或虚构的事件,并按照一定次序把相关事件在话语之中组织成一个前后连贯的事件系列。[①] 新闻写作的叙事也是以此为蓝本进行的,但是要求叙述的事件和内容必须是真实的、客观存在的。

在众多新闻体裁中,对叙事应用最多的要属深度报道,深度报道由于篇幅更长,也更看重深层次地挖掘新闻事件的本质和规律,所以必须要把"讲故事"作为其核心竞争要件,通过跌宕起伏的情节和新颖动人的叙事方式还原事件的本来面目,力求在满足受众信息需求的基础上,通过思想认知和情感共鸣吸引受众的注意和阅读。[②]

既然深度报道的叙事核心是"讲故事",而如何讲出有效的、有趣的、有用的故事,需要更进一步地思考叙事角度、叙事结构和叙事技巧这三个构成要件,并尝试通过三个构成要件更好地创新深度报道的叙事模式。

二、深度报道叙事者的角度选择

深度报道在叙事的过程中要想更好地讲故事,可以从叙事者的角度创新文章的叙事模式。叙事者是新闻报道中讲述新闻事件的人物,在传统的消息和通讯中,叙事者通常是记者以旁观者的身份出现,很少像文学作品一样出现第一人称和第二人称的叙述,而深度报道作为最接近文学作品的一种新闻写作体裁,其叙事者的角度可以在保证真实性的前提下进行多元选择。

(一)记者角度叙事

从记者的角度叙事即新闻记者通过采访和观察,站在旁观者或见证者的角度,对新闻

---

① 唐胜伟.叙事[M].广东:暨南大学出版社,2010:10-11.
② 唐铮.深度报道[M].北京:中国人民大学出版社,2021:217-219.

事件进行全方位的展现,并在文章中充当叙事的主角。这种叙事角度在深度报道中出现的频率较高,例如上文中的案例《"学习困难"治得好么?》,就是从记者的亲身体验、采访和感受出发进行叙事。

(二)当事人角度叙事

为了增强文章的可信性和可读性,深度报道往往会采用新闻事件当事人的口吻讲述故事,同时以第一人称的角度叙述事件的来龙去脉,让受众可以了解到新闻当事人的内心活动,使文章更加生动可感。例如下面一则深度报道就是以一位独生女的口述展开叙事,以第一人称的形式展现了当代独生子女生活的无奈,从中反映出共性的社会问题,引发读者深思。

独生子女自述:父母生病后,我不再向往婚姻了(节选)

父母生病后,我开始意识到身为独生子女的各种困难。我的压力很大,既要照顾父母,面对他们的疾病和情绪,又要锻炼身体,以防自己出了问题,家里没有了支柱。我不再向往婚姻,我扛起来父母的世界已经很累,不想再去扛起来未来对象的父母。我买了许多保险,希望以此能够给父母还有自己一些保障。

父母生病了

我是在 2016 年第一次感受到身为独生子女的压力的,当时我 30 岁,工作到第 6 个年头。大学时我读的景观设计专业,目前在一家事业单位做到了管理岗,收入比较稳定,工作也不是很忙。我本身就是北京人,是独生女,父母都是工人,现在已经退休了,我们生活压力不大。我爸妈关系很好,一直很恩爱,对我也很开明。我家只有一套房子,从小到大,我一直和父母住在一起,生活得很幸福。美中不足的就是我的婚恋问题,前几年母亲一直催我,让我赶紧找对象结婚,这个事情时不时就会成为我家讨论的焦点,让我有点烦。

但 2016 年,父亲生病的事情改变了我们既有的生活轨迹。我记得是 10 月底的一天,在公司上班的我突然接到母亲的电话,她语气很急,说我父亲突发急性心肌梗死需要住院手术。我接了电话就往医院赶,从单位到医院只要 15 分钟,我一直在出租车上哭,脑海里不断浮现各种可怕的后果,无法控制。我那时瞬间觉得,作为我的大树的父母已经老了,我需要迅速成为他们的庇护所。(扫码查看全文)

独生子女自述:父母生病后,我不再向往婚姻了

资料来源:https://www.lifeweek.com.cn/article/158741.

(三)知情人角度叙事

以知情角度进行叙事也是深度报道的创新叙事角度之一,由于知情人对新闻事件的发生、发展过程较为了解,从他们的视角出发进行深度报道的叙事,能够尽可能真实、全面地还原事实真相。例如下面一则报道《政府"一地多卖",明星企业"雄鹰"断翅》就是在事件当事人(雄鹰公司法人龚兆汉)入狱的情况下,由事件知情人(雄鹰公司股东龚细长)站在自身的视角对新闻事件进行的叙述,属于典型的知情人角度叙事。

政府"一地多卖",明星企业"雄鹰"断翅(节选)

雄鹰公司在安义县"落户",要追溯到 23 年前。

"当时有老家的领导来做工作,希望我们支援家乡",雄鹰公司的股东龚细长回忆说,成立雄鹰公司前,他与弟弟龚兆汉在南昌梅岭化工有限公司经营工业洗涤产品。1998 年开始,安义县领导劝他们回乡创业,他们才回到老家,并于 1999 年 3 月 12 日成立南昌市雄鹰化工有限公司,即雄鹰旗下首家公司,生产、销售化工产品。

在此之前,全县的民营企业只有两三家,且在龚细长看来都是"半死不活"的状态。龚细长介绍,雄鹰成立后一度是当地经营最好的企业,"我弟弟还买了全县第一部红旗牌小轿车"。

2004 年,为把企业规模做大,他们跨行业成立了江西雄鹰实业有限公司,开始做铝合金型材的生产与销售;之后又成立了雄鹰铝业股份有限公司,开展研发工作,设立了院士工作站和博士后科研工作站。这两家公司同属雄鹰,法人均为龚兆汉。资料显示,自雄鹰成立以来,所获专利达 465 项,还凭借专利获江西省科技创新企业、高新技术企业称号,多次获得南昌市科技进步奖。(扫码查看全文)

政府"一地多卖",明星企业"雄鹰"断翅

资料来源:https://weibo.com/ttarticle/p/show?id=2309404765812899840355.

三、深度报道的叙事结构选择

叙事结构是新闻记者对于新闻素材的组织安排,是新闻文本和新闻事件在文章中的呈现顺序,也是新闻记者建构文章逻辑的关键。对于深度报道来说,巧妙的叙事结构能够让文章脉络更加清晰,主题更加突出,增加受众阅读的流畅度,具体而言,深度报道常用的叙事结构有以下几种。

(一)顺叙结构

顺叙结构的写作与新闻事件发生的时间顺序大体一致,即按照事件发生、发展、高潮、结局的自然顺序完成叙述,写作起来较为容易,也符合受众的接受规律,是深度报道中最为传统,也最为常用的叙事结构。在顺叙结构中,新闻记者以时间为线索,按照时间顺序安排行文结构,往往能够让文章具有清晰的脉络,但是这种结构在写作上难以制造爆点,文章整体较为平淡,故事性较差,所以多适用于时间跨度较长的新闻事件,或新闻事件本身极具价值,无须做过多修饰就能足够地吸引受众的兴趣。

(二)倒叙结构

由于深度报道的篇幅较长,较为平淡的顺序结构难以吸引受众,所以还需要不断地创新叙事结构,其中倒叙就是常见的创新叙事结构之一。倒叙,即颠倒了事件实际的发生顺序,从某一事件的当前状态向前追溯。倒叙结构通常把新闻的结局或者当下的情况放在前面,在开头处牢牢抓住受众的好奇心,再一步步地引导受众关注事件的起因和经过。这种叙事结构以结果为导向,适用于悬念感较强的新闻事件,但是对于新闻记者的写作功力要求较高,结构安排不合理容易导致逻辑上的混乱。请看下面这则案例。

疫情下的武汉救护车司机:与死神赛跑(节选)

2 月 3 日,10 辆配备了便携式呼吸机、氧气瓶等医疗设备的负压救护车搭载着首批重症患者陆续抵达火神山医院。

32岁的陆遥是其中一辆救护车的司机,夜幕降临时,他在医院门口和同事拍了合影。照片中的他左手握拳举在胸前,救护车停在身后,车顶的蓝色警示灯闪闪发光。

过去的几十天里,这些救护车灯日日夜夜闪烁在武汉的街道上,连接病患和医院。

56岁的向阳也是一位救护车司机。天命之年,依然工作在救援一线。他说,见遍生死,有时候也无能为力,只能一趟一趟出车,跑在路上,把自己的工作做好。

他把自己的社交媒体主页背景换成了站在救护车前的照片,资料栏写着:一辈子都在与死神赛跑。

24小时踩紧油门

1月31日凌晨0点37分,值班室的求救铃响起,向阳接到急救中心调度员的电话,要到江汉区接一位新冠肺炎的疑似病例。

迅速通知医护人员,穿好防护服、隔离服,戴好口罩、护目镜等,他们在4分钟内出发了。

一名医生,一名护士,一名司机,两名担架员,组成一个急救单元组,是每辆救护车上的标配。为了节省时间,向求救方核实地址、询问病情等工作,全在路上进行。(扫码查看全文)

疫情下的武汉救护车司机:与死神赛跑

资料来源:https://www.bjnews.com.cn/detail/158081015415347.html。

这篇深度报道是典型的倒叙结构,文章从武汉疫情期间一位救护车司机的当前情况出发,交代了人物背景和最关键的信息,引发受众关注,再一步步地回顾其在过去几十天的工作中所发生的细节事件,逐步深入地刻画人物形象,让受众感知到新冠肺炎期间无名英雄的默默付出,巩固了受众战胜疫情的决心和信心。

(三)预叙结构

预叙结构是在深度报道的开头对即将讲述的新闻事件提出一个预设或预期,以提示文章的主要内容,在后文中按照开头预设的内容进一步展开叙述,与开头相呼应。这种结构同样颠倒了事件发生的时间顺序,让受众先知道事件的内幕和结果,但却不知道事件是如何发生的,能够充分调动受众的兴趣,进而想要了解有关事件的信息。[①] 预叙结构主要用于新闻价值较小、关注范围较窄的新闻事件,主要通过记者营造的悬念和氛围来吸引受众。请看下面这则案例。

卖断货,被盗版!"马踏飞燕"文创团队发声(节选)

近日,甘肃省博物馆"神马来了"IP系列下的铜奔马文创产品在网络爆红,相关产品销售一空,掀起了大众的讨论热潮。

总台央广中国之声《新闻有观点》联系到甘肃省博物馆文创设计团队,挖掘"马踏飞燕"玩偶走红背后的故事。

"铜奔马文物正面也是咧着嘴 希望你看着它就想笑"

据了解,玩偶"马踏飞燕"是根据甘肃省博物馆的镇馆之宝铜奔马开发的。甘肃省博

---

① 唐铮.深度报道[M].北京:中国人民大学出版社,2021:226-227.

物馆文创中心负责人崔又心称之前完全没想到会这么火。"确实很突然,也很惊喜。"

崔又心表示,铜奔马不仅仅是文物,也是中国旅游的标志。"大家之前熟悉的是铜奔马的侧面,其实正面看,它就是咧着嘴的,嘴还有点歪。我们设计时突出了它正面的形象,放大它的头和嘴的倾斜度,并且增加了牙齿,让它整体给人一种调皮可爱、非常萌的感觉,你看着它就会想笑! 同时我们给马和飞燕增加了互动,让它俩看起来就像一对好朋友。"

大约从2015年起,甘肃省博物馆致力于文创产品的开发和落地,"神马来了"只是众多IP中的一个。(扫码查看全文)

资料来源:https://baijiahao.baidu.com/s? id = 17375978541079941072&wfr = spider&for=pc.

卖断货,被盗版!"马踏飞燕"文创团队发声

在这篇深度报道的开头中交代了甘肃省博物馆"神马来了"IP系列下的铜奔马文创产品爆红的预期,让受众在阅读之后产生一系列的问题,即到底什么是马踏飞燕?它为什么会在网络上爆火?之后新闻记者在文章中分为"铜奔马文物正面也是咧着嘴的 希望你看着它就想笑""博物馆文创最难的是创意 一件文创需要修改5到6次""专家:文创消费不分年龄 文创发展大有可为"几个部分对于开头处用户的疑惑进行依次解答,满足受众的求知欲。

四、深度报道的叙事技巧应用

虽然深度报道所传递的内容较为严肃,多以维护社会公共利益为己任,但是为了增强深度报道的可读性,还要讲求一定的叙事方法和技巧,才能让深度报道的内容被更多的人关注,从而引发更为广泛的社会关注度,加速问题的解决。作为初学者,在深度报道叙事的过程中要尝试抓住典型细节、主动预设悬念并突出营造画面,创造出更加吸引受众的深度报道作品。

(一)抓住典型细节

正如前文所述,通讯和特写两种文体都要重视细节的描述,而深度报道作为一种更加注重深度的新闻体裁,细节显得更为弥足珍贵。但是需要注意的是,深度报道并不是把所有的细节都视为叙述重点,新闻记者要善于抓住典型细节,选择能够打动人心,能够以小见大,能够展现事件宏观情况的细节。例如在深度报道中想要展现某类工作的辛苦,可以选择典型人物在工作中的细节进行展现,关于该人物生活细节和外貌描述就不是文章中要展现的细节。

例如在《金陵晚报》的一篇深度报道《一个农民导游成为网红的背后》就选择了这样的一段典型细节讲述桂林的一位网红刘涛的故事,从而更深层次地表达了刘涛生活的不易,让受众对新闻人物有了更加深刻的理解。

一个桂林农民导游不屈不挠的转型路(节选)

1993年初中毕业后,刘涛拿到了一所中专学校的录取通知书,但考虑到母亲要独自抚养家中5个兄弟姐妹,他辍学了。这个少年没有放弃对英语的热爱,每天放牛时把牛赶上山后,他就会在一旁的草地上看书,下雨天,他就躲到岩洞里学习。遇到不懂的英文单词和句子,他会骑着自行车,到离

一个桂林农民导游不屈不挠的转型路

家 10 公里的阳朔县城找外国人请教。(扫码查看全文)

资料来源:https://www.workercn.cn/c/2022-07-07/7004805.shtml。

(二)主动预设悬念

如果一篇小说的情节平淡无味,会让读者在阅读的过程中昏昏欲睡,深度报道也是一样,虽然其强调真实性和准确性,但是在写作的过程中如果毫无波澜,也不会吸引受众阅读。为了摆脱平淡,新闻记者在深度报道写作中可以通过主动预设悬念的方式,对新闻事件做悬而未决和结局难料的安排,以引起受众想要继续阅读下去的想法和冲动,让新闻事实以更具吸引力的形式呈现。

新闻记者对于深度报道的悬念预设主要通过两个步骤完成,分别是设置悬念和释放悬念。设置悬念是在文章的关键部分,突出或提示还不明确的人物、事件或物品,从而激发受众的好奇与关注;释放悬念是在事件叙述的最后或文章的末尾交代事件真相,解决相应的矛盾,从而消除受众的疑虑。设置悬念和释放悬念两者必须要组成一个完整的闭环,单独出现会引发受众的疑惑和不解。另外需要注意的是,悬念的设定要合情合理,符合受众的接受规律,生硬的预设会取得适得其反的效果。

(三)营造画面

营造画面主要针对文字深度报道,即通过对于人物情态、身材、表情、情绪、动作和事物的色彩、味道、形状等描述,将读者引入新闻事件的场景中,让受众看到文字就仿佛看到画面,有一种置身于现场亲身经历新闻事件的感受,从而激发受众独立的判断与思考。这就要求新闻记者在深度报道的采访中全方位地调动自己的视觉、嗅觉、味觉、听觉、感觉,并在写作中进行详细而深入的描述,就会让报道显得更为真实和鲜活。

例如,前文中已经出现的案例《父亲留在了火神山》,新闻记者通过对于主人公蔡雅卿祭拜父亲的场景描述,将人物动作、语言、心理和现场的场景分别进行了细致的描述,让受众在阅读文章的过程中真切地感受到了主人公内心的悲伤,并在头脑中能够"脑补"出现场的场景。

父亲留在了火神山(节选)

疫情期间,她没有买到鲜花。社区工作人员帮忙买了一包纸钱和香烛,开车带她去了墓地。

蔡雅卿抱着骨灰盒,轻轻放进墓穴,摆正,盖上盖子。工人用混凝土暂时砌出一个斜坡,给墓碑留好位置。她暂时找不到人刻碑。

她点了蜡烛,烧了纸钱,突然下起很大的雨。上午 10 点左右她出门时,还是晴天。她慌忙从包里找出一个购物袋,盖在未晾干的混凝土上。

本来,她一直忍着眼泪,"我爸享福去了,不遭罪了,我不应该再哭哭啼啼的,不好,应该让我爸觉得,我会好好活着。"

社区工作人员对她说:"雨下大了,你磕 3 个头,我们把你送回去。"

蔡雅卿跪下磕了 3 个头,说了一句"爸爸,对不起",泪水绷不住了,随着雨水流下,"我感觉老天爷都在哭"。

资料来源:https://news.youth.cn/hotnews_41880/202105/t20210529_12980610.htm。

本章小结

深度报道侧重于报道新闻事件的背景、原因、脉络、影响和发展方向,着重更深层次地挖掘新闻事件的本质和规律,具有吸引受众阅读、提高媒体竞争力、促进社会发展的多重作用,是各类新闻媒介中不可或缺的新闻体裁。而深度报道的写作也是相对困难的,要求新闻记者必须具备素材收集、结构梳理、逻辑架构等多种能力。通过本章的学习,首先,要理解深度报道的定义、特点与作用,对深度报道有初步的理解和认知;其次,要掌握深度报道的写作流程和方法,并能够根据新闻素材选择合理的开头、主体和结尾方式;最后,要掌握深度报道的叙事结构的技巧,让文章结构更加合理,并通过案例分析与实践,创作出完整可读的深度报道。

笔落惊风雨,诗成泣鬼神,深度报道的写作需要新闻记者有清晰的逻辑、流畅的文笔和深谋远虑的眼光,要多看多练多经历,才能写出合格的深度报道。

思考与练习

1. 思考深度报道的产生原因与存在价值。
2. 思考深度报道中采访与写作的关系。
3. 思考应该如何做好深度报道的叙事。
4. 搜集各个媒体中的深度报道,尝试分析传统媒体与新媒体中深度报道的区别。
5. 在采访的基础上,尝试写出一篇1000字以上的深度报道。

第十章 融合新闻报道

■ 本章导言

2018年，第二十八届中国新闻奖的评选首次增加了融合新闻奖项，包含短视频新闻、移动直播、新媒体创意互动、新媒体报道界面、新媒体品牌栏目、融合创新等，由此可以看出融合新闻报道在当今新闻界中的地位正在逐渐上升。融合新闻以互联网为依托，并以其自身全时、开放、互动等特点，逐步在当今的新闻报道中占据了优势地位，所以在掌握了几种基本的新闻体裁写作后，还应该与时俱进，借助互联网的新形态、新技术，掌握融合新闻报道的方法。本章将按照融合新闻报道的定义、特点、类型与创作技巧的顺序，通过多样的案例讲解如何做好融合新闻报道。

■ 学习目标

1. 理解融合新闻报道的概念和特点。
2. 理解融合新闻报道的原则与要求。
3. 掌握融合报道的样态类型。
4. 掌握融合报道的创作技巧。
5. 能够将融合新闻报道理论应用于实践，具备融合新闻报道的创作能力。

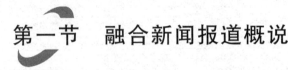

第一节 融合新闻报道概说

互联网和新媒体技术的快速发展所催生的融合新闻报道，不仅对传统新闻业的报道内容、呈现方式、生产流程、发布渠道等提出新的挑战，也改变了原有的媒介生态格局，加速了传统新闻业的创新发展，更好地满足受众需求。在学习媒介融合报道之前，首先要对其基本概念、特点和技术形态有一定的了解与掌握，才能更好地完成融合新闻创作。

第十章 融合新闻报道

一、融合报道的特点与定义

近年来,"融合报道"逐渐成为国内外新闻界的热点词汇,但是关于其定义也并没有统一的规范,不过对于其呈现形态却有着统一的认知。首先,尝试从特点中总结融合报道的定义。

(一)以互联网为依托

传统的报道形式往往依托报纸、广播、电视这三类媒介形式呈现,而融合报道是近年来依托互联网的快速发展所诞生的新兴传播模式,"即时通讯""大数据""云计算"等技术,深刻地改变了人们的生活方式,也为融合新闻作品的传播提供了更多的可行性和技术支持,同时也为融合报道提供了多元化的生产、流通、反馈和销售渠道。[①]

尤其随着近年来手机的发展和5G技术的普及,即时通讯和互联网的发展让融合新闻报道的前景异常广阔。例如,在新华社《巅峰见证——2020珠峰高程登顶测量》的报道中,采用了"5G+4K+VR"的直播模式,通过新华社自主研发的MESH传输系统和两路5G信号,共三条通道用于直播,同时使用多套高清摄像头和新型VR设备,开发定制了"珠峰智能采访App",配备了即拍即传手机、VR设备和微单相机,形成了周密的技术保障方案,最终圆满完成了意义重大的珠峰直播,体现出了互联网技术对于融合新闻报道的重要性(图10-1)。[②]

链接:巅峰见证——2020珠峰高程登顶测量

图10-1 融合新闻报道《巅峰见证——2020珠峰高程登顶测量》截图

---

① 雷跃捷,何晓菡,古丽尼歌尔·伊力哈木."融合报道"的概念、内涵、特征及发展趋势——基于中国新闻奖与普利策新闻奖"融合报道"作品的比较分析[J].新闻战线,2019(13).
② http://www.zgjx.cn/2021-10/26/c_1310270100.htm.

（二）以互动性为标尺

交互式体验是传统的新闻报道所不能实现的，也是融合新闻报道的标志性特征之一。首先，互动性在融合新闻报道中表现为受众不仅能够"看"新闻，还能够在看的同时动用多种感官"体验"新闻。融合报道更强调为用户服务，重视用户的使用体验。

例如，宁夏日报报业集团"宁夏日报 App"中推出的融合报道作品《"挖"土豆》，以新方式展现了西海固地区关于土豆的脱贫故事，在报道中将音、视、画相结合，依托五张手绘长卷，从五个角度反映西吉的变迁和脱贫轨迹。与此同时，报道中用收集卡牌的游戏模式，增强了交互性和体验感，使受众在浏览过程中，收集到卡牌即可进入下一关，提高受众的阅读兴趣（图 10-2）。①

链接："挖"土豆

图 10-2　融合新闻报道《"挖"土豆》截图

另外，融合新闻报道的互动性还体现在受众的个性选择上。融合报道打破了传统报纸的平面传播和广播电视的线性传播模式，受众可以根据自己的需要和兴趣对内容进行选择性阅读。

例如，湖南广播电视台"芒果云客户端"中推出的融合报道作品《一张照片背后的这七年》，展现了七年来湖南十八洞村发生的翻天覆地的变化。作品极具创新性地从一张七年前的合照入手，通过"照片＋文字＋视频＋音乐"的形式，把 12 户十八洞村村民七年来的生活变化，制作成符合融媒体传播规律的产品，受众点击照片中的人物就可以查看其对应的故事与视频，增强了作品的互动性和可选择性（图 10-3）。②

链接：一张照片背后的这七年

---

① http：//www.zgjx.cn/2021-10/28/c_1310272337.htm.
② http：//www.zgjx.cn/2021-10/25/c_1310257079.htm.

图 10-3　融合新闻报道《一张照片背后的这七年》截图

最后,融合新闻报道的互动性体现在及时的反馈。在这种新兴的报道模式中受众可以参与到新闻报道中,帮助新闻记者补充、完善报道,同时可以与其他用户分享自己的观点与看法。

例如,在新华社的直播报道中均开辟了直播互动板块,让受众在观看直播的过程中,可以随时随地发表自己的观点,参与新闻的现场直播(图 10-4)。

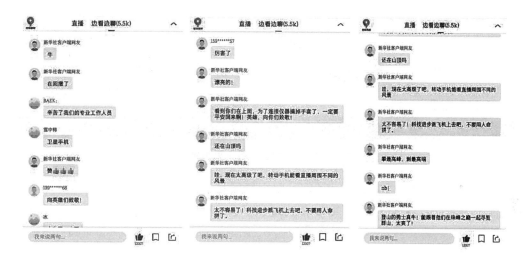

图 10-4　融合新闻报道《巅峰见证——2020 珠峰高程登顶测量》截图

(三)以多样化为标志

截至 2023 年 6 月,我国网民规模已达 10.79 亿,快速增长的网民数量也意味着其更加多样化的信息需求。在这种情况下,就要求新闻媒体改变信息传播模式,并对原有传播资源进行有效的整合与利用,以满足受众多样化、全方位的信息需求,同时这也决定了融合报道必须具有的多样化传播手段与方法。

在当今快节奏的生活下,受众选择新闻的标准在逐渐提高,只有足够吸引受众兴趣的媒体作品才有可能成为爆点。随着时代的发展,当今的融合报道正在不断地创新,将文字、图片、音频、视频、动漫、H5、动图、VR、XR、数据可视化、地图化分析、互动式图表等形式交替或整合运用,使新闻作品呈现出多元效果,这也是融合新闻报道与传统新闻报道最大的区别。

例如，新华报业传媒集团"交汇点新闻客户端"推出的融合新闻报道《听·见小康》，以"H5＋文字＋音频＋视频＋动漫＋交互"的形式呈现了江苏全省13个设区市及江苏对口帮扶五省区的60多个小康故事。作品中采用技术手段，融合了100余个视频、音频，凸显"听"和"见"的特色。紧贴全媒时代用户需求，互动性、体验感强，兼具普及性和趣味性，带给读者审美的愉悦（图10-5）。①

链接：听·见小康

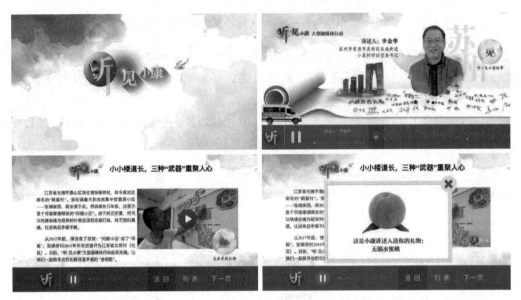

图10-5　融合新闻报道《听·见小康》截图

综上所述，总结融合报道定义如下：融合新闻报道是以互联网为依托，综合运用多样化的传播形态、技术手段和叙事方式，强调互动性和用户体验的一种整合式新闻报道。

二、融合新闻报道的原则与要求

融合新闻报道在当今新闻媒体中的使用频率较高，与传统新闻报道相比，融入了新的方式和新的理念，但是依旧要沿着传统新闻报道的规范进行，在恪守正道的同时，敢于探索新的思想和新的发展方向。具体来讲要坚守真实准确、客观公正、一目了然、引人入胜的基本要求。

（一）真实准确——融合新闻报道的基本要求

无论是传统的新闻报道，还是新形式的融合新闻报道，真实准确都是永恒的生命线。新兴媒体技术的诞生创新了媒体报道的形式，满足了受众多样化的需求，但如果新闻记者对于数字模拟技术、数据新闻技术未能正确使用，或者过度依赖技术而导致缺少深入调查

---

① http://www.zgjx.cn/2021-10/25/c_1310261513.htm。

走访和核实,就会导致其认知的偏差,从而产生虚假新闻,影响受众对于真实生存环境的认知与判断。

面对这种情况,就要求新闻记者在融合新闻报道中要努力学习各种技术形态,对于新兴的媒介技术有全面、准确的认识,不过度依赖数字技术结果,养成深入调查、资料阅查、反复核查的习惯,进一步提高新媒体素养,提高信息的辨别能力,始终绷紧真实准确的神经。

(二)客观公正——融合新闻报道的职业操守

客观公正是传统新闻报道中新闻记者必须坚守的底线之一,但是随着互联网新闻的出现和公民新闻的蓬勃发展,大量主观性强烈的信息纷至沓来,这些信息往往会混淆视听、掩盖真相,使人们不能准确地认知新闻事件的全貌。[①] 而伴随着互联网到来的融合新闻报道,对于客观公正性的追求应该更为强烈,新闻记者必须超越自己的利益需要和兴趣爱好,通过仔细地核实与多元地采访,破解主观性消息,坚守客观公正的立场。

在实际报道中,为了更好地坚守客观公正,新闻记者应该具有底线思维。首先,在思想上必须要秉持开放的态度看待事物,意识到自己可能会出现的偏见,并及时进行纠正;其次,要努力进行深入的调查与访问,使用多方的信息来源,保证报道的客观公正。最后,要不断了解各个行业中的新知识,不断拓宽自己的视野,防止目光短浅带来的错误判断。

(三)一目了然——融合新闻报道的形式要求

融合新闻报道与传统新闻报道的最大区别不仅在于新兴技术手段的应用,还在于形式上的改变与创新。无论以任何形式存在的融合新闻报道都要为内容服务,要能够让受众在多样的形式中能够一眼抓住核心信息,并且留下深刻的印象,这也是由融合新闻报道的特点决定的。

为了做到一目了然,最核心的方法是在融合新闻报道的制作过程中"化繁为简",要能够准确地提炼核心内容,并把其放在突出位置,避免大量的冗余信息干扰受众对于核心信息的把握。另外,要能够运用视觉艺术,通过造型、颜色、字体的突出,展现核心信息,影响受众的视觉感官,使其对核心信息能够留下更加深刻的印象。

(四)引人入胜——融合新闻报道的高阶要求

融合新闻报道除了要做到形式上的一目了然,还要以受众喜闻乐见的形式传递新闻,综合运用音视频、H5、数据新闻、地图新闻、VR、AR 等技术让融合新闻报道更具吸引力,让用户能够对新闻内容提起兴趣。

在实际的报道中,新闻记者要加强对数字媒体技术的挖掘和运用。首先,在报道中要增加图片、图表和视频的使用频率,尽量减少大篇幅的文字叙述。其次,在报道中要增加交互元素,如评论、点赞、转发等,让用户体验到人人互动、人号互动、人机互动的便利性,同时增强用户的参与感。最后,要在报道中增加超链接,让更多的延伸报道和相关报道可以有效地触及用户。

---

① 刘冰.坚守与发展:融合新闻报道原则[J].中国出版,2014(18):3-6.

第二节 融合新闻报道的类型

近些年移动通信技术和互联网的发展,在为融合新闻报道提供新形式的同时,也源源不断地为其注入新的活力,目前业界广泛应用的融合新闻报道形式主要有音视频新闻、H5新闻、数据新闻、地图新闻、交互新闻等,这几类形式可单独使用,也可交替或整合运用,在本节中重点对其独立存在的形式进行介绍,在下一节中将重点阐述其如何交替整合运用。

一、音视频新闻

音视频新闻是融合新闻报道较早期的形态,但却是近年来新闻媒介使用频率最高的一种融合新闻报道形态,国内外知名的新闻媒体均在音视频报道中投入大量的人力、物力和财力。例如人民网、新华社、中央广播电视总台等主流媒体纷纷成立音视频部,并购置大量的音视频采集软件和设备,推动音视频新闻采访报道的专业化和规模化。

(一)音视频新闻的特征

与传统的广播电视新闻相比,音视频新闻具有以下特征。

(1)更加注重画面语言。融合报道中的音视频新闻更加注重用画面说话,用画面讲故事,突出画面的表意作用,[①]同时尽可能多地使用现场的镜头和当事人的采访进行新闻叙事,较少出现主持人和记者播报。

(2)更加注重平实的视角。音视频新闻的呈现区别于传统的广播电视新闻,其更加注重新闻报道视角的平实和贴近性,倾向于呈现原生态的现场。

(3)由横屏向竖屏转变。传统的电视新闻多为横屏呈现,多适用于电视、计算机等大屏观看,而融合报道的音视频新闻多以竖屏的方式出现,更适用于手机观看,增加了观看的便捷性。

(4)由摄像机向手机转变。传统电视报道多使用摄像机进行拍摄,并需要专业化的软件进行剪辑,而音视频新闻可以使用手机进行拍摄和剪辑,并能够进行快速的上传,提高了报道的时效性。

(二)音视频新闻的呈现形式

目前,在融合报道中,音视频新闻的形式以短视频新闻和移动直播为主。

短视频新闻是以300秒以内的短视频的形式,依托社交平台向受众传播新闻的方式。其以"视频+音频+文字解说"的形式,改变了传统新闻媒体的单一性,加快了传播速度、拓宽了传播范围。尤其伴随着短视频新闻在以青年人为主力军的移动视频平台中的流行,使其受众群体进一步扩大(图10-6)。

---

① 陈洋.媒介融合背景下主流媒体音视频新闻的范式建构探析[J].新闻前哨,2020(11).

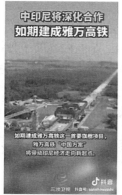

图 10-6　抖音平台短视频新闻截图

移动直播是基于移动终端的实时信息发布与社交互动平台,[①]近年来逐渐成为融合报道的主要形式之一。媒体的移动直播目前主要分为快直播、慢直播和定向直播三种形式。快直播主要针对突发性新闻,记者第一时间赶到现场将现场发生的事件实时传递给受众;慢直播主要强调用户的自主参与和体验,多依靠监控摄像头,将事件的现场实时地传递给用户;定向直播主要是在重大新闻事件发生之前进行精心的策划后进行的直播形式(图 10-7)。

图 10-7　慢直播、定向直播截图

(三)音视频新闻的优势

音视频新闻作为融合新闻报道的主要形式,具有以下优势。

(1)声音和画面所具有的现场感,能够为受众带去直接的视听觉冲击,从而达到引人关注的目的。

(2)音视频新闻零时差的直播,能够让受众第一时间关注到现场情况,满足其对时效性的追求。

(3)音视频新闻通过形象生动的现场画面和声音,辅以介绍现场的直发式语言,能够带动受众的多感官体验,帮助其快速把握和理解新闻。

---

① 顾习习. 新闻客户端的移动直播现状与发展策略研究[D].南昌:江西师范大学,2017.

二、H5 新闻

H5(hyper text markup language 5)是构建 Web 内容的一种语言描述方式,是构建以及呈现互联网内容的一种语言方式,被认为是互联网的核心技术之一。[①] 通俗来讲,H5 是一种能够在移动终端上观看的作品,即一种移动网页,可以呈现网页和文章内容,可以呈现 PPT 类似的动效,可以呈现音视频等融媒体素材,可以像 App 一样交互,甚至可以像游戏一样利用手机传感器引发内容情节的变化。随着技术的不断成熟,使 H5 新闻成为近年来融合新闻报道的主要形式之一。

(一) H5 新闻的特征

相较于文字新闻、音视频新闻等,H5 新闻拥有以下特征。

(1) 融合性。H5 综合了多种媒体形式,可以将文字、图片、音频、视频、动画、特效、网页、超链接等多种元素同时融入一个 H5 当中,并以全新的媒体形式呈现新闻,通过多形式的整合,使 H5 新闻比单纯的媒体资源叠加更具传播效果。

(2) 互动性。H5 新闻突破了传统的线性传播和简单动效,使用户在浏览新闻作品时可以通过拍照、摄像、语音、重力感应、GPS 定位、留言、点赞等互动性行为,使 H5 页面内容发生变化。

(3) 多平台。H5 新闻的呈现形式为链接或二维码形式,可以在网页、App、公众号等多种终端下呈现,是一种可以跨终端、跨平台使用的新闻传播形式。

(二) H5 新闻的呈现形式

目前,H5 新闻的呈现形式多种多样,按照制作的难易程度可以分为图文型、交互型、游戏型三种。

(1) 图文型。图文型是 H5 新闻的初级呈现形式,简单、易懂、易用是其基本特点,这类 H5 新闻往往聚焦于同一主题,以文字、图片的组合为主要呈现内容,同时辅以动效,用户可以通过上下滑动或者左右滑动进行多页切换,快速阅读新闻内容。

(2) 交互型。交互型 H5 新闻将人机交互贯穿于作品全过程,用户可以通过点击、长按、滑动、手势、摇一摇等终端传感来感受和体验新闻,在增强新闻传播的趣味性的同时,使受众由"看"新闻变成"参与"新闻。

例如,在人民日报客户端推出的交互型 H5 新闻《一起冲刺》,以 2020 致敬新征程为主题,展示了在让人民过上好日子的这条路上,付出无数汗水的劳动人民。在向他们致敬的同时,激励人们通过自己的双手创造美好的明天。在这篇 H5 作品中,作者以漫画作为为主要呈现形式,同时融入了点击、滑动、长按等多种终端传感,增强用户的互动感受(图 10-8)。

(3) 游戏型。游戏型 H5 新闻通过将新闻事件或特殊节日进行情景化或剧情化处理后变成游戏,突破了交互型 H5 新闻简单的人机互动模式,将测试问答、挑战记录、照片生

---

① 樊荣,等. H5 交互融媒体作品创作[M]. 北京:中国人民大学出版社,2020:2-3.

第十章 融合新闻报道

图 10-8　H5 融合报道《一起冲刺》截图

成等形式融入 H5 新闻的传播,用户不仅乐于参与,而且能够对新闻事件产生更深层次的认知,对受众起到了潜移默化的影响。①

例如,在 2022 年北京冬奥会期间,央视新闻和央视体育联合推出的游戏型 H5《冬奥奖牌大揭秘》,用户可以选择冰墩墩和雪容融作为游戏角色,在闯关的同时了解冬奥的奖牌文化,对于冬奥会起到了宣传和推广的作用(图 10-9)。

链接:冬奥奖牌大揭秘

图 10-9　H5 融合报道《冬奥奖牌大揭秘》截图

三、数据新闻

数据新闻起源于 20 世纪 60 年代的精确新闻报道,在 20 世纪 80 年代后,随着大数据的产生与发展,让数据新闻的出现成为可能。具体而言,数据新闻是一种以数据为趋势的新闻报道形式,是指通过挖掘和展示数据背后的关联与模式,利用丰富的、具有交互性的可视化传播,创作出新闻报道的新形式。②

---

① 詹新惠. H5 产品的基本样式及其在新闻领域的应用[J]. 新闻与写作,2017(06).
② 郎劲松,杨海. 数据新闻:大数据时代新闻可视化传播的创新路径[J]. 现代传播(中国传媒大学学报),2014,36(03).

（一）数据新闻的生产流程

数据新闻的生产流程一般可以分为四个步骤，分别是挖掘获取数据—筛选分析数据—数据可视化—形成新闻报道，通过这四步，便能够展现出数据的公共价值，并呈现出一篇完整的数据新闻报道。

（1）挖掘获取数据。这是数据新闻制作的基础环节，新闻记者要根据报道主题进行数据的搜集与查找工作。挖掘获取数据可为主动收集和被动收集两种形式，主动收集是新闻记者通过线上线下的调查问卷形式，获取受众对于某件事情的观点或看法；被动收集是通过对现有数据的抓取与整理，例如从某些网站抓取数据，或者直接使用已经公布的数据或调研报告中的数据。

（2）筛选分析数据。在挖掘获取信息之后，要对海量数据进行初步地清洗，解决数据不完整、不一致、重复、错误或异常等问题。之后根据新闻选题对筛选后的数据进行进一步的价值判断，通过行列转换、数据筛选和字段匹配等操作，使之整合成为结构合理、指向明确的数据。最后再进入数据分析环节，通过平均分析、结构分析、对比分析等进一步得出结论，将数据转换成社会知识。[①]

（3）数据可视化。数据可视化是对数据进行的一种艺术化加工，是将枯燥的数据以生动的图像图表方式呈现，从而将抽象的数据具体化，有效传达思想观念，并通过更加直观化的表达，为受众带来全新的视觉体验，方便其理解新闻的主要思想。

（4）形成新闻报道。这是数据新闻的封装步骤，要根据前期的数据可视化成果选择数据新闻的呈现形式，可以是图文消息、音视频新闻、H5新闻等多种方式。也正因为多元的融合方式，让数据新闻成为融合报道中重要组成部分。

（二）数据新闻的呈现形式

随着大数据技术的发展，数据新闻的形式也在不断地推陈出新，目前在融合报道中使用的数据新闻模式主要为数据地图、数据图表和动态图表。

（1）数据地图。空间地理信息是新闻的一大核心要素，在一些报道中，空间位置（Where）是新闻报道的主体，但是空间位置的数据对于不了解新闻发生地的受众而言较为抽象难懂，使用文字描述难以达到理想的空间感，所以在此时数据地图显得尤为重要。

例如，在2022年"3·21"东航客机事故发生之时，为了让受众准确地了解遇难飞机的航线及坠落地点，新华社利用三维地图结合音视频新闻的形式，帮助受众建构地理空间感，以更好地把握新闻中的地理信息（图10-10）。

（2）数据图表。数据图表是数据新闻报道中常见的可视化形式，也是目前国内媒体数据新闻报道的主要形式。数据图表能够更加直观地呈现与新闻事件相关的数据信息，同时能够增强新闻报道的真实性和说服力。

例如，公众号"网易数读"在2022年7月针对热门的雪糕刺客话题进行了实地走访调研与网络数据抓取，用数据得出了"雪糕之所以高价，绝大多数人认为是因为营销""选择雪糕，好吃才是王道""高价雪糕，大多舍得用

链接：谁杀死了平价雪糕

[①] 刘英华，颜钰杰，陈淑敏．数据新闻生产中的数据获取、清理与分析[J]．新闻与写作，2020(12)．

图 10-10　新华社三维地图新闻直击东航客机坠机事故救援现场截图

料"等多个结论,并辅以文字,形成了一篇名为《谁杀死了平价雪糕》的报道,深度分析了当今"雪糕刺客"出现的真正原因(图 10-11)。

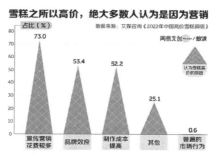
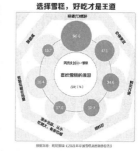

图 10-11　网易数读《谁杀死了平价雪糕》截图

(3)动态图表。动态图表是建立在数据图表的基础上,通过动态地呈现,让数据的现状和趋势能够变得清晰可见,使受众对数据能够更加可见可感。动态图表常与音视频新闻搭配,最初多应用于财经新闻报道,在新冠肺炎期间,也常用来在新闻中表现某地在一段时间范围内的感染人数变化。

例如,《中国日报》新媒体在 2020 年采用动态图表结合音视频新闻的形式,展现了中国 1952—2020 年的 GDP 数据的动态图,将单独的数据进行串联,让受众清晰明了地感受到了中国经济的腾飞,增强了用户的民族自豪感(图 10-12)。

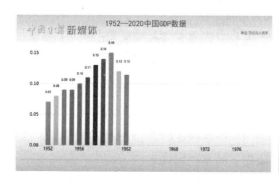
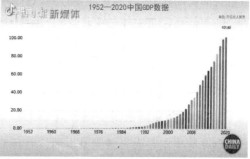

图 10-12　《中国日报》新媒体《1952—2020 中国 GDP 数据》截图

第三节 融合新闻报道的创作

目前,融合新闻报道虽取得了一些阶段性成果,但是整体来说,融合新闻报道依旧处于探索阶段,很多新媒体的融合新闻报道还是简单的复制传统媒体的内容,与融合新闻报道的理想化状态存在一定差距。作为一名新时代的新闻工作者,一定要具备新的报道理念和报道思维,真正将各类媒体技术融合应用,充分发挥数字媒体的优势,提高创作水平,达到传播效果的最大化。本节将重点论述融合新闻报道的创作思路与方法,帮助初学者快速入门。

一、融合新闻报道的制作流程

融合新闻报道与传统新闻报道的制作流程较为相似,同样要经历前期采访、中期制作和后期传播的过程,但是其中又存在一定的差别。总的来说,融合新闻报道的呈现要经历以下三个阶段。

(1) 前期阶段。记者和用户完成多种形式的素材收集。

(2) 中期阶段。根据素材确定新闻形式,对新闻作品进行深度加工。

(3) 后期阶段。向用户传播,用户接受新闻并进行互动。

从这三个阶段中可以看出,融合新闻报道更加突出用户的主体地位,在一定程度上改变了过去的传受关系,强调了用户在前期素材收集中的重要地位和接受传播后的反馈,形成了一种传播的循环过程,下面具体阐述融合新闻的制作流程。

(一) 融合新闻报道的素材采集

新闻记者的采访与素材搜集在融合新闻的制作与传播中依旧处于主导地位,但是用户所采集到的信息也得到了充分的重视和尊重,用户的地位得到了实质性的提升。随着用户新闻采集的意识和意愿逐渐强烈,草根用户的间接新闻采集同样成为融合新闻报道中重要的新闻来源,新闻众筹、新闻众包已经成为可能。

随着信息采集主体的变化,融合报道的信息采集方式也在发生变化,记者除了要承担信息采集的工作外,还要承担对用户创造内容的筛选。例如在很多音视频新闻中,记者为了能够扩展报道范围,增强新闻的时效性和可信性,往往在仔细核对后,会直接将现场用户拍摄的素材放入融合新闻报道中,这是素材采集方式最大的变化。

(二) 融合新闻报道的制作与加工

制作与加工是融合新闻报道的核心环节,决定了其呈现形式。

在融合新闻的制作与加工中,首先,要将新闻素材进行整合归类,思考前期搜集到的素材形式以何种形式呈现,再对新闻作品进行预加工。

其次，对融合新闻作品进行精细化加工，根据前期确定的报道主题与形式，对新闻素材进行模块化处理，确定不同模块的制作人员，再按照层次对素材进行剪辑、排版、合成等操作，并在制作过程中提炼报道亮点和重点，对其进行突出标注，以吸引受众关注。在这里需要注意的是，融合新闻报道的内容并不是越多越好，形式越丰富越好，而是要讲求"适度"原则，过度的新闻素材堆积会导致用户的阅读障碍，一定要做好素材的取舍与提炼。

最后，要思考在融合新闻报道的作品中如何加入互动元素。互动元素是融合新闻报道的特点之一，要在融合报道的制作中综合运用点赞、弹幕、评论、留言等多种互动方式及交互组件，加强与用户的沟通与互动，为传播后的反馈提供路径，为受众提供观点输出的渠道。

（三）融合新闻报道的传播与反馈

融合新闻报道与传统新闻报道的区别还在于后期的传播阶段，传统的新闻报道由于条件受限，往往在新闻抵达受众后就会宣告结束，即使存在反馈与互动，也难以达到融合新闻报道的互动强度和互动时效。融合新闻报道将用户互动变为即时的、永续的、大规模的运作过程，让用户能够即时地体验到人人互动、人号互动和人机互动。例如在音视频新闻中的弹幕功能、H5新闻中的留言、点赞与助力功能；数据新闻中的评论、留言等功能都充分体现出了融合新闻报道的即时交互与反馈。

在融合新闻报道的传播与反馈流程中应该注意及时搜集用户的反馈与观点，其实这种反馈与观点也是用户信息生产的过程，与前期的素材采集形成了一个循环的过程，新闻记者可以从中搜集到新的报道素材和报道角度，这种循环的模式多次往复，会形成雪球效应，可以从中形成越来越多的素材和选题，这也正是融合新闻报道的优势所在。[①]

二、融合新闻报道的呈现

融合新闻报道的呈现一直是新闻媒介在制作融合新闻作品中重点考虑的问题，是用户是否选择接受作品的衡量标准，也是当前新媒体时代下，新闻记者必须掌握的技能之一。总的来说，融合新闻报道在内容和形式的呈现上应该突出呈现作品亮点，分层处理报道结构，并利用模块化方式组接新闻报道，才能让融合新闻报道的呈现更加合理。

（一）突出亮点

受新媒体传播方式和传播特点的影响，新媒体用户在接受信息时往往缺乏专注性，并不会像传统媒体的受众一样，能够有耐心看完一整版的报纸或者一整期的新闻节目，他们在接受新闻时往往根据自己的喜好进行快速的筛选和阅读。在这种情况下，融合新闻报道在呈现时就要注重亮点的突出与前置，快速抓住用户的眼球，吸引其阅读全部内容。

文字依旧是融合新闻报道的重要组成部分，无论是音视频新闻、H5新闻、数据新闻或

[①] 刘冰. 融合新闻采集与呈现[D]. 济南：山东大学，2015.

是 VR、AR 沉浸式新闻都要有文字标题或文字介绍，新闻记者要将作品的主旨和精华凝练于标题和介绍当中，放置在融合新闻报道的顶端或突出位置，让用户了解报道的核心内容，用标题和介绍吸引用户注意。除此之外，在融合新闻报道的制作中会涉及多种技术形态，但并不是每一种形态都能够吸引受众十足的注意，所以要将技术亮点与交互内容尽可能放在作品的开头位置来吸引用户注意，缓解用户的阅读疲劳感，为用户带来新鲜感和阅读的愉悦感。

例如，在香港回归 25 周年之际人民日报社所做的融合新闻报道《云游"紫荆长街 25 号"！这条推送长达 25 年》，综合运用了"手绘＋长图"的形式，以香港紫荆长街 25 号为线索，讲述了香港在回归祖国 25 年间发生的变化，将中心思想和文字内容通过一幕幕图画的场景来展现，突出了报道中的亮点，吸引受众的关注（图 10-13）。

链接：云游"紫荆长街 25 号"！这条推送长达 25 年

图 10-13　《人民日报》新媒体《云游"紫荆长街 25 号"！这条推送长达 25 年》截图

（二）分层处理

传统新闻报道在传递信息时往往要遵从线性传播的规律，按照一定顺序对新闻报道进行展开，而融合新闻报道打破了这种结构，在呈现中表现为分层化结构，全方位、立体化地呈现新闻事件的不同层面和角度，给予受众自由的选择空间。

超链接技术使融合新闻报道的分层处理成为可能，超链接将文字、图片、音频、视频、互动等元素按照层次和逻辑关系进行串联，形成链接的通路。使得用户在使用的过程中可以点击跳转到自己感兴趣的模块进行阅读与交互体验。

虽然超链接可以将报道分成多个层面，但是用户每进入一个超链接层次就会分散一定的注意力，分层越多，底层信息被关注和点击的概率越低，所以在使用超链接对融合新闻报道进行分层处理时，尽量不要超过三层，在第一层中要准确地标注出报道的标题和中心内容，在第二层中使用超链接指向多层界面的第三层，供用户自行选择阅读。这种分层处理的方法能够使融合新闻报道的内容承载量更高，同时使页面更加简洁，突出重点和亮点，方便用户根据兴趣选择新闻内容。

例如，中国日报社在融合新闻报道《全球十地跨年直播》中连线了东京、北京、雅加达、莫斯科、内罗毕、布鲁塞尔、耶路撒冷等地记者和特约嘉宾，在当地时间跨入新年零点左右，按时区依次进行跨年直播，并与全球网民开展

链接：全球十地跨年直播

实时互动,用镜头真实呈现疫情下世界各地的民众如何迎接新年的到来。在报道中使用了超链接技术对报道进行了分层处理,第一个层次是报道的主题和活动主办方名称,第二个层次将九个城市的直播入口做成了超链接的分层,供受众点击观看,第三个层面呈现的是不同城市的直播情况,整个报道通过三个层级,简单明了地呈现了新闻的内容,同时方便用户进行选择(图10-14)。

图10-14 《中国日报》新媒体《全球十地跨年直播》截图

(三)模块组合

融合新闻报道的呈现讲求合与分的统一,在呈现的过程中不仅讲求分层处理,还讲求模块的组合,让各个层次形成统一的整体。在融合新闻报道的模块组合时,可以考虑按照形式或内容为标准进行。

融合新闻报道中往往涉及多种技术形态,而每一种技术形态都有鲜明的特色,新闻记者要在新闻作品的制作过程中考虑以形式为依据,对报道内容进行巧妙的组合,让文字、图片、音频、视频等内容融合为有机统一的整体。

在以内容为标准进行模块组合时,可以分为新闻模块、推广模块和互动模块。[①] 新闻模块是在融合新闻报道中的核心模块,主要涉及主体新闻报道、新闻背景、新闻人物、新闻故事等信息;推广模块主要是与主题新闻报道相关的新闻推广或产品推广等;互动模块是融合新闻报道中与受众互动的部分,包含留言、转发、点赞、评论等交互性内容。这三个板块的划分适用于大部分的融合新闻报道。

无论是以形式进行的模块组合,还是以内容进行的模块组合,在制作时都必须注意的是,板块的组合并不是生硬的贴合,要将板块组合与超链接分层相结合,做到协调、统一和合理,否则简单化的模块化堆砌会影响受众的阅读体验,影响新闻的传播效果。

例如,解放日报社"上观新闻客户端"为庆祝浦东开发开放30周年推出的融合新闻报道《浦东的故事·他们的故事》,在内容上突破了惯常的聚焦于30年重大工程、先进人物

[①] 刘冰.融合新闻采集与呈现[D].济南:山东大学,2015.

的报道套路,将目光投向历史和个人,从浦东的500年人文历史中挖掘5个人物故事,寻找他们与当下浦东精神的共通处。在形式上采取了分层处理与模块化组接的形式,报道中根据内容和主题特点,分为"沧桑·经济""夹缝·实业"和"巨变·传承"三个模块,并在不同模块中综合运用图文、视频、数据图表、动画、三维建模等技术手段,大大提升了报道的立体纵深感和丰富性,增强了读者的参与感与互动性(图10-15)。①

链接:浦东的故事·他们的故事

图10-15 上观新闻客户编《浦东的故事·他们的故事》截图

本章小结

融合新闻报道是以互联网为依托,综合运用多样化的传播形态、技术手段和叙事方式,强调互动性和用户体验的一种整合式新闻报道,由于其应用文字、图片、音频、视频、H5等多种技术手段,近年来逐渐成为各个媒体的主力报道形式。但值得注意的是,在利用融合新闻报道吸引用户的同时,应注意到报道的真实准确性、客观公正性、界面美观性。通过本章的学习,首先,要理解深度报道的特点与定义,掌握融合新闻报道的原则和要求;其次,要掌握音视频新闻、H5新闻及数据新闻的表现形态并将其应用于实际;最后,要掌握融合新闻报道的制作过程与呈现结构,并能够通过案例分析与实践操作,创作出结构合理、内容丰富的融合新闻报道。

现状不可描述,未来无法预测,一切皆有可能。融合新闻报道作为一种快速发展的新兴报道形式,它会随着科技的进步而呈现出目前无法想象的情景,作为一名新闻工作者应该紧跟时代发展步伐,密切观察行业动向,努力探索新知,才能做出具有创新性的融合新闻报道。

---

① http://www.zgjx.cn/2021-10/28/c_1310272666.htm.

思考与练习

1. 思考媒介融合报道与传统新闻报道的优势与劣势。
2. 思考应该如何搜集融合新闻报道的素材。
3. 思考新闻记者在进行融合新闻报道时应坚持何种理念。
4. 搜集各个媒体中的融合新闻报道,尝试分析其运用了哪些媒介技术形态。
5. 在采访的基础上,尝试制作出一篇融合新闻报道作品。

参考文献

[1] 詹新惠. 网络与新媒体概论[M]. 北京:中国人民大学出版社,2022.
[2] 刘建华. 一本书学会新闻写作[M]. 北京:人民日报出版社,2022.
[3] 胡正荣. 传播学概论[M]. 北京:高等教育出版社,2022.
[4] 韩姝,严亚. 融合新闻创作[M]. 北京:人民日报出版社,2022.
[5] 布兰特·休斯敦. 新闻里的数据:计算机辅助报道实用指南[M]. 刘英华,译. 5版. 北京:社会科学文献出版社,2022.
[6] 孙祥飞. 媒介热点透析与前瞻[M]. 北京:人民日报出版社,2021.
[7] 朱建华,郑良中. 好新闻的样子[M]. 北京:人民日报出版社,2021.
[8] 窦锋昌. 全媒体新闻生产:案例与方法[M]. 上海:复旦大学出版社,2021.
[9] 黄常开. 传播力:南方报业媒体融合实践[M]. 广州:南方日报出版社,2021.
[10] 刘冰. 融合新闻[M]. 2版. 北京:清华大学出版社,2021.
[11] 李沁. 融合新闻学概论:理念、实务、操作解析[M]. 北京:中国人民大学出版社,2021.
[12] 唐铮. 深度报道[M]. 北京:中国人民大学出版社,2021.
[13] 李培林. 当代新闻摄影教程[M]. 上海:复旦大学出版社,2021.
[14] 艾丰. 新闻采访方法论[M]. 北京:人民日报出版社,2020.
[15] 李军. 全媒体新闻采访写作教程[M]. 北京:北京大学出版社,2020.
[16] 靖鸣. 颠覆与创新:新闻采访教与学[M]. 北京:中国传媒大学出版社,2020.
[17] 樊荣,丁丽,贾皓,等. H5交互融媒体作品创作[M]. 北京:中国人民大学出版社,2020.
[18] 盛希贵. 新闻摄影教程[M]. 北京:中国人民大学出版社,2020.
[19] 王瑞. 全媒体新闻采访与写作[M]. 南京:江苏凤凰美术出版社,2019.
[20] 马晶. 新闻采访与写作[M]. 北京:清华大学出版社,2019.
[21] 新闻采访与写作编写组. 新闻采访与写作[M]. 北京:高等教育出版社,2019.
[22] 赵丽芳,毛湛文. 新闻传播经典文献导读[M]. 北京:五洲传播出版社,2019.
[23] 张浩. 新编一本书学会新闻采访与写作[M]. 北京:中国文史出版社,2019.
[24] 王肖一. 无人摄影与摄像技巧[M]. 北京:化学工业出版社,2019.
[25] 高钢,潘曙雅. 新闻采访与写作[M]. 北京:中国人民大学出版社,2018.
[26] 白贵,彭焕萍. 当代新闻写作[M]. 2版. 北京:中国人民大学出版社,2018.
[27] 胡力德. 电视新闻摄像[M]. 杭州:浙江大学出版社,2018.
[28] 戴菲. 摄像基础[M]. 上海:上海人民美术出版社,2018.
[29] 崔毅. 摄影构图教程[M]. 上海:上海人民美术出版社,2018.
[30] 迈克·华莱士,贝丝·诺伯尔. 光与热:新一代媒体人不可不知的新闻法则[M]. 华超超,许坤,译. 北京:中国人民大学出版社,2017.
[31] 詹青龙. 数字摄影与摄像[M]. 北京:清华大学出版社,2017.
[32] 刘勇. 媒介素养概论[M]. 北京:中国人民大学出版社,2016.
[33] 陈绚. 新闻传播伦理与法规教程[M]. 北京:中国人民大学出版社,2016.